Henry Makow

Guerre & génocide

"Nous, les Juifs, nous sommes les destructeurs et nous resterons les destructeurs. Rien de ce que vous pouvez faire ne répondra à nos exigences et à nos besoins. Nous détruirons toujours parce que nous voulons un monde qui nous appartienne".

(Maurice Samuels, *You Gentiles*, 1924)

OMNIA VERITAS.

Henry Makow PhD.

Henry Makow est titulaire d'un doctorat en littérature anglaise de l'université de Toronto. Il s'agit de son cinquième livre sur la conspiration des Illuminati. Son site web, henrymakow.com, est suivi avec ferveur dans le monde entier.

ILLUMINATI 4
Guerre & génocide

Illuminati 4 – Genocide and War

Traduit et publié par Omnia Veritas Limited

OMNIA VERITAS®
www.omnia-veritas.com

© 2025 Henry Makow PhD. – Omnia Veritas Ltd

Contact : hmakow@gmail.com

www.henrymakow.com

ISBN : 978-1-80540-331-9

Couverture : Détail - Triptyque de Jérôme Bosch. Il est généralement admis qu'il a été réalisé en 1504 sur ordre du gouverneur des Pays-Bas, Philippe le Bel, bien que les dimensions de l'œuvre indiquées dans le document diffèrent de celles triptyque viennois. Il s'agit de la plus grande œuvre de Bosch conservée.

Barbara se maquille avec sa petite-fille

DÉDIÉ À LA MÉMOIRE DE BARBARA LEE (1950-2024)

Chaque semaine, Barbara mettait son âme à nu avec une collection de mèmes et de photos inspirantes sur son blog https://snippits-and-slappits.blogspot.com/. Sa fille lui a demandé de prendre un vaccin COVID pour voir son petit-enfant. Son système s'est arrêté à cause d'une septicémie due au "vaccin". C'était une femme intelligente, courageuse et impertinente. RIP Barbara - Tu nous as tous inspirés.

Le Juif agit toujours de manière calculée, et la somme de ses calculs est de tout prendre à tout le monde. Les Juifs sont la lie de l'humanité, mais ils sont aussi de grands maîtres du mensonge.

- Arthur Schopenhauer, *Parerga et Paralipomena* 1851

"Les Juifs, tous, sont nés avec un fanatisme forcené dans le cœur, comme les Bretons et les Allemands sont nés avec des cheveux blonds. Je ne serais pas le moins du monde surpris que ces gens deviennent un jour mortels pour la race humaine".

- Voltaire dans Lettres de Memmius à Ciceron, 1771

"Israël a gagné la guerre (la Première Guerre mondiale) ; nous l'avons faite, nous avons prospéré grâce à elle, nous en avons profité. C'était notre suprême revanche sur la chrétienté".

- L'ambassadeur juif d'Autriche à Londres,
le comte Mensdorf. 1918

"La responsabilité de la dernière guerre mondiale repose uniquement les épaules des financiers internationaux (Rothschild, Loeb, Kuhn, Warburg, etc.). C'est sur eux que repose le sang de millions de morts et de millions de mourants". - *Congressional Record, 67e Congrès, 4e session, document du Sénat n° 346, 1923.*

"Tant que le contrôle de l'émission de la monnaie et du crédit n'est pas restitué au gouvernement et reconnu comme sa responsabilité la plus visible et la plus sacrée, tous les discours sur souveraineté du Parlement et de la démocratie sont vains et futiles... Une fois qu'une nation se sépare du contrôle de son crédit, peu importe qui fait les lois... L'usure, une fois contrôlée, détruira la nation."

- William Lyon Mackenzie King
(Premier ministre du Canada, 1935-1948)

"Israël a besoin d'une guerre mondiale, et bientôt... Israël est convaincu que le temps presse. Pour eux, leur guerre mondiale est une nécessité afin que, au nom de la paix indivisible, toute la partie de l'humanité qui souhaite se débarrasser du joug juif puisse être mise à terre".

- Revue Internationale des Sociétés Secrètes, avril 1937

Abodah Zara 26b : "Même le meilleur des Gentils doit être tué". (Talmud)

"Mais personne ne parlait ouvertement de lui (Jésus), par crainte des Juifs. (Jean 7 :13)

Nos sages avaient parfaitement raison lorsqu'ils écrivaient que le stupide goyim a des yeux, mais il ne voit pas, et qu'il a des oreilles, mais il n'entend pas. Ils avaient tout à fait raison de dire qu'un animal aussi bovin et indigne ne peut être considéré comme un être humain. Comme nos savants rabbins l'ont écrit dans notre Talmud sacré, peu après nous être débarrassés de l'imposteur Jésus, nous devons les traiter comme notre bétail.

- Addendum aux *Protocoles de Sion* (Voir à l'intérieur)

Il n'y a pas de pire aveugle que celui qui ne veut pas voir.

- Jonathan Swift

Ouverture

Dissonance cognitive

Alors que tout le monde est distrait par Taylor Swift, Bitcoin, Nvidia et le sport, une ancienne conspiration satanique planifie l'extermination des Gentils et des Juifs assimilés en se servant d'une nouvelle guerre mondiale comme couverture.

Le réveil sera brutal.

Un matin, nous nous réveillerons et nous découvrirons que la merde a frappé le ventilateur.

Attaque nucléaire. Fermeture d'Internet. Pénuries alimentaires. Anarchie. Loi martiale. Nous souffrons de dissonance cognitive.

Ils se cachent à la vue de tous.

Ils disent qu'ils ont l'intention de nous réduire en esclavage.

"Vous ne posséderez rien et vous serez heureux."

Et pourtant, nous les ignorons

Trump, Poutine et Netanyahou appartiennent tous à Chabad, une secte juive apocalyptique qui veut exterminer les goyim.

J. Edgar Hoover : "L'individu est handicapé par le fait qu'il est confronté à une conspiration si monstrueuse qu'il ne peut pas croire qu'elle existe".

Nous sommes dans le déni.

Le logo des Illuminati, une pyramide inachevée, figure sur le dollar US.

Elle nous crève les yeux.

Pourtant, les Illuminati sont considéré comme une "théorie du complot".

Le logo de la convention du parti démocrate de 2020 était une étoile de Baphomet dans un D pour "Death to (map of) America" (Mort à (carte de) l'Amérique). Pourtant, personne n'a osé le reconnaître.

Donald Trump fait constamment le signe maçonnique de la prière vers le bas comme "Merkel", mais personne ne le conteste.

Personne ne le tient pour responsable de la plandémie, des vaccins tueurs et de Jeffrey Epstein.

Lee Harvey Oswald a assassiné JFK.

Le kérosène a fait s'écrouler les tours jumelles le 11 septembre.

Il se trouve que le WTC 7 a été câblé pour une démolition contrôlée.

Un avion est censé avoir percuté le Pentagone.

Joe Biden a obtenu le plus grand nombre de voix de l'histoire, mais il n'a pas réussi à attirer 50 personnes à un rassemblement.

Il s'est vanté d'avoir "la meilleure organisation de fraude électorale de l'histoire" et pourtant l'élection de 2020 n'a pas été annulée.

Biden était manifestement un pédophile qui recevait des pots-de-vin. Ignoré.

Ses crimes ont été documentés sur l'ordinateur portable de Hunter. Ignoré.

Le film *The Truman Show* (1998) dépeint Truman Burbank, interprété par Jim Carey, vivant un monde où tout le monde est un acteur qui le maintient dans une réalité mentale bidon.

Nous sommes tous des Truman Burbanks. Une ancienne conspiration satanique, un cancer virulent, consume l'humanité. C'est notre histoire secrète actuelle.

NE CROYEZ PAS VOS YEUX MENTEURS

Dans le film *Chicago*, Oscar 2003, une femme surprend son mari au lit avec deux femmes.

Elle sort son arme.

"Ne tire pas", dit-il." Je suis seul.

"Menteur !" dit-elle.

"Croyez ce que je vous dis, pas ce que vous voyez", répond-il.

Elle lui tire dessus.

En revanche, les Américains croient tout ce qu'on leur dit !

Le mode opératoire des cabalistes consiste à vous convaincre que *votre destruction est pour votre bien.*

Verrouillez le pays. C'est pour votre bien.

Convaincre les femmes que le fait de gaspiller leurs années les plus fertiles en poursuivant leur carrière et en s'adonnant à la promiscuité est "valorisant".

Convaincre les nations occidentales de détruire leur héritage racial et culturel parce que "la diversité est notre force".

Détruire l'identité de genre et promouvoir le dysfonctionnement homosexuel auprès des enfants au nom de la tolérance. "L'amour, c'est l'amour." C'est "progressiste".

Détruire les mariages et les familles aimantes au nom de l'"égalité des sexes".

Si le confinement visait à "protéger votre santé", pourquoi les personnes en bonne santé seraient-elles empêchées d'aller à l'église le jour de Pâques ?

Interdiction de s'asseoir dans son jardin ou de se promener seul sur la plage.

Cela n'a rien à voir avec la prévention des maladies et tout à voir avec l'abolition des droits naturels.

La plandémie était un test de notre crédulité et de notre docilité, et à l'exception de quelques camionneurs canadiens, nous avons échoué.

Dans une véritable pandémie, on met en quarantaine les malades, PAS les personnes en bonne santé.

Ils interprètent notre docilité comme un CONSENTEMENT. Ils pensent que nous sommes moralement compromis.

POINT DE BASCULE

L'humanité se trouve à un point de basculement.

Jamais dans l'histoire, un petit groupe de parasites malveillants n'a accumulé autant de pouvoir. La majorité est distraite. Elle ne réalise pas ce qui est en jeu. Nous sommes condamnés. La voie de notre développement naturel, qui est spirituelle, est bloquée. Au lieu de cela, nous sommes prisonniers d'un culte de la mort et entrons dans un âge des ténèbres.

Malgré ses merveilleuses réalisations techniques, l'humanité a échoué sur le plan politique et culturel.

Voyez-vous à quel point c'est tragique ?

Si l'humanité est la créature la plus avancée de l'univers ?

Mais mille ans ne sont rien pour Dieu qui est intemporel.

L'humanité reprendra un jour le chemin qu'elle s'est tracé, ou une autre créature gagnera la faveur de Dieu.

Les fanatiques religieux juifs mettent en péril la survie de tous les Juifs et de l'humanité en général.

Introduction

J'ai lu *Rise and Fall of the Third Reich* de William Shirer quand j'avais dix ans.

En tant que fils de survivants de l'holocauste, j'ai demandé : "Comment des adultes peuvent-ils exiger mon respect alors qu'ils ont fait un tel gâchis."

À 75 ans, je comprends maintenant que l'humanité a été sabotée par la juiverie organisée (le cartel bancaire mondial Rothschild) qui utilise la franc-maçonnerie (le judaïsme cabaliste pour les Gentils) comme instrument.

Les satanistes rongent les fondements de la civilisation occidentale depuis la révolution anglaise et la création de la Banque d'Angleterre en 1694. Au XIXe siècle, ils ont pris la forme de l'impérialisme "britannique" et de l'objectif de la Table ronde de Rhodes d'"absorber toutes les richesses du monde".

Tout au long de l'histoire moderne, les francs-maçons des deux camps ont déclenché des guerres afin de saper et de détruire la civilisation occidentale (chrétienne).

La dépopulation a été leur thème constant.

Illuminati 4, ainsi que *Illuminati 1-3*, démontrent que les grandes guerres sont des canulars visant à exterminer les patriotes et les civils des deux camps.

Churchill, FDR, Staline et Hitler étaient tous francs-maçons.

Trump, Netanyahou et Poutine sont francs-maçons. Ils appartiennent à Chabad, une secte suprématiste juive génocidaire qui est occupée à concevoir "un cataclysme social", une condition préalable au retour du "Messie" juif.

Il s'agit d'une question bien plus importante que les conflits fonciers. On ne revient pas d'une abomination de l'ampleur de Gaza. C'est tout ou rien - la troisième guerre mondiale.

Il s'agit là de l'aboutissement d'une conspiration vieille de plusieurs siècles visant à voler, à réduire en esclavage les "non-Juifs" et à exterminer tous ceux qui ne s'y plieraient pas.

Ils veulent nous tuer. Les "vaccins" auraient dû vous mettre la puce à l'oreille.

Dans le passé, des millions de personnes sont mortes pour une quelconque illusion. Vous saurez pourquoi vous et votre famille avez été mutilés ou tués.

LES GUERRES SONT LA MOISSON DES JUIFS

Le grand rabbin de France, le rabbin Reichorn, a déclaré en 1869 :

> "Grâce à la terrible puissance de nos banques internationales, nous avons contraint les chrétiens à des guerres sans nombre. Les guerres ont une valeur particulière pour les juifs, car les chrétiens se massacrent les uns les autres et font plus de place pour nous, les juifs. Les guerres sont la moisson des juifs. Les banques juives s'engraissent sur les guerres chrétiennes. Plus de 200 millions de chrétiens ont été rayés de la surface de la terre par les guerres, et ce n'est pas fini.

> Charles Weisman - *Qui est Esau-Edom ?* (1991) p.93

Selon Bill Cooper, Israël a été créé pour être "l'instrument de la bataille d'Armageddon et de l'accomplissement de la prophétie", une guerre nucléaire si horrible que les gens réclameront un gouvernement mondial unique.

https ://youtube.com/shorts/Mr4Zp5PrP08 ?si=fouusVmZmgh1WOa

POURQUOI NOUS DEVONS MOURIR

La réponse se trouve dans la différence entre le christianisme et le judaïsme. Le judaïsme est un culte satanique qui se fait passer pour une religion.

Elle nous a fait subir un lavage de cerveau qui nous a amenés à nier l'existence de Dieu.

Il a volé notre âme. Votre âme est le buisson ardent ! L'or véritable.

"Dès l'instant où vous cherchez le bonheur ailleurs qu'en vous-mêmes, vous devenez nos serviteurs volontaires", a déclaré Harold Rosenthal, initié des Illuminati.

"Vous êtes devenus dépendants de notre médecine grâce à laquelle nous sommes devenus vos maîtres absolus... Un peuple insatisfait est un pion dans notre jeu de conquête du monde".

https ://henrymakow.com/2024/05/The-Illuminatis-Secret-Weapon.html

Tous nos problèmes découlent de la négation de notre connexion d'âme à Dieu. Pour combler ce vide, l'humanité est dépendante de l'argent, du sexe, du pouvoir, des drogues, de la nourriture, des jouets et des futilités.

Le dieu cabaliste, Lucifer, représente une révolte contre Dieu et la nature. Tout simplement, ils supplantent Dieu et inversent la réalité pour l'adapter à leur programme diabolique.

"La laïcité et l'humanisme" sont des masques pour le satanisme. Aujourd'hui, ils ont enlevé leurs masques.

Ils croient qu'ils sont Dieu et que nous devons les adorer.

CHRISTIANITÉ

Le christianisme reconnaît que nous sommes reliés à notre Créateur et les uns aux autres par une intelligence universelle, un esprit ou une âme.

Dieu est un Esprit, et ceux qui l'adorent doivent l'adorer en esprit et en vérité. (Jean 4 :24)

Nous avons été créés à l'image de Dieu. Nous désirons ardemment nous connaître en tant que Dieu. Dieu cherche à se connaître à travers nous.

Nous avons été envoyés ici pour créer le paradis sur terre. Les instructions sont dans notre âme. Pour l'homme, Dieu est un idéal spirituel, la Perfection.

"Soyez donc parfaits, comme votre père qui est aux cieux est parfait" (Mt 5 :48).

Nos âmes aspirent à l'unité avec notre Créateur : félicité parfaite, vérité, bonté, amour, beauté et justice. La réunion avec Dieu nous motive tous.

Le judaïsme cabaliste/talmudique inverse les idéaux spirituels.

Le mal est bon. Le laid est beau. Le malade est en bonne santé.

Ce qui n'est pas naturel est naturel. (Les hommes peuvent avoir des menstruations et des bébés ! ?)

Le bien est le mal. Les mensonges sont vrais. La haine est l'amour. L'injustice est la justice.

Tel est notre monde aujourd'hui.

DIEU

Dieu est la conscience, une dimension où les idéaux spirituels sont , comme la lumière du soleil qui pénètre dans une pièce sombre après l'ouverture des rideaux.

Appelez cela la conscience du Christ si vous préférez. Le message du Christ est que nous avons le potentiel de lui ressembler.

N'est-ce pas là tout l'intérêt du christianisme ?

Le Christ n'avait pas l'intention de rivaliser avec son Père.

Si vous croyez au bien et au mal, au juste et à l'injuste, vous croyez en Dieu. Vous le servez en servant des idéaux spirituels.

Une artiste au service de la Beauté. Une épouse et une mère, l'Amour.

Mon Dieu est la Vérité. La vérité vous rend libre.

Le JUDAÏSME CABALISTE (CHABAD)

Le fait que les Juifs soient le "peuple élu" de Dieu signifie en réalité que les non-Juifs doivent mourir. Selon le judaïsme cabaliste/talmudique, le but des goyim est de servir les "Juifs". Seuls les Juifs sont humains. Tous les autres sont des sous-hommes ou des animaux.

Le judaïsme organisé rejette tout concept d'esprit divin.

Le cabalisme rejette le caractère sacré de la vie humaine en vertu de notre âme divine commune.

Le gourou du WEF, Yuval Harari, affirme que les gens sont des "animaux piratables", programmés pour les servir comme des robots.

Les vaccins COVID peuvent contenir des codes-barres qui nous relient à un réseau. COVID signifie "Certification Of Vaccination ID".

Selon Catherine Austin Fitts. "Le nouveau modèle s'appelle le transhumanisme. L'idée est de mettre une puce à tout le monde, de les mettre sous contrôle à distance par le biais du système de tours cellulaires et, au lieu de résonner avec le Divin, ils résonnent avec une machine.

Le christianisme croit que nous devons discerner et obéir à Dieu (la vérité.)

Les juifs cabalistes (sionistes et communistes) croient que la vérité est ce qu'ils disent qu'elle est. Ils vous obligent à vous y conformer sous peine de perdre votre emploi, d'aller en prison ou pire (génocide). On pourrait penser que les sionistes chrétiens comprendraient le message. Ils le comprendront. Trop tard.

LES JUIFS CABALISTES SE PRENNENT POUR DIEU

Si les Israéliens n'ont aucun scrupule à tirer sur des femmes et des enfants, c'est parce que les non-Juifs sont considérés comme des animaux.

Deutéronome 7-2 "Vous devez détruire totalement [vos ennemis]. Ne concluez pas de traité avec eux ne leur faites pas grâce. Car **vous êtes un peuple saint pour le Seigneur votre Dieu, qui vous a choisis parmi tous les peuples de la face de terre pour être son peuple, son trésor."**

Quiconque s'oppose à l'"Élection" juive doit mourir.

Le génocide est acceptable. Il commence par les Palestiniens. Nous sommes tous des Palestiniens. Le "Grand Israël", c'est le monde entier.

Isaïe 60 dit que les Juifs dépouilleront les richesses des Gentils. (Klaus Schwab - "Vous ne posséderez rien mais vous serez heureux").

"Vous mangerez les richesses des Gentils, et vous vous glorifierez de leur gloire lorsqu'ils vous livreront leur or et leur encens... Afin que les hommes vous apportent les richesses des gentils... Et que leurs rois marchent humblement devant vous... Car la nation qui ne vous servira pas périra, elle sera entièrement détruite."

L'auteur de la *Controverse de Sion*,[1] Douglas Read, a décrit "la mission destructrice du judaïsme".

"Les Judéens étaient dirigés par une prêtrise qui déclarait que la destruction était le principal commandement de Jéhovah et qu'ils étaient divinement choisis pour détruire. Ils devinrent ainsi le seul peuple de l'histoire spécifiquement dédié à la destruction en tant que telle. La destruction en tant que résultat de la guerre est une caractéristique familière de toute l'histoire de l'humanité. La destruction en tant que but avoué n'a jamais été connue auparavant et la seule source découvrable de cette idée unique est la Torah-Talmud..."

https ://beforeitsnews.com/strange/2020/12/douglas-reed-judaisms-destructive mission-2476606.html

Dans *Antisémitisme, son histoire et ses causes* (1969), Bernard Lazare, un juif, écrit :

"Le juif ... ne se contente pas de détruire le christianisme ... mais il incite à l'incrédulité, puis impose à ceux dont il a sapé la foi sa propre conception du monde, de la morale et de la vie. Il est engagé dans sa mission historique, l'anéantissement de la religion du Christ". (p. 158)

LE TERME "JUIFS" SE RÉFÈRE AUX SATANISTES, ET NON AUX JUIFS RACIAUX

Le Grand Rebbe, Rabbi Menachem Mendel Schneerson, a déclaré

"Un Juif n'a pas été créé comme moyen pour un autre but ; il EST lui-même le but, puisque la substance de toutes les émanations divines a

---

[1] *The Controversy of Zion*, publié par Omnia Veritas Ltd, www.omnia-veritas.com.

été créée UNIQUEMENT pour servir les Juifs.

Bien que Schneerson ait ajouté qu'"une âme non juive provient de trois sphères sataniques, alors que l'âme juive provient de la sainteté", les Juifs ne semblent pas être une norme raciale.

Les lois de Noé sont "un ensemble d'impératifs" qui, selon le Talmud, ont été donnés par Dieu comme un ensemble de lois contraignantes pour les "enfants de Noé", c'est-à-dire l'ensemble de l'humanité.

Selon la tradition juive, les non-Juifs qui adhèrent à ces lois sont considérés comme des adeptes du noachisme et comme des gentils vertueux qui sont assurés d'avoir une place dans le monde à venir.

En revanche, la croyance en Jésus-Christ est passible de décapitation par guillotine !

Les lois noahides ont été officiellement introduites dans le système juridique américain et psychopathe raciste Schneerson a été honoré en tant que voyant spirituel !

Ils font l'amalgame entre la Constitution américaine et la tyrannie satanique juive.

"Attendu que le Congrès reconnaît la tradition historique des valeurs et des principes éthiques qui sont à la base de la société civilisée et **sur lesquels notre grande nation a été fondée** ; Attendu que ces valeurs et principes éthiques ont été le fondement de la société depuis l'aube de la civilisation, à l'époque où ils étaient connus sous le nom des sept lois noahides...Considérant que le Rabbin Menachem Mendel Schneerson, chef du mouvement Loubavitch, est universellement respecté et vénéré ... nous nous tournons vers l'éducation et la charité pour ramener le monde aux valeurs morales et éthiques contenues dans les sept lois noahides."

https ://www.govtrack.us/congress/bills/102/hjres104/text
https ://www.congress.gov/ bill/102nd-congress/house-joint-resolution/104/text

Ne vous y trompez pas, cela cache une tyrannie satanique juive (communiste) sur le monde entier, administrée par un tribunal rabbinique à Jérusalem sous peine de guillotine, c'est-à-dire de génocide.

Ce qu'Israël a fait à Gaza est ce que la juiverie organisée (Chabad) aimerait faire à tous ceux qui ne la vénèrent pas comme Dieu. L'épidémie d'escroquerie a été un test de notre conformité.

Tous ceux qui acceptent leur dispensation satanique seront épargnés

> "Nous utilisons le terme de race juive uniquement pour des raisons de commodité linguistique", écrit Hitler à un ami, "car au sens propre du terme, et d'un point de vue génétique, il n'y a pas de race juive... La race juive est avant tout une communauté d'esprit".

De même, les juifs qui refusent cette folie seront guillotinés avec le reste des goyim récalcitrants.

https ://henrymakow.com/2020/06/laurent-guyenot-solves-the-jewish-question.html

LES "JUIFS" SONT DÉFINIS PAR LA CROYANCE EN LUCIFER

David Spangler, *directeur de l'initiative planétaire* aux Nations unies, a déclaré :

> "Personne n'entrera dans le nouvel ordre mondial sans s'engager à vénérer Lucifer. Personne n'entrera dans le Nouvel Âge à moins de prendre une initiation luciférienne."

Benjamin Crème, un autre éminent "prophète" du New Age, insiste sur le fait que ceux qui refusent de se joindre à cette initiation mondiale se retrouveront en minorité et devront "se retirer de cette vie". *Mission de Matrieya*, p. 128

Cela vous rappelle le passeport vaccinal ?

Cela vous rappelle-t-il un génocide ? Obéir ou mourir ? Selon Patrick O'Carroll, l'Antéchrist est le "Messie de la fin des temps" ou "Moshiach ben David".

Selon le "saint" rabbin Chabad Menachem Mendel Schneerson, la principale condition pour que l'Antéchrist vienne sur Terre est le génocide des chrétiens.

Jusqu'à la mort de Schneerson en juin 1994, de nombreux adeptes ont cru qu'il était le Messie, mais Schneerson a expliqué que s'il était l'Antéchrist, aucun chrétien n'aurait été en vie de son vivant.

Le génocide des chrétiens est une condition essentielle de Chabad pour que le "Messie de la fin des temps" juif soit installé.

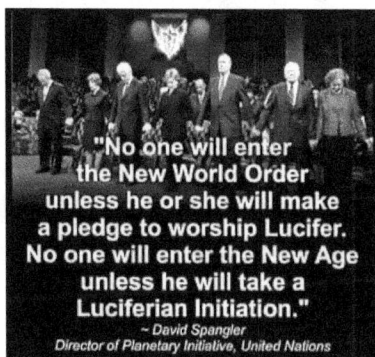

"No one will enter the New World Order unless he or she will make a pledge to worship Lucifer. No one will enter the New Age unless he will take a Luciferian Initiation."
~ David Spangler
Director of Planetary Initiative, United Nations

Je peux distinguer les Bush, les Clinton et les Carter.

En juillet 2024, le "saint" rabbin Chabad Isser Weisberg a déclaré que Donald Trump jouerait un clé dans l'avènement du Messie.

https ://old.bitchute.com/video/1argN02mzJf5/

Weisberg affirme que la "fenêtre finale" pour l'installation de l'Antéchrist est l'année hébraïque qui va de Rosh Hashanah 2027 à Rosh Hashanah 2028, c'est-à-dire du 2 octobre 2027 au 30 septembre 2028.

https ://henrymakow.com/2024/12/patrick-ocarroll---trump-prepa.html

Selon l'Agence télégraphique juive, le 4 janvier 1962, le Premier ministre israélien David Ben-Gourion a déclaré que Jérusalem serait la capitale du Nouvel Ordre Mondial :

> "À Jérusalem, les Nations Unies (les vraies Nations Unies) construiront un Sanctuaire des Prophètes au service de l'union fédérée de tous les continents ; ce sera le siège de la cour suprême de l'humanité, qui tranchera toutes les controverses entre les continents fédérés, comme l'a prophétisé Isaïe".

http ://www.jta.org/1962/01/04/archive/ben-gurion-foresees-gradual démocratisation-de-l-union-sovietique

LES GUERRES SONT ORCHESTRÉES ENTRE DEUX BRANCHES DE LA FRANC-MAÇONNERIE

Le communisme et le sionisme sont deux branches de la franc-maçonnerie, deux faces de la même pièce de Rothschild.

La juiverie organisée s'est divisée en deux équipes pour écraser la civilisation occidentale entre le mortier du communisme (gauche) et le pilon du sionisme (droite).

La deuxième guerre mondiale a opposé les communistes (les Alliés) et les sionistes (les nazis, les fascistes).

De même, la troisième guerre mondiale opposera les communistes (Russie, Chine, Iran, Islam radical, BRICS) aux sionistes (Israël, États-Unis, OTAN, Ukraine et Argentine).

Ils nous ont lavé le cerveau pour nous faire croire que la guerre est normale et patriotique. En réalité la guerre est contre-nature et un symptôme de folie. "Ceux que les dieux détruire, ils les rendent d'abord fous." -Euripide

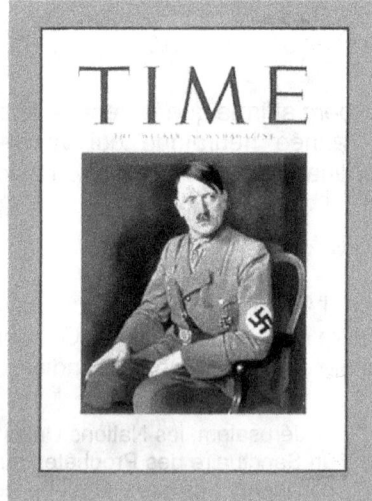

Trump a été désigné "personne de l'année" par le magazine *TIME* en 2024. Adolf Hitler a été *désigné* "homme de l'année" par *TIME* en 1938. Les deux hommes ont pour mission de mener leur pays à la guerre.

Lorsque la Russie a envahi l'Ukraine, les Rothschild ont mis leur canular COVID en place. Ils continuent à vendre des poisons, mais la pandémie a toujours été le "plan B". Pour une raison quelconque, ils sont revenus au plan A, la troisième guerre mondiale, pour dissimuler les crises fiscales, le génocide vaccinal et à des fins destructrices générales.

Trump a été élu pour reconstruire le patriotisme américain, donc les goyim seront heureux de redevenir de la chair à canon. Un faux drapeau réveillera leur zèle patriotique.

Lorsque les services secrets se sont rendus complices du faux assassinat à Butler (Pennsylvanie), j'ai su que Trump allait gagner. Symbole maçonnique courant, le drapeau américain renversé était au centre de la photo,

La Russie est complice de cette escroquerie. Le ministre russe des affaires étrangères, Serguei Lavrov, qualifie les Occidentaux d'"'Anglo-Saxons".

> "Nous sommes actuellement témoins de la façon dont les Anglo-Saxons poussent littéralement le Moyen-Orient au d'une guerre majeure", a déclaré M. Lavrov.

Les Anglo-Saxons, et en particulier les chrétiens, sont une majorité persécutée en Occident. Leurs gouvernements sont devenus des voyous, leurs pays ont été envahis par des migrants, leurs filles ont été forcées de se mesurer à des transsexuels et de se doucher avec, leurs fils ont reçu des bloqueurs de puberté, leur ciel et leur nourriture ont été empoisonnés, leur culture et leur héritage ont été annulés. Les Occidentaux vivent sous l'occupation communiste-sioniste et ont un besoin urgent de patries nationales depuis que les juifs maçonniques et les traîtres goys ont usurpé les leurs.

Selon l'ouvrage de Peter Goodgame, *The Globalists and the Islamists*,[2] Les francs-maçons ont façonné toutes les organisations terroristes du XXe siècle, y compris les Frères musulmans d'Égypte, le Hamas de Palestine et le mouvement khomeiniste d'Iran. Mais l'histoire de leur duplicité remonte au dix-huitième siècle, lorsque les francs-maçons britanniques ont créé la secte wahhabite d'Arabie saoudite elle-même, pour servir leurs objectifs impérialistes.

---

[2] *The Globalists and the Islamists, Fomenting the "clash of civilizations" for a New World Order*, traduit en français par Omnia Veritas Ltd, *Les mondialistes et les islamistes, provoquer le « choc des civilisations » pour un nouvel ordre mondial* www.omnia-veritas.com.

Les islamistes (Hamas, Hezbollah, Iran) sont également francs-maçons. Le parlement iranien a la forme d'une pyramide et des loges maçonniques parsèment le pays.

(Voir à l'intérieur - *Israël et l'Iran sont tous deux dirigés par des francs-maçons qui préparent la troisième guerre mondiale*)

Le communisme, le sionisme et l'islam radical sont tous des systèmes d'oppression. Ce sont des camisoles de force. Il n'existe aucun système qui représente les intérêts des nationalistes chrétiens conservateurs tout en dénonçant le génocide barbare d'Israël. Orban en Hongrie, Farage en Angleterre et Poilievre au Canada ont lâchement refusé de condamner Israël.

Condamner et encourager le génocide est le prix que les Occidentaux doivent payer pour un minimum d'indépendance nationale et de liberté. Nous devons rejoindre l'une ou l'autre aile du même culte satanique.

LES TROIS GUERRES MONDIALES D'ALBERT PIKE

Dans une lettre adressée en 1871 à Giuseppe Mazzini, Albert Pike, souverain grand commandeur maçonnique, affirmait que la troisième guerre mondiale serait orchestrée par les francs-maçons des deux camps :

> "La troisième guerre mondiale doit être fomentée en profitant des différences causées par les 'agentur' des 'Illuminati' entre les sionistes politiques et les dirigeants monde islamique. "La guerre doit être menée de telle sorte que l'islam (le monde arabe musulman) et le sionisme politique (l'État d'Israël) se détruisent mutuellement. Pendant ce temps, les autres nations, une fois de plus divisées sur cette question, seront contraintes de se battre jusqu'à l'épuisement physique, moral, spirituel et économique.
>
> "Nous lâcherons les nihilistes et les athées, et nous provoquerons un formidable cataclysme social qui, dans toute son horreur, montrera clairement aux nations l'effet de l'athéisme absolu, origine de la sauvagerie et de la plus sanglante tourmente."

Regardez à quel point cette lettre de 1871 était exacte en ce qui concerne la Première Guerre mondiale :

> "La Première Guerre mondiale doit être provoquée pour permettre aux Illuminati de renverser le pouvoir des tsars en Russie et de faire de ce pays une forteresse du communisme athée. Les divergences causées par les "agentur" (agents) des Illuminati entre les Empires britannique et germanique seront utilisées pour fomenter cette guerre. À la fin de la guerre, le communisme sera établi et utilisé pour détruire les autres gouvernements et pour affaiblir les religions".

Pike dit que la deuxième guerre mondiale a opposé les nazis aux sionistes, mais ce n'est pas vrai. Ce sont les sionistes qui ont mis en place les nazis. La guerre opposait les sionistes (fascistes, nazis) et les communistes (Russie et Alliés). Cependant, il avait raison de dire que la Seconde Guerre mondiale représenterait un triomphe pour le communisme.

> "La Seconde Guerre mondiale doit être fomentée en profitant des différences entre les fascistes et les sionistes politiques. Cette guerre doit être provoquée pour que le nazisme soit détruit et que le sionisme politique soit assez fort pour instituer un État souverain d'Israël en Palestine. Pendant la Seconde Guerre mondiale, le communisme international doit devenir assez fort pour équilibrer la chrétienté, qui sera alors contenue et tenue en échec jusqu'au moment où nous en aurons besoin pour cataclysme social final".

https ://www.threeworldwars.com/albert-pike2.htm

En réponse aux objections concernant l'utilisation du terme "nazi" par

M. Pike, un lecteur a écrit : "Le terme nazi ou nazisme remonte aux partis völkisch qui datent des années 1800. Ces partis ont donné naissance au parti socialiste nationaliste. De nombreux membres du parti nazi, comme Rudolf Hess, avaient en fait été membres de la Société de Thulé, avant même de devenir membres du parti nazi".

"Albert Pike a beaucoup écrit sur la mythique et mystique tribu perdue des Aryens comme étant la source de la franc-maçonnerie. Il suffit donc de relier les points pour constater que cette lettre à Mazzini est 100% authentique et qu'elle met fin une fois pour toutes au débat sur l'utilisation du mot "nazi". La lettre est authentique, sans l'ombre d'un doute.

LES ROTHSCHILD, CHABAD ET LA "DESTRUCTION CRÉATRICE"

Par juifs organisés, j'entends le cartel bancaire Rothschild, alias l'État profond.

Nos ancêtres corrompus ont donné à ces satanistes la poule aux œufs d'or : notre carte de crédit nationale.

Ils créent le *moyen d'échange* (la monnaie) sous la forme d'une *dette envers eux-mêmes*. C'est quelque chose que nos gouvernements pourraient faire sans dette ni intérêt !

En créant de l'argent à partir de rien, ils ont acheté tout ce qui a de la valeur.

Ils préparent notre disparition à nos frais. Ils ont besoin d'un gouvernement mondial pour empêcher toute nation d'échapper à cet esclavage.

Les Rothschild sont des sabbatéens frankistes, qui sont des cabalistes comme Chabad. Cette doctrine cabaliste s'appelle la "destruction créatrice". Après, on "reconstruit en mieux". (666)

Selon la Cabale, qui est la doctrine fondamentale du judaïsme et de la franc-maçonnerie, "le mal et la catastrophe sont des facteurs endémiques du processus de création. Sans le mal, il ne pourrait y avoir de bien, sans la destruction, la création ne pourrait avoir lieu". (*Kabbalah : An Introduction to Jewish Mysticism*, par Byron L. Sherwin, p. 72).

Il s'agit d'une absurdité sataniste. Le mal est l'obscurité, l'absence de Dieu (la lumière). Le mal et les catastrophes n'ont aucun rôle à jouer dans une religion ou une société saine.

TRUMP, NETANYAHU ET POUTINE APPARTIENNENT AU CHABAD

Trump a admis être un franc-maçon qui a étudié la Cabale. Il fait constamment des signes de main maçonniques de prière vers le bas que personne, pas même les démocrates, n'ose mentionner.

Trump et Poutine sont tous deux actifs dans les transactions commerciales du Chabad. En 2017, *Politico* a révélé cet arrangement "happy go lucky".

> "À partir de 1999, Poutine a fait appel à deux de ses plus proches confidents, les oligarques Lev Leviev et Roman Abramovitch, qui allaient devenir les plus grands mécènes de Chabad dans le monde, pour créer la Fédération des communautés juives de Russie sous la direction du rabbin de Chabad Berel Lazar, qui allait être connu comme le "rabbin de Poutine".

Quelques années plus tard, Trump s'est mis à la recherche de projets et de capitaux russes en s'associant à une société appelée Bayrock-Sapir, dirigée par les émigrés soviétiques Tevfik Arif, Felix Sater et Tamir Sapir, qui entretiennent des liens étroits avec Chabad. Les activités de la société conduiront à de multiples poursuites judiciaires pour fraude et à une enquête criminelle sur un projet de condominium à Manhattan. Pendant ce temps, les liens entre Trump et Chabad s'accumulaient".

https ://www.politico.com/magazine/story/2017/04/the-happy-go-lucky-jewish group-that-connects-trump-and-putin-215007/

Des blogueurs russes affirment que la mère de Poutine était juive. Son grand-père était le cuisinier de Lénine et de Staline. Chabad dirige la Russie en coulisses.

Le grand rabbin Berel Lazar a déclaré que les voisins de Chabad avaient pratiquement adopté Poutine lorsqu'il était enfant.

https ://beforeitsnews.com/alternative/2021/05/history-of-putin-kgb-chabad-the mossad-must-watch-video-to-understand-how-well-coordinated-and- organized-these agencies-are-3750647.html https ://youtube.com/shorts/oRnKKrznOTQ ?si=Fm0sqJsy8X3ma6Nh

Cet initié juif affirme que Chabad contrôle la Russie. Poutine est membre du Chabad. Le Chabad et le Mossad se recoupent.

https ://x.com/JuniusJuvenalis/status/1869385347580526905

https ://collive.com/lubavitchers-in-the-israeli-mossad/

Le président argentin Javier Milei a un lien de parenté avec M. Netanyahou. Lors d'une visite en novembre 2023, il s'est rendu en pèlerinage sur la tombe de Schneerson, ce qui indique qu'il est également membre de Chabad.

https ://www.breitbart.com/politics/2023/11/27/photos-argentinas-javier-milei-visits the-ohel-gravesite-of-lubavitcher-rebbe-fore-meeting-u-s-officials/

Incidemment, Che Guevera était le cousin germain d'Ariel Sharon, un autre signe que le communisme et le sionisme sont les deux faces d'une même pièce.

https ://henrymakow.com/2016/04/che-guevera-was-jewish.html

LA RÉALITÉ

Le 7 octobre 2024, Trump a signalé son appartenance à Chabad en commémorant l'attaque du Hamas contre Israël sur le site de la tombe de Menachem Schneerson.

L'attaque du Hamas du 7 octobre 2023 a déclenché la série d'événements qui conduisent aujourd'hui à la troisième guerre mondiale. Cette attaque a eu lieu avec la complicité d'Israël comme prétexte pour détruire Gaza. Netanyahou refuse d'autoriser une enquête.

C'est ce même Schneerson qui, dans une vidéo de 1991, a exhorté le jeune Benjamin Netanyahou à se dépêcher de déclencher une guerre nucléaire.

Après avoir échangé les formalités, M. Netanyahou a déclaré : "Je viens vous demander votre bénédiction et votre aide. Dans tous les domaines, politiques et personnels.

Le Rabbi répondit : "Depuis notre dernière rencontre, beaucoup de choses ont progressé. Ce qui n'a pas changé, c'est que le Moshiach [Messie] n'est toujours pas venu. Faites donc quelque chose pour hâter sa venue.

Netanyahu : "Nous agissons. Nous le faisons."

M. Netanyahou a été élevé à Philadelphie dans une famille sataniste des Illuminati, c'est-à-dire une famille qui élève ses enfants dans le cadre d'un SRA (abus rituel satanique) et les soumet à un "contrôle mental" afin de créer de multiples personnalités esclaves contrôlables ("alters").

https ://www.henrymakow.com/2023/11/ netanyahu-groomed-satanist.html

Au cours de cette rencontre, le Rabbi de Lubavitcher a déclaré : "lui, Benjamin Netanyahou, sera le premier ministre d'Israël, qui transmettra le sceptre au Messie".

M. Netanyahou a déclaré à plusieurs reprises qu'Israël devrait être "une superpuissance mondiale". En janvier 2025, il donnait des présentations PowerPoint indiquant qu'Israël était l'un des plus petits pays de la planète, contrôlant moins de 0,3% du Moyen-Orient.

https ://youtube.com/shorts/Utw8V70A3O4 ?si=dErSwBcL4XWvZnkH

Il voudrait renverser tous les gouvernements et installer des marionnettes comme à Washington.

Il a demandé aux Iraniens d'oublier ses tendances génocidaires et de profiter de la vie sous la tutelle d'une marionnette israélienne.

LE GÉNOCIDE UKRAINIEN

Dans un article paru en 1994, Mendel Schneerson parle du génocide slave dans les mêmes termes qu'Albert Pike parle de la troisième guerre mondiale. La guerre sera fomentée par les francs-maçons des deux camps pour tuer les goyim. Zelensky et Poutine sont tous deux des juifs maçonniques.

> "Les Slaves, les Russes, peuvent être détruits mais jamais conquis. C'est pourquoi cette race est soumise à la liquidation et, dans un premier temps, à une forte réduction de leur nombre."

> "Les Ukrainiens penseront qu'ils se battent contre la Russie expansionniste et qu'ils luttent pour leur indépendance. Ils penseront qu'ils ont enfin gagné leur liberté, alors que nous les soumettons entièrement. Les Russes penseront la même chose, comme s'ils défendaient leurs intérêts nationaux en rendant leurs terres, qui leur ont été prise "illégalement" , etc.

Il semble que les guerres en Ukraine et à Gaza soient liées à un plan visant à établir une nouvelle patrie juive en Ukraine. Schneerson explique l'agression ukrainienne en termes chabadiens.

> "En remontant dans l'histoire, il faut admettre que ces terres sont les anciennes terres ancestrales de la Khazarie juive, c'est-à-dire d'Israël, capturées par la Rus' de Kiev (l'ancien État de Russie dont la capitale était Kiev) au dixième siècle. Les Slaves sont des invités temporaires sur ces terres et peuvent être expulsés. Nous rendrons ce territoire et construirons la Grande Khazarie - l'État juif - sur ces terres fertiles, de la même manière qu'il y a 50 ans, nous avons créé Israël en expulsant les Palestiniens. Les Israéliens se réinstalleront partiellement ici, et nous chasserons le bétail slave loin au nord, au-delà de Moscou. Il y aura un petit Territoire du Nord, une réserve avec une population compacte -

une réserve, comme les réserves indiennes en Amérique".

https ://henrymakow.com/2024/07/russia-khazaria-ukraine.html

LA DESTRUCTION DE "L'ORDRE ANCIEN"

Nous subissons les attaques incessantes de la juiverie organisée et de la franc-maçonnerie : Guerres gratuites, pandémies, incendies, chemtrails, migrants, dystrophie de genre, ouragans artificiels, insectes à manger - la liste est sans fin.

On empêche les agriculteurs de cultiver des aliments. On empêche les vaches de péter. Les oléoducs et gazoducs sont détruits. Les migrants sont logés dans des hôtels de luxe tandis que les citoyens deviennent des sans-abri. Tout cela a un sens si l'on comprend que l'objectif réel est de détruire la civilisation chrétienne.

En 1915, Nahum Goldman écrivait : "La mission historique de notre révolution mondiale est de réorganiser une nouvelle culture de l'humanité pour remplacer le système social précédent."

Cette conversion et cette réorganisation de la société mondiale nécessitent deux étapes essentielles : premièrement, la destruction de l'ancien ordre établi, deuxièmement, la conception et l'imposition du nouvel ordre.

La première étape exige l'élimination de toutes les frontières, de la nation et de la culture, des barrières éthiques des politiques publiques et des définitions sociales ; ce n'est qu'alors que les éléments détruits de l'ancien système pourront être remplacés par les éléments imposés de notre nouvel ordre. **La première tâche de notre révolution mondiale est la destruction.** Toutes les couches et formations sociales créées par la société traditionnelle doivent être anéanties, hommes et les femmes doivent être déracinés de leur environnement ancestral, arrachés à leur milieu d'origine, aucune tradition, quelle qu'elle soit, ne doit être autorisée à rester sacro-sainte, les normes sociales traditionnelles ne doivent être considérées que comme une maladie à éradiquer, le dicton dominant du nouvel ordre est : rien n'est bon, donc tout doit être critiqué et aboli, tout ce qui a été doit disparaître.

En 1915, Nahum Goldman, fondateur du Congrès juif mondial, a publié *La guerre allemande : l'esprit du militarisme* (en allemand), qui affirme clairement que "la première tâche de notre révolution mondiale est la destruction".

Après la destruction de l'ordre ancien, la construction de l'ordre nouveau est une tâche plus vaste et plus difficile. Les normes sociales seront désorganisées et anarchiques et devront donc être bloquées pour empêcher la réapparition naturelle de nouvelles formes culturelles et catégories sociales

Les masses générales auront d'abord été persuadées de participer sur un pied d'égalité à la première tâche de destruction de leur propre société traditionnelle et de leur culture économique, mais le nouvel ordre devra ensuite être établi de force en divisant à nouveau les gens et en les différenciant uniquement en fonction du nouveau système hiérarchique pyramidal de notre nouvel ordre mondial monolithique imposé.

Peut-il être plus explicite ? Nous sommes face à une puissance occulte. Nous sommes face au mal à l'état pur.

LE DÉPEUPLEMENT EST UN EUPHÉMISME POUR LE GÉNOCIDE

En 1974, le Club de Rome, créé par David Rockefeller, déclarait : "La Terre a un cancer et ce cancer, c'est l'homme".

Bien entendu, le véritable cancer est David Rockefeller et ses semblables.

Sous couvert de crise environnementale et de surpopulation, les juifs maçonniques cherchent à dépeupler la planète.

En 2014, le rapport Deagel a prédit un déclin catastrophique de la population dans de nombreux pays en 2025. Le Dr Edwin Deagel a été secrétaire adjoint à la défense. Il a également été directeur des relations internationales de la Fondation Rockefeller.

L'Amérique sera un désastre. La population américaine chutera de 70%, le PIB s'effondrera totalement de 87%, l'armée disparaîtra de 95% et l'économie s'effondrera de 73%. Oui, ce sont les prédictions actuelles de Deagel pour les États-Unis... Toutes ces centaines de millions de personnes seront tuées par la famine, la guerre nucléaire, les épidémies, les vaccins de la mort et les escroqueries.

https ://henrymakow.com/2024/09/deagel-grim-prediction.html

Les Georgia Guidestones ont été dynamitées en juillet 2022 parce que leur prédiction de population mondiale – 500 000 000 - devenait embarrassante.

"Ce qui se passe, c'est une dépopulation. L'initié sataniste Aloysius Fozdyke a écrit en 2021. "Les chiffres ont été donnés par [mon mentor, Frater] Narsagonan, ainsi que nos échéances : 70% de réduction de la population d'ici 2030. Nous continuons à utiliser la magie du paradigme. Si vous pouvez changer ou substituer un paradigme, alors les choses changent dans le monde réel.

"Tous les gouvernements comptent sur leurs moutons pour réagir de façon typiquement infantile, notamment en s'identifiant inconsciemment à une force plus puissante, même si celle-ci les asservit, les brutalise et les humilie."

Selon toute évaluation objective, il y a trop de "mangeurs inutiles", dont beaucoup sont malades ou sont des "déchets génétique". La population humaine mondiale est hors contrôle. Les jeux sont faits ! Les personnes âgées et les malades chroniques - dans cet ordre. Ensuite, l'économie se chargera d'éliminer le reste".

https ://www.henrymakow.com/2021/01/Satanists-Aim-at-70-Depopulation-by-2030.html

En 1993, le dénonciateur du MI-6, John Coleman,[3] a écrit :

"Au moins 4 milliards de "mangeurs inutiles" seront éliminés d'ici 2050 au moyen de guerres limitées, d'épidémies organisées de maladies mortelles à action rapide et de la famine. L'énergie, la nourriture et l'eau seront maintenues à des niveaux de subsistance pour les non-élites, en commençant par les populations blanches d'Europe occidentale et d'Amérique du Nord, puis en s'étendant à d'autres races.

La population du Canada, de l'Europe occidentale et des États-Unis sera décimée plus rapidement que celle des autres continents, jusqu'à ce que la population mondiale atteigne un niveau gérable d'un milliard

---

[3] L'œuvre de John Coleman a été traduite et publié en français par Omnia Veritas Ltd, www.omnia-veritas.com.

d'habitants, dont 500 millions seront des Chinois et des Japonais, sélectionnés parce qu'ils ont été enrégimentés pendant des siècles et qu'ils ont l'habitude d'obéir à l'autorité sans poser de questions

Un pour cent possède 95% de la richesse mondiale. Cette situation est "insoutenable" jusqu'à ce qu'ils obtiennent les derniers 5%.

"Les masses non élitistes seront réduites au niveau et au comportement d'animaux contrôlés, dépourvus de volonté propre et faciles à enrégimenter et à contrôler. Le mariage sera proscrit et il n'y aura plus de vie de famille telle que nous la connaissons. Les enfants seront retirés à leurs parents à un âge précoce et élevés par des pupilles en tant que propriété de l'État."

https ://www.henrymakow.com/2021/06/john-coleman-4-billion-useless-eaters.html

LES JUIFS ONT GÉNOCIDÉ LES CHRÉTIENS TOUT AU LONG DE L'HISTOIRE

La persécution et la destruction des chrétiens blancs par les Juifs ne datent pas d'hier, mais remontent très loin dans l'histoire. Dans le numéro d'avril 1921 du *Hebrew Christian Alliance Quarterly*, le révérend M. Malbert déclarait : "La persécution et la destruction des *chrétiens blancs par les Juifs ne sont pas des phénomènes récents mais remontent loin dans l'histoire :*

"Je vais montrer que la véritable persécution religieuse est uniquement juive... À l'époque de Justinien, au VIe siècle, les Juifs ont massacré les chrétiens de Césarée et détruit leurs églises. Lorsque Stephanos, le gouverneur, a tenté de défendre les chrétiens, les Juifs se sont jetés sur lui et l'ont tué.

"En 608, les Juifs d'Antioche s'en prennent à leurs voisins chrétiens et les tuent par le feu et l'épée.

Vers 614, les Perses avancent sur la Palestine et les Juifs, après s'être ralliés à leur étendard, massacrent les chrétiens et détruisent leurs églises. Quatre-vingt-dix mille chrétiens périrent dans la seule ville de Jérusalem.

Ajoutez la liste suivante de meurtres de masse de chrétiens par des juifs : Soixante millions de personnes ont été assassinées par la "Terreur rouge" des bolcheviks. Environ sept millions d'Ukrainiens sont morts de faim dans l'Holodomor.

Un dixième de la population espagnole a été assassiné par des Juifs communistes pendant la guerre civile espagnole.

"Leur purification a consisté principalement en des massacres de prêtres, de religieuses, d'enfants de chœur, de femmes et d'enfants". Au moins 200 000 civils sont morts dans les bombardements incendiaires de Hambourg et de Dresde en 1945. Des juifs communistes ont massacré 15 000 officiers polonais dans la forêt de Katyn en 1940.

Charles Weisman écrit,

> "Les Juifs se sont particulièrement réjouis de la mort de millions de réfugiés chrétiens après la Seconde Guerre mondiale, car la manière dont ils sont morts répondait à la doctrine la plus chère à la haine juive de tous les chrétiens, à savoir que les non-Juifs, considérés comme des non-humains ou du bétail selon le terme juif de "goyim", ne doivent pas être enterrés.

> "Il s'agit d'une violation de la loi juive, qui interdit d'enterrer des "animaux". Ces millions de réfugiés chrétiens sont restés là où ils sont tombés pendant ces terribles expulsions des communistes rouges, et n'ont jamais reçu de sépulture chrétienne"(106).

Le plan Morgenthau visait à dépouiller l'Allemagne d'après-guerre de son industrie et à en faire un pays agricole. C'est l'équivalent d'un génocide puisque l'Allemagne ne serait pas en mesure de subvenir aux besoins de sa population.

> "Plus de 400 millions de Blancs ont été rayés de la surface de la terre au cours des 300 dernières années par les Juifs. (Weisman, p. 113)

> En outre, il faut tenir compte des quelque 65 millions de personnes massacrées par Mao Zedong. Charles Weisman identifie les juifs à Ésaü et les chrétiens à Jacob. À la fin, Jacob est victorieux.

Charles Weisman, *Qui est Esaü-Edom ?* (1991

LA FOURMILIÈRE DES ROTHSCHILD

Dans *The Rothschild Dynasty* (2006),[4] John Coleman révèle l'histoire

---

[4] *La dynastie Rothschild*, Éd. Omnia Veritas Ltd, www.omnia-veritas.com.

moderne cachée.

Depuis 1820 environ, l'Europe et le monde sont contrôlés par la famille Rothschild, suprémaciste juive et sataniste.

Tous les grands dirigeants ont été des marionnettes des Rothschild, notamment Bismarck, Metternich, D'Israeli, Churchill, Hitler, Staline, FDR, [et tous les présidents américains], etc. Ils ont tous été achetés et soumis au chantage. Poutine et Trump ne sont pas des exceptions.

Dans *The Jews and Modern Capitalism* (1911), le professeur Werner Sombart a écrit :

> "La période à partir de 1820 est devenue l'âge des Rothschild, si bien qu'au milieu du siècle, il était communément admis qu'il n'y avait qu'une seule puissance en Europe, et c'était celle des Rothschild. (Coleman, p.40

Ils ont financé et profité de toutes les grandes guerres, notamment la révolution américaine, la révolution française, la guerre civile américaine, la révolution russe et les deux guerres mondiales.

Coleman explique :

> "La Première Guerre mondiale a été déclenchée pour établir le bolchevisme en Russie, pour créer un "foyer pour les Juifs en Palestine", pour détruire l'Église catholique et pour démembrer l'Europe.

> "La Seconde Guerre mondiale avait pour but de détruire le Japon et l'Allemagne, d'établir l'URSS en tant puissance mondiale communiste et d'étendre la portée du bolchevisme sur les trois quarts du monde.

> Dans la foulée, les États-Unis ont été incités à adhérer à la prochaine tentative de gouvernement mondial unique, les Nations unies.

> "La Seconde Guerre mondiale a modifié la composition des États-Unis, qui ont été contraints par leur important contingent de (((socialistes internationaux))) occupant des postes de pouvoir de se débarrasser de leur Constitution et de leur forme républicaine de gouvernement, et de prendre le rôle nouvel Empire romain du monde. En bref, les États-Unis ont été transformés en une puissance impériale destinée à conquérir le monde au nom du socialisme international (c'est-à-dire du communisme). Derrière ces puissants changements se trouvaient l'argent, le pouvoir et la main dirigeante des Rothschild.

LES GENTILS SATANISTES ESQUIVENT LEUR RESPONSABILITÉ EN ACCUSANT TOUS LES JUIFS

En 2024, E. Michael Jones a demandé sur Twitter de "briser le tabou juif" et de tenir tous les Juifs pour responsables du trou à rats qu'est devenu l'Occident

J'ai répondu sur X :

> "Les juifs assimilés seront les boucs émissaires des actions des sionistes et des juifs communistes. Les calamités à venir seront imputées à tous les Juifs, quelles que soient leurs actions ou leurs opinions individuelles. Les personnes qui ont des griefs sont les premières à victimiser d'autres personnes innocentes".

Les gens ont réagi en disant : "Pourquoi les Juifs n'interpellent-ils pas d'autres Juifs ?

Que pensez-vous que je fasse ? Et Henry Klein ? Myron Fagan ? Benjamin Freedman ? Norman Finkelstein ? Nathaniel Kapner ?

La raison pour laquelle davantage de Juifs ne s'expriment pas est qu'ils ont peur. Le judaïsme est un culte satanique qui ostracise et persécute les dissidents. Mais la juiverie organisée aurait été impuissante sans la collaboration des opportunistes et des traîtres Gentils francs-maçons.

Examinons la situation de plus près. Alors que les Juifs sont blâmés, il y a 30 sionistes chrétiens pour chaque sioniste juif. C'est la base du pouvoir de Trump. Ces chrétiens pensent que l'apocalypse ramènera le Christ et qu'ils seront "enlevés", c'est-à-dire qu'ils quitteront la terre pour aller vivre au paradis.

https ://www.bibleref.com/1-Corinthians/15/1-Corinthians-15-51.html

Il semble que la géo-ingénierie météorologique - ouragans, incendies DEW, tornades, inondations - soit conçue pour simuler la fin des temps.

> Les nations s'élèvent les unes contre les autres, les royaumes contre les royaumes. Il y aura des famines et des tremblements de terre en divers endroits. Tout cela est le commencement des douleurs de l'enfantement. (Matthieu 24-7)

Pourquoi les goyim ont-ils donné à ces Juifs leur carte de crédit nationale ? Et pourquoi leur opposition à l'hégémonie juive maçonnique a-t-elle été si inefficace ?

Les anciens élèves des Skull and Bones dirigent les États-Unis depuis plus d'un siècle. Fondé en 1832, le Skull and Bones de Yale n'a admis les Juifs que dans les années 1950. Les informations suivantes sont basées sur des recherches effectuées par Eric Dubay.

https ://henrymakow.com/2024/08/skull-and-bones---gentiles-eva.html

"Pendant la Seconde Guerre mondiale, les membres de Skull and Bones étaient à la fois à la Maison Blanche et finançaient Hitler. Le président Harry Truman, franc-maçon du 33e degré, et le secrétaire à la Guerre Henry Stimson, membre de Skull and Bones, contrôlaient les États-Unis tandis qu'une douzaine d'autres membres finançaient Adolf Hitler, membre de la société secrète de Thulé, par l'intermédiaire de l'Union Bank, de Guaranty Trust et de la Brown Bros. Harriman Company".

Par exemple, les présidents américains William H. Taft, George Herbert Walker Bush et George Walker Bush étaient tous trois membres de Skull and Bones. Les sénateurs américains suivants : Prescott Bush, John Kerry, David Boren, Jonathan Bingham, John Chaffe, John Sherman Cooper, James Buckley, Chauncey Depew, Frank Bosworth Brandegee, Robert A. Taft, William Maxwell Evarts et John Heinz étaient tous membres de Skull and Bones.

Fondateur de la *National Review* et animateur de l'émission télévisée *Firing Line*, William F. Buckley était un Bonesman, tout comme Henry Luce, fondateur des magazines TIME, Life, Fortune, House & Home et Sports Illustrated.

Henry Stimson, diplômé de Skull and Bones en 1888, a été secrétaire à la guerre du président Taft (1911-13), secrétaire d'État de Herbert Hoover (1929-1933), puis secrétaire à la guerre de Harry Truman (1940-45).

Cela signifie que pendant la Seconde Guerre mondiale, des membres de Skull and Bones étaient à la fois à la Maison Blanche et finançaient Hitler". Il est clair que les Illuminati se définissent par le satanisme (franc-maçonnerie, cabalisme) et non par l'appartenance ethnique.

PIÉGÉ DANS UN SOLIPSISME JUIF

Présenter un mensonge comme une vérité suffit à le rendre tel, tel est le principe de base de la cosmologie kabbalistique.

Un génocide n'est pas un génocide si vous "avez le droit de vous défendre."

En d'autres termes, la perception est plus importante que la réalité. Les cabalistes ont le droit de mentir et de tromper.

Les événements actuels sont inventés de la même manière qu'un scénario de film est écrit. Ils sont imaginés. Ces "scénarios" deviennent des "simulations" qui se transforment en "réalité". La scénarisation est aussi appelée "modélisation".

Récemment, la chaîne CBS *Sixty Minutes* a demandé à un agent du Mossad comment ils avaient convaincu le Hamas d'acheter des bipeurs piégés. Il a répondu :

> "Nous créons des sociétés écrans par-dessus d'autres sociétés écrans et il n'y a aucun moyen de remonter à Israël. Nous créons un monde imaginaire. Nous sommes une société de production mondiale. Nous écrivons le scénario. Nous sommes les réalisateurs. Nous sommes les producteurs. Nous sommes les acteurs principaux. Le monde est notre scène".

https ://x.com/Osint613/status/1871108928810918050

Selon les termes de Klaus Schwab,

> "La pandémie représente une opportunité rare mais étroite de réfléchir, d'imaginer et de réinventer notre monde."

Exactement.

> "Il n'y a jamais eu de santé publique. C'était du racket dans le but d'inspirer la terreur pour influencer les comportements des populations. C'est tout ce qu'il s'est passé. C'est ce qui a toujours été. (Dr. David Martin au Parlement de l'UE à Strasbourg." 13 septembre 2023)

Le satanisme détruit ses adeptes. Nous nous sommes laissés tromper, miner et corrompre. Nous en payons aujourd'hui le prix.

Jacques Attali, initié des Illuminati, l'a bien dit : l'histoire n'est *"jamais que la pensée des plus forts"*.

LA MEILLEURE ESCROQUERIE QUE L'ARGENT PUISSE ACHETER

Vous étiez là. Le masque est tombé. Notre liberté nous a été arrachée sous le prétexte fallacieux d'une "urgence sanitaire". Cette "urgence" était la grippe saisonnière rebaptisée. Le gouvernement, la médecine, les médias, l'église, les forces de l'ordre ont tous mis en œuvre ce canular.

Les juifs maçonniques et les francs-maçons ont rongé toutes nos institutions sociales comme des termites. Avec nos prétentions aux "droits de l'homme", nous nous sommes transformés du jour au lendemain en un État policier communiste. Des murs de plexiglas ont été érigés, des distances sociales inutiles et des masques ont été imposés. Les gens ont été enfermés chez eux. Ils ont été arrêtés et battus parce qu'ils ne portaient pas de masque ou parce qu'ils étaient assis sur un banc public ou sur une plage. Les hôpitaux ont utilisé des ventilateurs pour tuer les patients. Les enfants ne pouvaient pas rendre visite à leurs parents mourants.

Des millions de personnes ont perdu la vie ou ont été mutilées, mais les grands médias gardent le silence et trouvent des excuses.

En octobre 2019, les responsables du WEF ont répété cette opération psychologique dans le cadre de ce qu'on appelle l'"événement 201". Des médicaments comme l'ivermectine et l'hydroxychloroquine ont été interdits afin de justifier la "désignation d'urgence" de la thérapie génique déguisée en vaccin.

Une pandémie avec un taux de mortalité de 0,25% n'est pas une pandémie. Une maladie sans symptômes n'est pas une maladie. La Floride, la Suède et la Norvège se sont ouvertes sans conséquences et ont prouvé que le COVID était un canular.

Mais tout le monde a participé à cette mascarade. Ils s'enrichissaient ou étaient payés pour ne rien faire.

Les entreprises tombaient comme des mouches mais les propriétaires étaient indemnisés. Il n'y a donc pas eu de révolte comme cela aurait dû être le cas. Les gens ont été aveuglés par l'argent gratuit. Souvent, il y avait des beignets.

Même les milliardaires ont reçu des chèques de relance fédéraux. Medicare verse aux hôpitaux américains entre 13 000 et 50 000 dollars pour l'admission d'un malade. Il faut ajouter 39 000 dollars si le patient est sous respirateur et encore 13 000 dollars s'il est tué. Il n'est pas étonnant que les familles accusent les hôpitaux d'assassiner leurs proches.

Pfizer a réalisé un chiffre d'affaires de 100 milliards de dollars et un bénéfice de 30 milliards de dollars en 2022.

Il s'agissait d'une répétition de la crise du crédit de 2007-2008. Ils ont à nouveau volé le Trésor américain.

Les États-Unis ont dépensé 6000 milliards de dollars pour lutter contre le fléau imaginaire.

Mais pour que vous ne le remarquiez pas, ils ont acheté les médias. Bill Gates a donné 319 millions de dollars à des organes de presse, dont 13,6 millions de dollars à la prestigieuse revue médicale *The Lancet*. Tout le monde a été acheté. Justin Trudeau a donné 600 millions de dollars à certains médias canadiens.

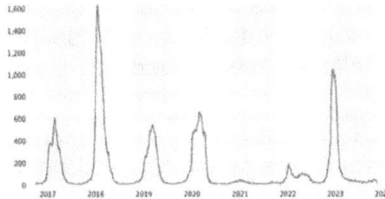

La grippe saisonnière a pratiquement disparu.

Les dépenses consacrées au COVID et à l'Ukraine ont provoqué l'inflation et détruit le dollar américain. Cela a créé une bulle boursière et une myriade de crypto NFT (jetons non fongibles) qui ne demandent qu'à s'effondrer.

NOUS AVONS DÉJÀ UN GOUVERNEMENT MONDIAL DE FACTO

La "pandémie" a révélé que nos politiciens, journalistes, médecins, éducateurs, policiers, agences de renseignement et militaires sont tous au service du cartel bancaire Rothschild et non des citoyens qui paient leurs salaires.

Plus de 190 gouvernements ont réagi de la même manière à l'épidémie de COVID-19, par des mesures de confinement, de distanciation sociale, d'obligation de porter des masques et de délivrer des passeports de vaccination partout.

L'uniformité mondiale des mesures de lutte contre les pandémies révèle l'existence d'un gouvernement mondial communiste basé à l'ONU. L'Organisation mondiale de la santé (OMS) est une agence de l'ONU.

Tous les pays dansent au diapason de l'OMS car ils dépendent tous des Rothschild pour leur crédit et leur monnaie.

La pandémie a servi de prétexte pour imposer un changement social et politique communiste non démocratique, conformément à l'Agenda 2030 des Nations unies.

Si tout le monde est dans le coma, c'est peut-être parce qu'en août 2024, près des deux tiers de la population mondiale auront été entièrement vaccinés. N'oublions jamais ce cauchemar.

Paris interdit l'exercice physique en plein air pendant la journée. Les magasins bouclent les allées contenant des articles jugés "non essentiels". Il s'agit notamment de jouets, de divertissements, de produits de beauté et d'équipements sportifs.

Un directeur de l'OMS déclare que la police peut faire irruption dans vos maisons et emmener toute personne qu'elle estime être un danger potentiel. Cuomo demande à la police de New York d'être "plus agressive" pour disperser les funérailles, les grands rassemblements et les personnes "jouant au frisbee dans le parc", tout en augmentant les amendes à 1000 dollars pour les personnes qui ne respectent pas les règles de distanciation sociale. Des drones avertissent les promeneurs de se tenir à une distance de six pieds les uns des autres.

À Santa Monica, un surfeur solitaire est emmené menotté. En Pennsylvanie, une jeune femme a été condamnée à une amende de 200 dollars pour avoir fait un tour en voiture, violant ainsi l'ordre du gouverneur de rester à la maison.

Les services religieux sont annulés. Des lignes téléphoniques sont mises en place pour permettre aux gens de dénoncer leurs voisins.

Au Colorado, un père est menotté pour avoir joué au softball avec sa fille dans un parc. Un responsable de la santé de Trump a décrit le COVID comme une "mauvaise saison grippale".

Un médecin de l'Alberta s'est vu accorder quinze minutes pour quitter l'hôpital après avoir prescrit de l'Ivermectine, qui s'est avéré efficace.

Le coronavirus a sélectivement attaqué les pays et les États dirigés par des communistes (Allemagne, France, Autriche, Australie, Californie, New York) par rapport à ceux qui sont gouvernés par des sionistes (Hongrie, Floride, Texas.) Il a contourné la Suède et la Norvège pour une raison quelconque. Les présidents qui rejettent la vaccination de masse ont été assassinés. (Tanzanie, Haïti.)

Les employés de la Maison Blanche, du CDC, de la FDA, de l'OMS et des grandes sociétés pharmaceutiques ont été exemptés des vaccinations obligatoires. Il en va de même pour de nombreux travailleurs de la santé et membres de l'UAW. L'ampleur des dégâts n'est pas encore connue et est occultée.

Le changement climatique est un autre prétexte fallacieux pour les milliardaires de s'accaparer les ressources mondiales en nous assassinant. Lors du Sommet de la Terre de Rio en 1992, près de 200 dirigeants ont accepté de priver leurs citoyens de leurs droits et de se joindre à l'opération psychologique sur le changement climatique.

La première révolution mondiale : A Report to the Club of Rome (1991), se lit comme suit,

> "En cherchant un nouvel ennemi pour nous unir, nous avons eu l'idée que la pollution, la menace du réchauffement climatique, les pénuries d'eau, la famine et autres étaient les plus à même de nous unir. Tous ces dangers sont causés par l'intervention humaine et ce n'est que par un changement d'attitude et de comportement qu'ils peuvent être surmontés. Le véritable ennemi est donc l'humanité elle-même".

https ://altamontenterprise.com/09252019/elitists-have-created-myth-climate changer-éliminer-la-souveraineté-nationale

Humanité = non satanistes.

LE COMMUNISME

L'image populaire du communisme comme défenseur des pauvres est absurde. Le communisme a été financé par le cartel Rothschild pour détruire ses rivaux. Karl Marx a déclaré que l'objectif du communisme était "l'abolition de la propriété privée" - la vôtre, pas la leur.

Le communisme est l'extension du monopole de crédit des Rothschild à un monopole sur littéralement tout - le pouvoir, la richesse, la pensée, le comportement.

En 1938, Christian Rakovsky, initié des Illuminati, a déclaré à son interrogateur du NKVD que les banquiers centraux avaient créé l'État communiste comme une "machine de pouvoir total" sans précédent dans l'histoire.

Rakovsky, de son vrai nom Chaïm Rakover, avait été condamné à mort lors de la purge menée par Staline contre la faction trotskiste du parti :

"Imaginez, si vous le pouvez, un petit nombre de personnes disposant d'un pouvoir illimité grâce à la possession de richesses réelles, et vous verrez qu'ils sont les dictateurs absolus de la bourse et de [l'économie]... Si vous avez suffisamment d'imagination, alors... vous verrez [leur] influence anarchique, morale et sociale, c'est-à-dire révolutionnaire... Comprenez-vous maintenant ?"

"...Ils ont créé la monnaie de crédit dans le but de rendre son volume proche de l'infini. Et pour lui donner la vitesse du son.... C'est une abstraction, une vision de l'esprit, un chiffre, un nombre, un crédit, une foi...

Dans le passé, "il y a toujours eu de la place pour la liberté individuelle. Comprenez-vous que ceux qui dominent déjà partiellement les nations et les gouvernements du monde ont des prétentions à la domination absolue ? Comprenez que c'est la seule chose qu'ils n'ont pas encore atteinte"

(Des Griffin, *Le quatrième Reich des riches*, pp.245-246)

Ils doivent protéger leur monopole sur le crédit en créant un "gouvernement mondial" pour empêcher tout pays d'émettre son propre crédit (monnaie) ou de répudier sa "dette".

Dans *Behind the Green Mask* (2011)[5] Rosa Koire a déclaré que l'Agenda 21 est "le plan directeur, le plan d'action, pour inventorier et contrôler toutes les terres, toutes les eaux, tous les minéraux, toutes les plantes, tous les animaux, toutes les constructions, tous les moyens de production, toute l'éducation, toute l'énergie, toute l'information et tous les besoins humains dans le monde". Il s'agit d'un plan global.

CONCLUSION

J'espère que ce livre fera prendre conscience à un plus grand nombre de personnes du danger qui nous guette. Il s'agit de l'aboutissement d'un sinistre complot vieux de plusieurs siècles. Des fanatiques religieux sont sur le point de faire exploser le monde pour réaliser des prophéties bibliques insensées sur la fin des temps. J'espère me tromper.

Trump, Netanyahou et Poutine appartiennent tous à Chabad, une secte raciste juive suprématiste qui utilise des agents des deux côtés pour provoquer une apocalypse nucléaire. Ils admettent leurs intentions malveillantes, mais nous avons subi un lavage de cerveau pour rejeter l'"antisémitisme" et nous ne pouvons pas le croire.

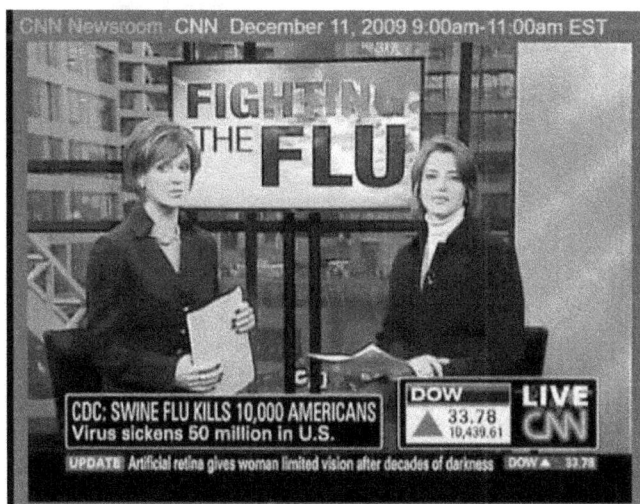

2009- La grippe porcine tue 10 000 Américains et en contamine 50 millions. Pas de pandémie. Pas de confinement.

---

[5] *Derrière le masque vert,* traduit en français et publié par Le Retour aux Sources, www.leretourauxsources.com.

Nous devons commencer à écouter notre âme et notre bon sens. Nous avons besoin d'une religion vivante. Nous devons vivre notre religion.

Les satanistes peuvent posséder les organes de tromperie de masse, mais la réalité ne peut être renversée. Notre salut réside dans un renouveau religieux où les gens redécouvrent et manifestent leur Divinité.

Dieu est la réalité et toute tentative de le nier aboutira à une catastrophe.

Livre 1

Chabad, Satanisme juif, Franc-maçonnerie

Un transfuge de Chabad : Le racisme juif derrière le génocide blanc et la troisième guerre mondiale

Ex Chabadnik : "Chabad est une organisation raciste - une secte missionnaire suprématiste juive dont l'objectif principal est la supériorité totale des Juifs sur les "Goyim" et leur asservissement".

"J'espère que les Européens blancs et ceux qui sont contre le génocide des Blancs comprennent que la raison pour laquelle la race blanche est attaquée aujourd'hui est la seule idéologie raciste ultime de la planète : le judaïsme".

par Defector

Le racisme juif est une croyance selon laquelle les Juifs ont une âme **supérieure à** celle des non-Juifs et que les non-Juifs ont des âmes sataniques. Cela signifie que tous les Juifs religieux, indépendamment de leur couleur et de leur pays d'origine, considèrent les non-Juifs comme "inférieurs" simplement parce qu'ils ont des âmes sataniques.

Telle est mon expérience et ma compréhension de la religion juive en général et d'une secte raciste, Chabad, en particulier.

Trump, les nazis et Chabad - les mêmes mains croisées

Tout a commencé à l'âge de 20 ans. À l'époque, j'étais un juif religieux, mais je ne faisais pas vraiment partie du Chabad. En 2005, lors d'une visite à New York, j'ai rencontré un émissaire de Chabad qui m'avait fait découvrir le mouvement. Il m'a demandé si je pouvais visiter le "770" à Brooklyn, à New York. C'est ce que j'ai fait. J'ai participé à leurs rituels et à leurs réunions et, au cours des quatre années suivantes, je suis devenu un adepte fanatique de Chabad.

Nous avions l'habitude de discuter de la venue du Messie juif et du monde futur tel qu'il est envisagé par Chabad et la religion juive - un monde où les Juifs sont les maîtres suprêmes de la Terre, où chaque Juif possède jusqu'à 2800 esclaves gentils, un monde où le seul but des non-Juifs est de SERVIR les Juifs. D'autre part, les Juifs sont considérés comme le "siège de Dieu".

QU'EST-CE QUE LE CHABAD ET QUI SONT-ILS ?

Chabad est une organisation raciste - une secte missionnaire suprématiste juive dont l'objectif principal est la supériorité totale des Juifs sur les "Goyim" et leur asservissement.

Son principal commandement est d'accomplir le commandement "Breaking Through", c'est-à-dire de rendre le monde sûr pour la domination mondiale sioniste.

Chabad forme ses jeunes à devenir des émissaires lorsqu'ils seront adultes. Pour Chabad, être un "émissaire" signifie diffuser son idéologie raciste aux juifs du monde entier, en particulier à ceux qui ne pratiquent pas le judaïsme. Ils apportent un soutien idéologique et moral à l'agenda sioniste mondialiste.

Ils considèrent que l'asservissement des "Goyim" par les banques juives internationales et politique internationale sert leurs prophéties messianiques - un monde futur où le NWO juif contrôle toutes les nations du monde.

Sous la direction du rabbin Menachem Mendel Schneerson (1902-1994), le mouvement a mis en place un réseau d'environ 5000 institutions qui apportent un soutien religieux, social et idéologique aux Juifs dans plus de 1000 villes réparties dans 100 pays, y compris tous les États américains.

LES JUIFS SONT DIEU. LES GENTILS SONT DES INSECTES DONT LE SEUL BUT EST DE SERVIR LES JUIFS OU DE MOURIR

Selon Chabad, les Juifs eux-mêmes sont "Dieu". L'usure est autorisée et encouragée à l'encontre des non-Juifs (c'est le motif des banquiers du NWO). Le livre du mouvement Chabad, "La Tania", explique que les Juifs sont Dieu sur Terre et que les non-Juifs ne sont rien de plus que des animaux - des êtres inférieurs sans âme. S'ils ont une âme, elle est démoniaque et satanique et provient des "Klipot A'thmeot", c'est-à-dire des sphères impies ou "Sitrha Achra".

Les païens sont des animaux sans âme à leurs yeux. L'"âme juive" est Dieu incarné. Chaque Juif est un "Dieu" en chair et en os.

L'univers entier, y compris les billions de galaxies, d'étoiles et de planètes, a été créé uniquement pour les Juifs et par le Dieu juif YHVH, qui est en fait une manifestation du peuple juif lui-même. Selon Chabad, l'ongle d'un juif vaut plus que l'ensemble des populations non juives du monde (c'est-à-dire les Européens, les musulmans, les Asiatiques et les Africains).

L'AGENDA DU NOM

Chabad n'est rien d'autre qu'une manifestation du racisme juif qui alimente l'agenda du NOM. Le fondateur d'Israël et ancien premier ministre David Ben Gourion a imaginé que les Juifs seraient au centre du gouvernement mondial unique. Ce sera l'accomplissement promesses de la Bible où les Juifs seront les contrôleurs et les dirigeants de toutes les nations.

La Cour suprême de Jérusalem, avec la pyramide des Illuminati et la marque de "l'œil qui voit tout", a été construite pour soutenir cet agenda tel qu'il a été envisagé par Ben Gourion : "À Jérusalem, les Nations unies (une véritable ONU) construiront un sanctuaire des prophètes au service de l'union fédérée de tous les continents ; ce sera le siège de la Cour suprême de l'humanité, qui tranchera toutes les controverses entre les continents fédérés, comme l'a prophétisé Isaïe..."

Devinez qui a financé et construit la "Cour suprême" israélienne ? Les contrôleurs des banques mondiales, c'est-à-dire les Rothschild, bien sûr ! L'agenda raciste et suprématiste des juifs est ... C'est simplement une question de 2+2=4.

La cabale et le satanisme sont un moyen d'affaiblir les nations qui les accueillent afin que puisse plus facilement contrôler ces nations en les dégradant. C'est ainsi qu'ils maintiennent leur monopole sur l'argent - en brisant la race, la nation, la famille (hétérosexualité) et la croyance en but spirituel supérieur à la vie (c'est-à-dire Dieu - pas la religion !). Ainsi, nous devenons plus matérialistes et moins spirituels (regardez l'"'art" moderne par exemple) et nous sommes alors plus facilement contrôlés et asservis par eux, car les gens qui n'ont pas de sens dans la vie ne se pas. C'est l'œil de Sauron. L'œil qui voit tout. "Un seul anneau pour les gouverner tous

Ce *Tikkun Olam*, "rédemption", ou restauration/réparation du monde, comme le pensent les Gentils, est en réalité un génocide. Il en va de même pour leur Messie (Moshiach Ben David) qui doit arriver et achever le massacre du reste de l'humanité et entrer dans le troisième temple à construire. Les États-Unis, le grand allié d'Israël et du peuple juif, ne sont pas épargnés par la destruction, mais sont particulièrement visés par l'anéantissement - tel est le niveau de leur haine et de leur tromperie à l'égard des nations chrétiennes et à population européenne.

POURQUOI J'AI LAISSÉ DERRIÈRE MOI LE CHABAD ET LE JUDAÏSME

J'ai quitté Chabad après avoir vécu une expérience qui m'a fait comprendre que cette haine ne vient pas de Dieu mais de l'ego et des peurs de l'homme. J'espère que les Européens blancs et ceux qui sont contre le génocide des Blancs comprennent que la raison pour laquelle la race blanche est attaquée aujourd'hui est seule idéologie raciste ultime sur la planète : Le judaïsme.

Le satanisme n'a rien de chic

La promotion "éveillée" des "vaccins", de l'Ukraine, de l'homosexualité, du travestissement, de la TRC, du "changement climatique" n'a rien à voir avec les droits de l'homme, sinon elle ne piétinerait pas les droits de l'homme des personnes en bonne santé. Il s'agit d'un prétexte fragile pour la destruction de la civilisation occidentale chrétienne, la dépopulation et l'imposition d'un nouvel ordre mondial communiste au service de Satan.

Les "progressistes" sont des satanistes volontaires et involontaires

Le satanisme est une guerre contre Dieu, c'est-à-dire contre l'ordre moral et naturel. Il nie et défait l'un et l'autre. Il déchire le tissu social.

Le satanisme *n'est pas* une religion. La religion discerne et obéit à la volonté de Dieu. Le satanisme est une anti-religion. Il est anti-vie. Son dieu est la Mort. C'est la religion de la mort et de la destruction.

> "Lorsque nous avons introduit dans l'organisme de l'État le poison du libéralisme, c'est toute la physionomie politique qui a changé. Les États ont été atteints d'une maladie mortelle, l'empoisonnement du sang. Il ne reste plus qu'à attendre la fin de leur agonie". (*Protocoles de Sion*, 9)

> "Afin que la véritable signification des choses ne frappe pas les goyim avant le temps, nous la masquerons sous le prétendu désir ardent de servir les classes laborieuses..." (*Protocoles de Sion*, 6)

Les athées et les agnostiques sont des satanistes. La création est un miracle. Si vous niez le dessein et le but du Créateur, vous êtes un sataniste. Le seul moyen pour l'humanité d'avoir un rendez-vous avec Dieu est de le servir en vivant moralement et en faisant son travail, tel que nous le voyons

> Apocalypse 12 :9 "...le serpent ancien, appelé le diable et Satan, qui séduit le monde entier".

1. Ils s'appellent eux-mêmes "progressistes". Les satanistes inversent tout. Ils se font les champions de tout ce qui est malade et dysfonctionnel. Ils sont en fait "régressifs".

Malgré leurs prétentions morales, le "progrès" est pour eux la dégradation et la destruction de leurs semblables.

2. L'homme est relié à Dieu par son âme. Si l'on enlève Dieu, l'homme est comme un poisson hors de l'eau

Cherchant à combler le vide, il idéalise n'importe quoi, car son lien avec Dieu a été rompu.

Si l'on supprime Dieu, l'homme créera de faux dieux, disait Carl Jung.

Voir l'idéalisation absurde des femmes, du sexe et du romantisme, de la littérature et de l'art, des "grands hommes", des politiciens, des célébrités, etc.

En raison de sa faim de Dieu, vous pouvez lui vendre *n'importe quoi* comme substitut. Il s'imagine qu'il obtient Dieu.

3. *Nous avons été programmés par Dieu.* La vraie religion consiste simplement à *suivre le programme, c'est-à-dire à obéir à Dieu.* Dieu est le programme. Les satanistes nous perturbent pour que nous n'entendions pas Dieu nous parler.

4. Bien qu'on nous ait lavé le cerveau pour nous faire nier Dieu, nous sommes en réalité amoureux de Dieu, de la liberté et de la félicité dont nos âmes ont besoin.

Dieu est la réalité. La seule réalité.

Le Dieu du satanisme est la mort, la destruction et la souffrance.

5. Nous assistons à une lutte cosmique entre le Bien et le Mal, et j'ai le regret de dire que le Mal est en charge et proche de la victoire.

6. Nous sommes introduits dans le cabalisme au niveau le plus bas. Les cultes sataniques exploitent et contrôlent leurs membres en les rendant malades, corrompus et pervers. Malades comme dans la dysphorie de genre, la dépendance sexuelle, la promiscuité, la pornographie, la pédophilie, l'inceste, les "vaccins", la guerre sans fin... Ils ont sapé ce qu'il y a de plus merveilleux et de plus essentiel dans la vie, l'amour entre un homme et une femme, et entre parents et enfants. La famille nucléaire est le globule rouge de la société. Ces monstres sont déterminés à la tuer.

J'ai 75 ans et je n'en ai plus que pour une ou deux décennies. Mais je frémis à l'idée de ce qui attend l'humanité.

Il est temps de reconnaître la gravité de notre situation. Un cancer mortel infecte toutes les institutions sociales. Il faut le reconnaître et s'y attaquer.

La civilisation occidentale va-t-elle sombrer dans la mort à cause de notre incapacité, de notre lâcheté et de notre naïveté ?

Pour réussir dans pratiquement tous les domaines (gouvernement, affaires, divertissement, etc.), il faut être membre d'un culte satanique (la franc-maçonnerie).

> "Nous avons tout réglé dans leur vie comme le font de sages parents désireux de former leurs enfants à la cause du devoir et de la soumission. Car les peuples du monde, en ce qui les secrets de notre politique, ne sont jamais [...] que des enfants mineurs, exactement comme le sont aussi leurs gouvernements." *Protocoles de Sion* 15 :20

Altiyan Childs : L'humanité est prise en otage par une secte satanique (la franc-maçonnerie)

Dans une vidéo de cinq heures, ici

https ://www.youtube.com/watch ?v=7Eeo-82Eac8

La rock star australienne Altiyan Childs, 45 ans, a rompu ses vœux maçonniques et risqué sa vie pour prouver sans l'ombre d'un doute que la franc-maçonnerie est du satanisme et que les francs-maçons contrôlent le monde.

Il s'agit d'une vérification essentielle de la réalité

Cela fait vingt ans que je mets en garde les gens contre la franc-maçonnerie, mais je suis toujours surpris de voir mon avertissement confirmé par Altiyan Childs

Plus d'une heure est consacrée à montrer comment pratiquement tous les hommes politiques et les artistes sont des francs-maçons. Ils déclarent fièrement leur allégeance à Satan en faisant les signes de reconnaissance maçonniques classiques : borgne couvert, la main cachée, le signe de Baphomet et le signe de la main triangulaire

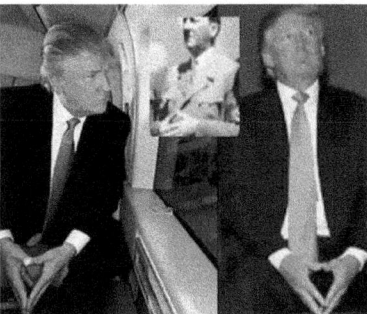

La franc-maçonnerie est l'instrument du cartel bancaire central juif cabaliste. Il faut littéralement y adhérer pour réussir dans le domaine public : politique, divertissement, affaires, religion, armée, éducation, médias. C'est grâce à ce réseau secret d'adorateurs du diable, d'opportunistes et de traîtres qu'ils parviennent à mettre en œuvre le canular covidique et la dépopulation, la dépossession et l'esclavage dans le monde, c'est-à-dire l'Agenda 2030 de l'ONU

"Nous possédons la planète. Vous êtes expulsés."

Si vous doutez que nous soyons les jouets de psychopathes, je vous invite à regarder cette vidéo

Voici quelques points forts :

- La franc-maçonnerie est un culte sexuel. Elle vénère l'acte sexuel. Le tablier maçonnique couvre les parties génitales. Elle célèbre et cherche à normaliser la débauche, la pédophilie, la sodomie, l'inceste et la bestialité. L'emblème maçonnique - équerre et compas - symbolise l'acte sexuel. (Tout comme l'étoile de David).

- La franc-maçonnerie et la sorcellerie sont pratiquement identiques. Tom Brady est franc-maçon. Sa femme une sorcière. Hillary Clinton est une sorcière.

- Dans les rituels maçonniques, des animaux et des enfants peuvent être sacrifiés et leur sang consommé. Huit millions d'enfants disparaissent chaque année dans le monde. (3.19)

- FDR, Hitler, Staline et Churchill étaient tous francs-maçons. Le Dalaï Lama, Alex Jones et David Icke sont francs-maçons. (4.15)

- La littérature maçonnique prophétise que "le monde entier doit être baigné de sang". (4.20)

- Les lois noahides, qui sont re-signées chaque année par les présidents américains, stipulent que l'adoration du Christ est un blasphème et que les blasphémateurs seront décapités. C'est un franc-maçon, Joseph Ignace Guillotin (1738-1814), qui a conçu la guillotine. fabricant de parfums Chanel a produit une "guillotine intelligente

- Toutes les entreprises de pompes funèbres sont dirigées par des francs-maçons.

- Ils détestent Jésus par-dessus tout parce qu'il représente la vérité qu'ils essaient d'enterrer à jamais. Jésus est tout-puissant et les vaincra.

Altiyan Childs s'est converti au christianisme après avoir échappé de peu à la mort dans un accident de voiture.

Mme Merkel reçoit un prix de la part de ses manipulateurs juifs maçonniques

Nous avons été élevés dans le cadre de la dispensation chrétienne, où la société se consacrait au bien-être et à l'épanouissement de ses membres. Nous sommes entrés dans le Nouvel Ordre Mondial cabaliste où la société est vouée à la réalisation des fantasmes dérangés de ses membres les plus riches et les plus malfaisants.

PREMIER COMMENTAIRE DE DD :

C'est vrai et exact, Henry. Mon père a été franc-maçon pendant un peu plus de 50 ans ; ils révèlent jamais rien à leur propre famille. Ils ne sont pas mariés avec nous. Ils sont vendus "métier". Comment ai-je appris leur programme ? En faisant des recherches pendant des années, comme Atliyan

J'ai regardé la vidéo et c'est tout à fait exact. Ma mère était Eastern Star ; tout est secret. J'ai grandi sans comprendre ni l'une ni l'autre. Je suis devenu chrétien et je suis passé à autre chose. J'espère que tous vos lecteurs prendront le temps de regarder cette vidéo.

MIKE STONE ÉCRIT :

Je ne l'aurais jamais fait sans une recommandation aussi forte de votre part, mais j'ai les deux premières heures et demie de la vidéo tard hier soir - j'ai commencé à regarder et je n'ai pas pu m'arrêter. C'est absolument captivant. Comme l'a dit un autre commentateur, je connaissais déjà beaucoup d'informations, mais les voir exposées de cette manière, et le nombre de photos confirmant que tant de personnalités sont impliquées dans la franc-maçonnerie, c'est bouleversant.

Il est facile de comprendre aujourd'hui comment des gens surgissent de nulle part et sont propulsés sur le devant de la scène. Soit leurs parents sont francs-maçons, soit ils le sont, et lorsqu'ils arrivent à New York, Los Angeles ou ailleurs, la première chose qu'ils font est de contacter la loge locale ou d'y adhérer, et bingo ! Des contacts sont établis et mis en place, des ficelles sont tirées, les meilleurs agents sont contactés, des auditions sont organisées et ils se retrouvent soudain à des kilomètres de leurs pairs plus talentueux qui ont du mal à joindre les deux bouts. Qu'il s'agisse d'art dramatique, de musique, de politique, d'édition ou de vente de livres, il est possible que tout fonctionne de cette manière. Même les personnes que l'on ne soupçonnerait jamais sont photographiées en train de faire le signe 666 au-dessus de leur œil. Il n'y a pas de fin à tout cela.

La "Griffe de la Triade" : L'humanité est victime d'un ancien complot satanique

Vous trouverez ci-dessous une liste de dirigeants politiques et culturels de plus de 500 ans dont les portraits officiels les montrent en train de faire un signe de la main en forme de triade, en joignant leurs troisième et quatrième doigts. Ce signe est également connu sous le nom de "griffe de la triade".

Tous ces personnages éminents qui ont traversé cinq siècles sont-ils des crypto-juifs ?

Si c'est le cas, l'histoire se présente sous un jour nouveau.

Les Illuminati - FDR, Hitler, Staline et Churchill - sont essentiellement des crypto-juifs.

Il en va de même pour Hillary et Trump. Apparemment, il s'agit d'un geste de Maranne qui signale les lettres M et W, symbolisant 666 à partir des trois V. La lettre V est "waw" en hébreu et "vav" en gématrie, soit la 6e lettre dans les deux cas.

Ces dirigeants mondiaux font le signe de la main de la Triade.

Quelles sont les chances que des personnes vivant à des siècles de distance fassent le même signe de main maçonnique ? Le signe de la triade est la façon dont les satanistes se reconnaissent entre eux et signalent leur fidélité à Lucifer.

Bien que cette conspiration trouve son origine dans la Cabale juive, elle s'est propagée à une grande partie des dirigeants païens, y compris la royauté, les auteurs, les scientifiques et les chefs religieux. À moins que nombre d'entre eux ne soient des crypto-juifs.

L'histoire tragique de l'homme et ses dysfonctionnements actuels sont dus au fait que l'humanité est possédée par les satanistes. Il suffirait d'étudier ces personnages et leur rôle pour écrire une histoire précise de l'Europe. La plupart d'entre eux correspondent au schéma d'une conspiration cabaliste à long terme visant à dégrader et à asservir l'humanité.

> "Celui qui ne voit pas que sur Terre une grande entreprise est en cours, un plan important, à la réalisation duquel nous sommes autorisés à collaborer en tant que fidèles serviteurs, doit certainement être aveugle."
> - Winston

David Livingstone estime que la plupart des lignées Illuminati, y compris la royauté européenne, sont des juifs hérétiques, des crypto-juifs et des aspirants juifs. (Les "crypto-juifs" sont des juifs qui prétendent être chrétiens, musulmans ou d'autres religions ou origines ethniques, comme John Kerry ou Madeline Albright). John Kerry ou Madeline Albright en sont des exemples).

Dans son livre *Terrorism & the Illuminati*, Livingstone retrace les généalogies de ces lignées khazars, qui comprennent les Rothschild, les Habsbourg, les Sinclair, les Stuart, les Mérovingiens, les Lusignan et les Windsor.

> "Le grand secret de l'histoire est l'histoire de l'ascension des cabalistes vers le pouvoir mondial", déclare Livingstone

> "Les juifs ordinaires et les gens en général n'ont aucune idée de la façon dont ils sont manipulés.

> "Ces cabalistes croient que Lucifer est le vrai Dieu. Ils ne se soucient

pas de leurs propres nations. Le but de leur vie est d'humilier et de dégrader l'humanité, et de prouver à Dieu que l'expérience humaine est échec. Ils atteignent progressivement cet objectif en contrôlant secrètement l'économie, l'éducation, les médias et le gouvernement."

En guise de soutien, David a envoyé ce lien époustouflant de la machine à remonter le temps sur Internet.

https ://web.archive.org/web/20140419215337/
http ://www.pseudoreality.org/westside.html

Veronica Swift : Le Satanisme Illuminati dévoilé

Le livre de Veronica Swift, *An Illuminati Primer : Understanding the System through the Eyes of Its Whistleblowers* (2022), révèle des détails troublants sur les politiciens et les célébrités que nous vénérons. Ils appartiennent tous aux Illuminati, qui sont en réalité un culte satanique

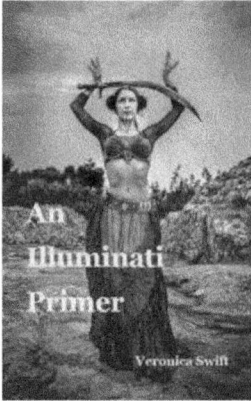

Voici quelques extraits qui expliquent pourquoi la société occidentale est en perte de vitesse :

"... Le chef du Conseil satanique occupe un poste appelé "Phénix", et ce poste a été occupé pendant près de 30 ans par George Soros, qui s'est retiré vers 2018-2019. Soros a été remplacé par Barack Obama, qui est l'actuel Phénix du Conseil satanique. (ARA 031)

Chaque quadrant a un certain nombre de grands prêtres et de grandes prêtresses, et l'une des grandes prêtresses du quadrant de l'Est des États-Unis a été occupée par Gloria Vanderbilt jusqu'à sa mort en 2019. Hillary Clinton était censée lui succéder, mais pour une raison quelconque, Hillary n'a pas été en mesure d'occuper ce poste, pour lequel elle a été préparée toute sa vie. (ARA 21) ..

Pour le poste de Gloria, deux grandes prêtresses se sont affrontées, et la gagnante a obtenu ce poste. Les deux sorcières [...] étaient Beyonce, la célèbre chanteuse, et Megan Markle, l'épouse du prince Harry de la royauté britannique. (ARA 21) ..." (page 60-62)

"Le clan Musk est connu pour être profondément impliqué dans le système de la Fraternité et a été démasqué par leur ancienne gouvernante Rosemary, qui se fait appeler Shalom Girl sur YouTube. (SG 01

Jessie Czebotar a noté que le grand-père d'Elon, Joshua N. Haldeman, était lié à Joseph Mengele et à d'autres nazis qui faisaient partie des Illuminati. (GSR 01) (page 71)

"Certaines églises catholiques disposent d'incinérateurs souterrains. (ARA 004) Les restes des enfants sacrifiés lors de rituels sur les terrains (ou sous les églises) catholiques peuvent éliminés par incinération, et alors, à ma grande déception lorsque j'ai cela, ils prennent parfois ces restes et en font d'autres choses, comme créer des diamants commémoratifs, puis vendre les diamants pour le profit, ou les porter comme des diamants trophées dans des bagues..." (page 97)

"Selon Jessie et Cheryl, les hauts responsables des loges maçonniques sont des lucifériens de haut rang des Illuminati. Le niveau 32 est le dernier niveau de maçonnerie qui peut être atteint sans sacrifice humain. Les maçons du niveau 33 ont atteint ce rang en sacrifiant un enfant. (ARA 050) ..." (page 103)

"Certains rituels portent des noms tels que "enfant de la lune" ou "baptême satanique" ou "premier blasphème/rituel de 12 ans". Le premier rituel dont j'ai entendu parler est le rituel des 12 ans, s'adresse aux garçons de la hiérarchie d'élite lorsqu'ils "sortent" du cercle magique de leur enfance pour commencer à participer au cercle magique de leur vie d'adulte.

C'est le premier rituel où ils prennent volontairement la vie d'un autre individu. C'est aussi le premier rituel où ils prennent volontairement la vie d'un autre individu, et d'après tous les récits, c'est un bain de sang un peu sauvage. (RdR 080) Jessie raconte qu'elle a assisté à un rituel de 12 ans lorsqu'elle était jeune enfant, et que le garçon qui y participait était un Rothschild.

Le garçon de 12 ans est également pendu à une corde et, après avoir été pendu, il est violé, de toutes les manières imaginables, par les membres du cercle magique qui seront les membres de son groupe d'adultes. Ces personnes seront les mentors de cet enfant pour le reste de sa vie, et le guideront tout au long de sa carrière et le soutiendront toute sa vie. (ARA 003)

Dans ce rituel particulier, les personnes présentes au sein du noyau d'adultes comprenaient Hillary Rodham Clinton et John Brennan. Marilou Schroeder Whitney, une parente du clan Vanderbilt, était également présente. Ces adultes disent à l'enfant qu'il doit "renoncer à Dieu et prendre (sa) place dans la Fraternité.

Le renoncement à Dieu est considéré comme le "premier blasphème". À ce moment-là, l'enfant est libéré, sous l'effet de l'adrénochrome qui, selon Jessie, produit une psychose si forte que l'on a envie "d'arracher le visage des gens" ou de les déchiqueter avec les mains et les dents.

Jessie note que lorsqu'elle a été testé sur elle, on lui a mis une camisole de force et on l'a enfermée dans un placard pour qu'elle ne fasse de mal à personne, alors qu'elle sortait de la drogue. (GD 03, ARA 042, ARA 034

Il commence alors son premier meurtre en cannibalisant l'un des enfants pendus à , puis les autres qui se trouvent dans la partie profonde de la zone carrelée ressemblant à une piscine le rejoignent, et cela devient un gigantesque bain de sang. (ARA 003) 4 grands prêtres Illuminati ont présidé le rituel, dont feu le Révérend Monseigneur Thomas C Brady et le Cardinal Timothy Michael Dolan. Tous deux ont un emploi de jour dans l'Église catholique et sont des lucifériens à part entière.

Après le viol d'un enfant de 12 ans, l'une des choses qu'il fait est de prendre volontairement sa première vie... Corey Feldman et Corey Haim, des enfants stars d'Hollywood, étaient présents, tout comme Christina Applegate de la série télévisée Married with Children, Carter Vanderbilt (fils de Gloria Vanderbilt), le sénateur Robert Byrd, Ewan McGregor et Jimmy Saville ont également été cités comme étant présents lors des festivités précédant le rituel proprement dit. ..." (page 132-134)

> Par exemple, Jacob Rothschild est appelé le "dragon bleu" parce qu'il opère dans le quadrant ouest et que la couleur de ce quadrant est le bleu. (ARA 010)

> "Le contrôle exercé par les Illuminati au sommet de ces organisations est total. Le FBI permet à de bonnes personnes au sein de son organisation de se "révéler" en poursuivant des réseaux pédophiles, par exemple, mais il s'en sert ensuite pour détruire leur carrière et les remplacer par des individus plus susceptibles d'être loyaux envers les rangs supérieurs maléfiques. (FB 01)..." (page 178)

> "... Svali ne voit pas Trump d'un très bon œil. Elle pense que Trump et Biden sont contrôlés par l'esprit - et c'est une opinion d'expert basée sur sa profession antérieure de "programmateur en chef" dans les Illuminati (SV 26, SV 57

D'autres plans que nous n'avons pas encore vus se réaliser comprennent que les Illuminati veulent que la monnaie américaine soit totalement dévaluée, car cela ferait pression sur les gens pour qu'ils acceptent un "gouvernement mondial unique en échange d'une stabilisation économique". Les sections les plus effrayantes de ce plan comprennent une deuxième pandémie hautement mortelle pour les jeunes enfants, et la mise en œuvre de lois haineuses pour criminaliser "le christianisme, le judaïsme et tout groupe politique qui n'est pas d'accord avec l'ordre du jour de la secte". (SV 57)

Henry Klein : Le Sanhedrin – la tête du serpent des Illuminati ?

Le poison dans la coupe des Juifs **(1945) - Henry Klein (abrégé par henrymakow.com)**

Les Protocoles de Sion **sont le plan par lequel une poignée de juifs, qui composent le Sanhédrin, visent à dominer le monde en commençant par détruire la civilisation chrétienne. Les Juifs, en tant que groupe, ne savent rien de plan. Ils sont les victimes du Sanhédrin au même titre que les chrétiens et les adeptes d'autres religions.**

"Jésus devant le Sanhédrin", un tableau de Jacques Tissot

Le Sanhédrin fonctionne par l'intermédiaire du Kehillah. La plupart des organisations juives sont représentées au sein du Kehillah. Il s'agit de l'organe directeur juif local. Toutes les représentations y sont assurées par des délégués répartis en fonction des membres des organes constitutifs. Chaque organisation juive, qu'il s'agisse d'une loge, d'un ordre fraternel, d'une synagogue ou autre, a le droit d'être représentée. Cette unité est conforme aux conseils du regretté Louis D. Brandeis qui a exhorté les Juifs à "s'unir, s'unir, s'unir".

La Kehillah de New York est dirigée par un comité exécutif sur lequel siège un organe consultatif. Ce comité exécutif est élu d'année en année ou maintenu en fonction. Il est responsable du fonctionnement du Kehillah, qui est une vieille institution juive remontant à l'époque de Jésus, qui était la cible du Kehillah en son temps. Il en était de même pour Moses Maïmonide au douzième siècle, pour Spinoza au dix-huitième siècle, pour Jacob Branfmann au dix-neuvième siècle et pour moi aujourd'hui.

Pourquoi ai-je été la cible du Kehillah ? Parce que j'ai défendu un chrétien qui a été persécuté avec d'autres chrétiens lors du faux procès pour sédition à Washington, D.C., en 1944, et parce que j'ai dénoncé et stoppé la corruption de certaines organisations et publications soi-disant pro-juives à l'origine de cette persécution...

Henry Klein (1879-1955)

Ma compréhension a été grandement éclairée. Non seulement les Protocoles sont authentiques à mon avis, mais ils ont été presque entièrement réalisés. La dernière étape de leur réalisation a été l'adoption par le Congrès de ce que l'on appelle la charte de la nation unie, créant un Super-gouvernement, le Super-gouvernement décrit dans les Protocoles qui disent qu'avec la création du Super-gouvernement, le plan des Protocoles se réalisera. Le Sanhédrin sera au pouvoir.

Le Sanhédrin dirige aujourd'hui les États-Unis, la Grande-Bretagne et la Russie et, grâce à la bombe atomique, il dispose d'une puissance suffisante pour asseoir sa domination sur le monde entier.

VENDETTA

Je n'ai jamais pu comprendre pourquoi, pendant de nombreuses années, Klein n'a pas été apprécié dans le secteur de la presse à New York, où j'ai servi honorablement et courageusement pendant de nombreuses années en tant que défenseur et dénonciateur de la corruption, au péril de ma vie. Je considérais ce travail comme le devoir d'un journaliste.

J'ai été le principal journaliste du *World* sous Joseph Pulitzer, et de *l'American* sous Hearst, au début de sa carrière de journaliste à New York, et j'ai été l'enquêteur en chef de certains des plus importants organismes d'enquête officiels et officieux. J'ai dénoncé à moi seul plus de corruption politique que la plupart des journalistes, des fonctionnaires et des enquêteurs réunis, sur une période de plus quarante ans des soixante-six années de ma vie...

Pourquoi a-t-on dit "non" à Klein dans le secteur de la presse ? Parce que la Kehillah, par l'intermédiaire du Sanhédrin, dirige les journaux et parce que le Sanhédrin ne peut pas supporter un juif honnête et courageux sur le site

Lorsque je me suis présenté à la mairie de New York en 1933, sur les listes du Taxpayers' Party et du Five Cent Fare Party, aucun journal de la ville n'a été autorisé à mentionner mon nom, bien qu'un ou deux l'aient fait. J'ai distribué trois millions de tracts pour surmonter la suppression des journaux, ce qui ne m'a pas empêché d'obtenir 57 500 voix, bien que le conseil électoral ne m'ait crédité que de 2607 voix et ait fait état de 55 000 voix exprimées pour le poste de maire, mais "non enregistrées". Dix mille électeurs ont signé ma pétition de nomination pour me permettre de me présenter.

Tout cela signifie qu'aucun juif digne de ce nom n'a la possibilité de se faire connaître des autres juifs ou du peuple en général si le Sanhédrin veut qu'il ne soit pas connu". Pourtant, l'une des figures de proue du Kehillah était associée à moi dans une transaction immobilière douzaine d'années auparavant et la plupart des figures de proue du Kehillah connaissent intimement ma carrière. Je n'étais pas un juif qui se contentait de tamponner ou un orthodoxe et cela a suffi à m'exclure ; en outre, j'étais indépendant et créatif et c'était tabou. Le Kehillah tente de maintenir les Juifs dans l'orthodoxie et l'ignorance afin qu'ils puissent être plus facilement effrayés et contrôlés. Ils veulent que les Juifs restent dociles et obéissent aux ordres.

Les juifs sont contrôlés de près, mais pour quoi faire ? La réaction contre eux dans tous les pays a été formidable. Doivent-ils continuer à faire cavalier seul comme ils l'ont fait jusqu'à présent et se conformer aux préceptes de leurs maîtres autoproclamés, ou doivent-ils secouer le joug et proclamer leur liberté par rapport au contrôle racial et religieux

S'ils ne le font pas, les Juifs sont condamnés. Jusqu'à présent, la plupart d'entre eux ont été considérés comme des esclaves volontaires. Ils ont été nourris de toutes sortes de propagandes mensongères pour les maintenir dans l'ignorance et la peur. Juifs et chrétiens ont été utilisés pour attiser les animosités raciales, de maintenir les Juifs groupés et alignés. Les Protocoles affirment que l'antisémitisme est indispensable pour maintenir l'unité de notre peuple, même si nous devons sacrifier certains d'entre eux pour le plus grand bien de tous...

En lien : Henry Klein - *Un martyr juif a révélé le contrôle communiste des États-Unis* (en ligne)

Un addendum aux Protocoles de Sion

Ce qu'Israël fait aux Palestiniens, la juiverie organisée et la franc-maçonnerie finiront par le faire à nous tous par des pandémies et des guerres orchestrées. Un lecteur, patriote de longue date, est tombé sur cette brochure de quatre pages parmi ses papiers.

"Je n'ai aucune idée de la façon dont je l'ai obtenu ni du moment où je l'ai obtenu. Ni de la véracité de ceux comme celui-ci. J'ai pensé que si quelqu'un en ferait bon usage ça serait vous."

Le contenu haineux est cohérent avec d'autres révélations de l'agenda juif maçonnique, comme les Protocoles de Sion et les révélations d'Harold Rosenthal. Par crainte d'être accusé d'"antisémitisme", l'Occident a embrassé sa propre destruction. Cette diffamation est conçue pour rejeter l'opposition au satanisme (judaïsme maçonnique, communisme) en la qualifiant de "bigoterie".

Il est difficile de croire que ce qui suit a été écrit avant l'invention de l'Internet : "Nous avons formé toute une nouvelle génération à croire que le seul but important dans la vie est de gagner des concours de popularité ; ainsi, personne, par crainte d'être "mal aimé", n'osera exprimer une idée ou faire preuve d'une initiative que nous n'aurions pas d'abord implantée en lui".

UN MESSAGE DE LA HAUTE CABALE (ABRÉGÉ)

Salutation secrète, peuple élu :

"Beaucoup d'entre vous se demandent combien de temps encore nous, les Juifs, devrons continuer à maintenir l'abominable prétention de fraternité (ô frère !) envers les goyim chrétiens détestés et quand nous pourrons enfin nous passer de ce schmaltz (artifice en yiddish) et assumer ouvertement notre rôle de Seigneurs de la Terre. Vous êtes sans doute dégoûtés d'avoir toujours joué vos rôles dans le monde imaginaire que nous avons créé pour rendre les goy schmos (naïfs) prostrés et impuissants à nos pieds. Vous attendez avec impatience le Grand Jour où nous pourrons proclamer le début de notre Nouvel Ordre Mondial.

Réjouissons-nous ! Le Grand Jour est proche ! Notre Messie tant attendu, notre Roi de Sion, sera bientôt couronné pour régner sur toute la terre ! Après d'interminables siècles, les plans de nos savants Anciens sont sur le point de se réaliser complètement.

Le stupide bétail goy est maintenant prêt pour le sacrifice. Vous voyez les restes d'entre eux que nous permettons de survivre, après les avoir sélectionnés, nous servir déjà en Union soviétique, en Chine rouge, etc. etc. comme nos singes dressés, heureux de mourir en massacrant et en réduisant en esclavage le reste de leurs congénères goyim pour nous. Vous avez pu constater à quel point ils nous ont fidèlement servis en Hongrie. Et dans tout le monde "libre", les goyim crient pour que nous prenions possession d'eux.

En parlant interminablement de tous les sujets, de tous les côtés, nous avons tellement confondu et démoralisé les stupides goyim qu'ils soutiennent avec empressement chacune de nos actions pour achever leur asservissement. Ils comptent de plus en plus sur nous pour les diriger, car nous sommes les seuls à savoir penser.

Observez à quel point les goyim du Nord sont prêts à punir leurs parents récalcitrants du Sud pour avoir impudemment refusé d'obéir à l'ordre de s'intégrer aux africains puérils. Rappelez-vous comment ils sont morts pour nous lorsque nous leur avons ordonné de détruire Hitler, Mussolini et les seigneurs de la guerre japonais.

Remarquez que leurs prolétaires brutaux sont déjà nos prisonniers dans les syndicats où nous les avons entassés. Dans leur stupidité abyssale, ils ne voient même pas que c'est nous qui sommes leurs patrons syndicaux, bien que nous ne nous salissions jamais les mains avec un travail manuel dégradant.

Ils nous élisent avec empressement, nous ou nos marionnettes, pour les gouverner et obéir servilement à nos ordres. Nous leur ordonnons de faire grève encore et encore pour obtenir des salaires de plus en plus élevés, ces imbéciles ne se rendant jamais compte que nous augmentons les prix toujours un peu plus vite et qu'ils sont soumis à des tranches d'imposition de plus en plus élevées.

Pour nous dédommager de nos efforts, nous soutirons à ces bœufs goys des milliards sous forme de cotisations syndicales et de fonds d'aide sociale, que nous utilisons à nos propres fins. Nous leur avons appris à haïr les riches capitalistes sans scrupules, exploiteurs , en les rendant complètement aveugles au fait que nous sommes ces "méchants" capitalistes, en leur tapant dans le dos et en leur disant que nous sommes pour le "petit homme" !

Bien sûr, ils sont bien trop obtus pour se rendre compte que tous les journaux, les livres, les magazines, la radio, la télévision et les films les bombardent sans cesse de notre propagande, apprenant à haïr nos ennemis, leur pays, leur système capitaliste, etc. et à se sentir coupables d'oser même se considérer comme capables d'une pensée indépendante. Ils sont nos zombies ! Il nous suffit d'appuyer sur un bouton pour que notre irrésistible propagande commence à les assaillir jour et nuit, où qu'ils se tournent - il n'y a pas d'échappatoire - et qu'ils croient tout ce que nous leur disons.

Nous avons transformé leurs écoles en jardins d'enfants prestigieux, où les idiots à la cervelle dérangée croient qu'ils sont éduqués simplement parce qu'ils passent douze à seize ans à se divertir dans de beaux bâtiments, en se faisant embrouiller le cerveau par nos techniques astucieuses. Nos "psychologues modernes" ont enseigné aux parents goys sans cervelle qu'ils doivent laisser leurs enfants pousser comme de la mauvaise herbe dans les champs et ne jamais, jamais inhiber leurs détestables marmots, car ils seront "frustrés et grandiront inadaptés, introvertis et névrosés" !

Ensuite, nous apprenons à leurs enfants barbares à mépriser leurs parents à la tête vide pour les avoir négligés ! Nous avons formé toute une nouvelle génération à croire que le seul but important dans la vie est de gagner des concours de popularité ; ainsi, personne, de peur d'être "mal aimé", n'osera exprimer une idée ou faire preuve d'une initiative que nous n'aurons pas d'abord implantée en lui.

Ceux qui refusent de se conformer sont déclarés avoir un besoin urgent d'aide psychiatrique et sont envoyés à nos agents psychopolitiques, qu'ils croient innocemment intéressés par leur "guérison", mais qui pratiquent en réalité nos techniques ingénieuses pour subvertir leur esprit et faire d'eux nos outils involontaires pour le reste de leurs jours. Et ils paient cher pour ce "privilège" ! O, un imbécile et son argent !

Nous les avons incités à faire voter tout le monde - si nous disions seulement le mot, ils feraient voter les bébés dans leur berceau, mais vous savez que ce serait trop salissant ! Nous exerçons un contrôle total sur leurs masses aveugles et stupides, qui "pensent" et votent exactement selon nos instructions. Si le vieux FDR était encore en vie, il serait encore à la Maison Blanche pour exécuter nos ordres. Eleanor bavarde comme nous le lui demandons, encore et encore !

Pour ne laisser aux goyim aucune possibilité de s'échapper, nous avons pris le contrôle total des deux partis politiques. Nous pouvons maintenant dire avec suffisance aux électeurs goys qu'ils doivent voter "pour préserver leur liberté". Nous leur disons de voter selon leur choix, mais les goyim idiots ne se rendent pas compte que nous leur donnons toujours le choix entre deux marionnettes de notre choix. Maintenant qu'ils essaient de former un troisième parti pour nous échapper, nous en achèterons également le contrôle.

Chaque fois qu'un politicien devient curieux, notre Bnai Brith ADL sait comment s'y prendre ; en témoignent Dies, Thomas, McCarthy, Jenner, Welker, Eastland, etc. Lorsqu'un haut fonctionnaire ose s'opposer à nous, nous le détruisons complètement, comme nous l'avons fait pour le comte Bernadotte, Forrestal, MacArthur, etc. Nous avons toujours eu le contrôle total du programme d'énergie atomique, et toutes les forces armées sont sous notre contrôle direct - elles combattent qui, quand, comment et où nous le leur ordonnons !

Les goyim les plus observateurs, ayant remarqué que nous ne participons jamais directement aux guerres dans lesquelles nous les forçons à s'engager, supposent que nous sommes des lâches - mais qu'ils croient, cela sert notre cause. Ils ne tarderont pas à s'en rendre compte.

Au nom du bien-être, nous prenons aux goyim à la fois leur liberté et leur argent. Au nom de la sécurité, nous avons construit autour d'eux une forteresse gouvernementale imprenable, dont ils découvriront bientôt qu'elle sera leur prison pour l'éternité. Au nom de la fraternité, nous leur avons appris à ne pas nous résister.

Au nom de la charité, nous leur avons soutiré des milliards. Au nom de la prévention de la carie dentaire, nous leur faisons construire des systèmes intégrés d'empoisonnement de l'eau, ce qui les rendra complètement à notre merci.

Au nom de la santé mentale, nous déclarons fous et emprisonnons à vie ceux qui nous résistent. Au nom de l'éducation progressiste, nous les formons pour qu'ils deviennent nos robots irréfléchis. C'est en son nom même que nous détruisons leur gênante Constitution.

Nous avons utilisé leur abominable religion chrétienne à nos fins. Au nom de la fraternité, leurs ministres détruisent le christianisme selon nos directives et enseignent à la place les principes de notre brillant stratège, Karl Marx. Toute tentative de résistance est qualifiée d'"antichrétienne" ! Quels simples imbéciles !

Nous avons promu des scientifiques fictifs qui, à l'aide de mots monstrueux et d'habiles tromperies, ont convaincu les goyim que nous sommes si intelligents qu'ils ne peuvent même pas essayer de comprendre nos théories prétentieuses. C'est ainsi qu'ils ont consacré Sigmund Freud et notre patriote sioniste dévoué, Albert Einstein, se jetant à corps perdu dans une adulation aveugle. Et maintenant, ils vénèrent notre Jonas Salk pour son vaccin contre la polio qui n'a pas fait ses preuves.

Nous avons tellement perverti leur art que nos Picasso, Gertrude Stein et Jacob Epstein sont considérés comme si brillants que les abrutis de goys ne peuvent même pas comprendre ce qu'ils veulent dire, et paient cher pour ce qu'un enfant aurait pu faire mieux !

Lorsque certains de leurs rares hommes intelligents se rendent compte de notre supercherie et tentent de dénoncer, nous crions : "Fascisme, nazisme, antisémitisme, discrimination, bigoterie, génocide, folie" et nos singes goys entraînés se précipitent follement pour détruire ces voix dérangeantes dans notre monde d'illusions ! Nous ne permettons jamais à quiconque de critiquer un juif, et aucun méchant juif n'est jamais autorisé à être représenté.

Nous avons craint d'avoir été contrecarrés lorsque nos plans secrets ont été volés et publiés en Russie il y a plus de cinquante ans sous le nom de "Protocoles des Sages de Sion" et que notre manuel sur la guerre psycho-politique a été publié par un sale traître goy sous le titre de "Lavage de cerveau".

Mais nous avons découvert que nos sages aînés avaient parfaitement raison lorsqu'ils ont écrit que le stupide goyim a des yeux, mais il ne voit pas, et qu'il a des oreilles, mais il n'entend pas. Ils avaient tout à fait raison de dire qu'un animal aussi bovin et indigne ne peut être considéré comme un être humain. Comme nos savants rabbins l'ont écrit dans notre Talmud sacré, peu après nous être débarrassés de 'imposteur Jésus, nous devons les traiter comme notre bétail...

Réjouissez-vous, nous allons bientôt renvoyer le reste du bétail goy dans la basse-cour, à sa place, et ne plus jamais lui permettre de nous déranger dans la conduite des affaires humaines. Nous sommes en train d'achever notre conquête du dernier bastion du monde goy, les États-Unis d'Amérique, et de tout ce chaos mondial planifié, nous sommes en train d'assembler inexorablement notre nouveau monde à nation unique : son nom sera Sion ! Ayant enfin accédé au Royaume promis par Dieu sur la Terre, la Paix, la Prospérité et le Pouvoir béniront les Juifs pour toujours.

Vive notre Messie, l'Invincible Roi mondial de Sion !

Ted Pike : L'extermination des Goyim est à la base de la Cabale

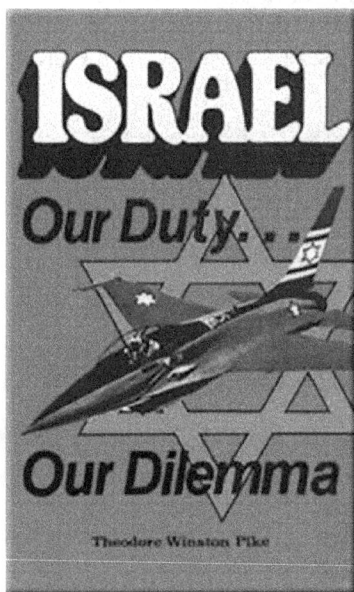

La Cabale (satanisme) est l'idéologie des Illuminati.

La diffamation de l'"antisémitisme" détourne l'attention de la triste réalité - la haine émane en fait des juifs cabalistes et de leurs agents francs-maçons sous la forme d'une attaque simultanée contre notre identité sexuelle, raciale, religieuse et nationale. Cette haine s'exprime désormais dans l'opération psy pandémique et les vaccins tueurs.

Juif ou non, si vous n'êtes pas un "antisémite" au où vous vous opposez à ce programme diabolique, vous êtes une dupe qui paiera cher son conformisme et son ignorance.

Ted Pike, 74 ans, a rendu un service héroïque à l'humanité au cours d'une carrière missionnaire de 30 ans. En 1988, il a envoyé 15 000 exemplaires de ce livre à des évangélistes chrétiens, grâce à la générosité d'un donateur anonyme. Grâce à 750 émissions de radio, il a contribué à empêcher l'adoption de lois contre la haine dans les années 1990. Sa vidéo *Zionism & Christianity-Unholy Alliance* est essentielle pour comprendre notre monde

Je vous invite à lire l'*ouvrage de Ted Pike intitulé Israel : Our Duty...Our Dilemma* (1984) de Ted Pike pour comprendre pleinement le danger dans lequel l'humanité se trouve aujourd'hui. L'enseignement essentiel du livre le plus sacré du judaïsme, la Cabale, est que les non-Juifs constituent un obstacle au progrès et doivent être soumis ou exterminés. Cette idéologie explique probablement une grande partie de l'histoire tragique de l'humanité et de sa condamnation imminente.

Seuls les juifs "religieux" sont conscients de cet agenda, mais ils contrôlent très largement l'Occident grâce à leur contrôle du système bancaire et de la franc-maçonnerie.

Peu de gens prennent le temps de lire la Cabale. Ted Pike l'a fait et a exposé ses conclusions dans le chapitre 12, *The Conspiracy of the Kabbalah (La conspiration de la Kabbale)*. (110-123)

La Cabale est "une tentative des pharisiens et de leurs descendants d'arracher à Dieu le contrôle de ce monde et de se l'attribuer".

C'est la définition du satanisme - supplanter Dieu. Le judaïsme, dans son cœur cabaliste, est du satanisme. C'est pourquoi il n'est pas nécessaire de croire en Dieu pour suivre le judaïsme.

LA HAINE DES GOYIM

Selon la Cabale, les Gentils, par leur existence même, sont un obstacle à la domination juive et au paradis sur terre. "Les kabbalistes considéraient l'extermination des Gentils comme un processus nécessaire pour restaurer l'ordre dans l'univers. Le Gentil est une forme de démon... Satan lui-même".

Pike cite la Cabale : "Lorsque Dieu se révélera, ils seront rayés de la surface de la terre". (I Ber. 25b

Jusqu'à ce jour béni, les Juifs continueront à languir et à se sentir opprimés par les goyim. Dans l'Ancien Testament, le terme "homme" désigne uniquement les Juifs. Comment l'homme va-t-il conquérir le monde ?

> "Par la tromperie et la ruse partout où c'est possible. Il faut les combattre sans relâche jusqu'à ce que l'ordre soit rétabli. C'est donc avec satisfaction que je dis que nous devons nous libérer d'eux et les dominer." (I, 160a, *Pranaitus* Trans. p.74

C'est effrayant quand on sait qui contrôle les armes de tromperie massive. Lorsque les Juifs auront dominé le monde, le Messie "déploiera sa force et les exterminera du monde". (III, Schemoth, 7 et 9b, de Pauly°

> "Quand ils seront exterminés, ce sera comme si Dieu avait fait le ciel et la terre en jour..." (I, Ber. 25b)

"Au moment où le Saint ...exterminera tous les goyim du monde, Israël seul subsistera, comme il est écrit, le Seigneur seul apparaîtra grand en ce jour." Vayschlah, follo 177b de Pauly, Webster p.373

La Cabale recommande l'extermination des Gentils comme le plus grand devoir religieux. Ce n'est qu'à cette condition que les Juifs pourront s'épanouir.

La plupart des Juifs ne sont pas conscients de ce programme diabolique et ne partagent certainement pas ces objectifs. Cependant, cet asservissement des goyim est l'essence même du "globalisme" et du Nouvel Ordre Mondial.

Le "peuple élu" est l'ultime escroquerie. Je n'aime pas paraître alarmiste, mais c'est la meilleure explication des événements mondiaux passés et présents. Nous avons perdu la capacité de reconnaître le mal et de l'appeler par son nom. Il ne s'agit pas d'une divergence d'opinion. Il s'agit du bien et du mal.

Laissez-moi vous parler du mal. Le mal cherche à détruire tout ce qui est bon, y compris toi et tout ce qui t'est cher. Et n'oubliez pas que de nombreux cabalistes sont francs-maçons. Ces Gentils veulent un siège à la table et ont vendu leur âme au diable. Ils étaient/sont indispensables. Nous parlons d'une vaste conspiration sataniste. Concentrons-nous sur les satanistes plutôt que sur les dupes juives.

Si cet agenda est effectivement à l'origine des événements mondiaux, il est temps que l'humanité sorte de sa complaisance et organise sa défense.

Boris Pasternak : Le romancier juif lauréat du prix Nobel prônait l'assimilation des Juifs

Pourquoi les dirigeants juifs trouvent-ils l'assimilation si menaçante ? Ils ont besoin des Juifs comme chair à canon pour leurs projets mégalomanes.

En 1959, le premier ministre israélien David Ben-Gourion a déclaré à l'Agence télégraphique juive que *le Dr Zhivago* était "l'un des livres les plus méprisables sur les Juifs jamais écrits par un homme d'origine juive...".

Qu'est-ce qui a motivé cette réaction du premier Premier ministre israélien ?

Ben-Gurion a été mis en colère par un personnage du roman, un converti au christianisme qui demandait pourquoi les Juifs devaient souffrir du fléau de l'antisémitisme :

"Dans l'intérêt de qui ce martyre volontaire a-t-il lieu ? Renvoyez cette armée [juive] qui ne cesse de se battre et de se faire massacrer, sans que personne ne sache pourquoi... Dites-leur : 'Cela suffit. Arrêtez maintenant. Ne vous accrochez pas à votre identité. Ne vous rassemblez pas en foule. Dispersez-vous. Soyez avec tous les autres.

Leur idée nationale a forcé les Juifs à être une nation et rien qu'une nation - et ils ont été enchaînés à cette tâche mortelle tout au long des siècles, alors que le reste du en était délivré par une nouvelle force [le christianisme] issue de leur propre milieu... Et ils l'ont vraiment vue et entendue, et l'ont laissée tomber !

Comment ont-ils pu laisser partir un esprit d'une telle puissance et d'une telle beauté, comment ont-ils pu penser qu'après son triomphe et l'établissement de son règne, ils pourraient rester l'enveloppe vide du miracle qu'ils avaient répudié ?

Reprenez vos esprits, arrêtez. Ne vous accrochez pas à votre identité. Ne restez pas ensemble, dispersez-vous. Soyez avec tous les autres.

Vous étiez les premiers et les meilleurs chrétiens du monde. Vous êtes maintenant la chose même contre laquelle vous avez été retournés par les pires et les plus faibles d'entre vous". - (Docteur Jivago, chapitre 12)

PASTERNAK - UN CHRÉTIEN DANS L'ÂME

Pasternak est né à Moscou dans une riche famille juive russe assimilée. Son père était le peintre post-impressionniste Leonid Pasternak, professeur à l'École de peinture, de sculpture et d'architecture de Moscou. Sa mère était Rosa Kaufman, une pianiste de concert, fille de l'industriel d'Odessa Isadore Kaufman.

Dans une lettre de 1959 à Jacqueline de Proyart, Pasternak rappelle que sa "façon particulière de voir les choses" est due à son baptême par une nourrice :

> "J'ai été baptisée enfant par ma nounou, mais ... cela a toujours été ressenti comme un demi-secret et une intimité, une source d'inspiration rare et exceptionnelle plutôt qu'une sereine. Je crois que cela est à l'origine de ma spécificité. C'est dans les années 1910-12 que le christianisme a occupé le plus intensément mon esprit, lorsque les principaux fondements de cette spécificité - ma façon de voir les choses, le monde, la vie - prenaient forme..."

LE POINT DE VUE DE MAKOW SUR LE JUDAÏSME

La plupart des Juifs vous diront que le rituel juif est largement vide et ennuyeux. Les fêtes sont généralement des célébrations tribales. La Pâque commémore l'exode d'Égypte. Rosh ha Shonah (Nouvel An) est basé sur le fait que certaines bougies brûlent plus longtemps qu'elles n'auraient dû - un signe de "faveur divine". (Qui n'a jamais vu des bougies faire cela ?) La "grande fête" de Yom Kippour est censée être un "jour de repentir". Mais il n'y a pas de repentir. Au lieu de cela, la prière de Kol Nidre en hébreu donne aux Juifs la permission de mentir et de tromper les Gentils pour l'année à venir. (Pourim célèbre le génocide des "antisémites".

La raison pour laquelle tant de Juifs sont "laïques" et ne croient pas en Dieu est que la laïcité est un judaïsme déguisé. La laïcité est un masque pour le satanisme - le rejet de Dieu et donc de la religion.

Hormis les dix commandements, le judaïsme ne contient pas beaucoup d'enseignements moraux. On y trouve quelques conseils mondains et des exhortations à craindre Dieu, mais rien de l'auto-mortification (refus des séductions terrestres) que l'on trouve dans le *Sermon sur la montagne*. En fait, le Talmud confirme le commentaire d'Arthur Koestler selon lequel le judaïsme "enseigne aux Juifs comment tromper Dieu".

"Faire le bien" signifie généralement faire ce qui est bon pour les Juifs.

L'auteure Grace Halsell a donné un exemple de ce que signifie réellement "faire le bien" . Après avoir écrit des livres sur le sort des Amérindiens, des Afro-Américains et des travailleurs mexicains sans papiers, Grace Halsell était la grande favorite de la matriarche du *New York Times*, Iphigene Ochs Sulzberger. Toutes ces causes ont favorisé le multiculturalisme, que la juiverie organisée perçoit comme bénéfique.

Lorsque Halsell a ensuite écrit un livre percutant décrivant le sort des Palestiniens, elle a subi le mécontentement de Mme Suzberger et a été rapidement abandonnée par le Times. Halsell écrit : "J'étais loin de me douter qu'après avoir été portée si haut, je pourrais être lâchée si soudainement lorsque je découvrirais - de son point de vue - le 'mauvais' outsider".

CONCLUSION

Les Juifs finiront par comprendre qu'ils ne sont pas engagés dans une noble entreprise pour laquelle on leur en veut injustement. Au contraire, de nombreux juifs (et francs-maçons) sont utilisés pour déshumaniser et asservir la race humaine. C'est pourquoi David Ben Gourion détestait Boris Pasternak. Il voulait que les Juifs servent de chair à canon dans cette guerre insensée contre Dieu et l'homme. Ceux qui se convertissaient ou s'assimilaient étaient hors de sa portée. Le Juif moyen est dans la même situation que la plupart des Occidentaux. Ils sont dupes.

S'ils ne peuvent s'assimiler, les Juifs doivent se réinventer dans une nouvelle structure non sioniste et non communiste.

Prophétique ! "Les cabalistes vont asservir l'humanité" - Texe Marrs en 2018

"Le plan des Juifs est d'utiliser les outils de la magie du chaos - utiliser la tromperie, le mensonge, la ruse et la magie - pour obtenir la conquête du monde païen et l'établissement d'un royaume [satanique] sur la terre. Ainsi, le monde sera finalement "réparé" (réparé ou restauré) et "rendu parfait". Parfait pour eux, 'est-à-dire pour les Juifs. Pour les païens, l'enfer impie sera arrivé sur terre". (p.26)

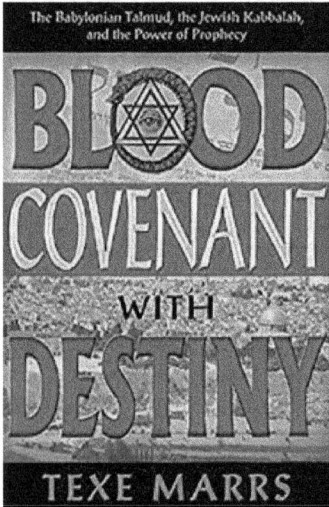

C'est "l'utopie juive". Cela semble farfelu, mais cela explique une grande partie de ce qui se passe aujourd'hui

Cet article a été publié le 10 mars 2018

Texe Marrs, un grand prophète, est décédé le 23 novembre 2019. Maintenant, tout est en train de se réaliser.

Dans son dernier livre, Texe Marrs rappelle brutalement la "grande image" qui se cache derrière les événements mondiaux. L'Occident est déjà contrôlé par des juifs satanistes dont le but est d'établir un état policier technologique semblable aux jours les plus sombres de Staline et de massacrer tout chrétien ou musulman assez têtu pour adhérer au Christ ou à Mahomet.

Cela semble tiré par les cheveux, mais les événements quotidiens confirment cette analyse. Ils ont utilisé le système bancaire pour subvertir et contrôler toutes les institutions sociales dans le monde entier.

Ils mettent en scène des fusillades de masse afin de justifier l'interdiction des armes à feu. Lors de la fusillade de Parkland HS en

2018, des policiers en uniforme étaient les véritables tireurs.

Pourquoi doivent-ils désarmer les goyim ? Pour que les goyim ne puissent pas se défendre contre une terreur planifiée telle que celle qui a eu lieu lors des précédentes révolutions juives maçonniques en France et en Russie.

Ils censurent la liberté d'expression sur l'internet. Ils sabotent le genre et contraignent les filles à rechercher des carrières de haut niveau au lieu de devenir des épouses et des mères. En détruisant la féminité et la masculinité (l'hétérosexualité), ils contrecarrent l'alchimie fondamentale de la reproduction. Ce bouleversement de la nature est au cœur du satanisme. La société occidentale est en train d'être intégrée dans un culte satanique, le communisme.

Ils encouragent l'immigration et le métissage. La surveillance de masse est généralisée. Nous sommes la cible de la campagne d'ingénierie sociale la plus haineuse, mais nous sommes accusés de "discours de haine" si nous ne faisons que l'évoquer. Comment peut-on être plus diabolique ? La prise de contrôle par les communistes (satanistes) a déjà eu lieu. Ils n'attendent que le bon moment pour enlever les derniers ornements.

ALLIANCE DE SANG AVEC LE DESTIN

Dans son nouveau livre, Texe Marrs affirme que le sionisme est "la forme la plus satanique et la plus dépravée de suprématie raciale". Il accuse le sionisme et son affreux jumeau, le communisme, d'être à l'origine de 250 millions de morts au cours du siècle dernier. Il voit une "bête hideuse qui s'approche de Bethléem" sous la forme d'une tyrannie juive impitoyable qui se manifeste déjà pleinement en Palestine. La Palestine pourrait être le terrain d'essai. La police américaine est formée par Israël."

"L'humanité a depuis longtemps rendez-vous avec cette bête cruelle. Nous ne pouvons échapper [...] à sa folie criminelle psychopathique et barbare [...] Il est l'incarnation du mal consommé [...]". (14)

"Les Juifs sont sur la voie rapide de leur destin occulte. Ils ont conclu un accord avec l'enfer, alliance avec la mort, et les paiements de leur dette envers Satan doivent être effectués conformément à cet accord contractuel." (15)

"Le chrétien moyen suppose que les Juifs sont simplement des croyants de l'Ancien Testament qui ont simplement besoin de Jésus pour être "complétés". Le judaïsme est en réalité une religion méchante et corrompue, faite de haine, de tromperie, de sexualité débridée et d'hédonisme." (130)

Marrs montre comment, tout au long de l'histoire, les Juifs se sont comportés de manière barbare chaque fois qu'ils avaient le dessus. Il se plonge dans le Talmud et la Kabbale pour montrer que la véritable alliance juive n'est pas avec Dieu mais avec le diable. Il montre que la Kabbale est un feuilleton familial incestueux où les participants atteignent l'équilibre cosmique en se baisant les uns les autres. La prière juive (davening) imite le coït

> "L'objectif ultime de la Kabbale, malgré les vaines et vaines dénégations de nombre de ses défenseurs, est la destruction totale de toute matière, de l'humanité elle-même : L'anéantissement. Le serpent Ouroboros encercle et étrangle l'humanité. La destruction créatrice, comme l'appellent les méchants kabbalistes sataniques... La cabale néoconservatrice en est une démonstration voilée et ombragée. Ils veulent en fait plonger le monde dans la catastrophe nucléaire et le chaos. Un chaos et une destruction ardents au sommet desquels ils espèrent construire leur nouvel ordre utopique occulte des âges. C'est une perspective effrayante et, jusqu'à présent, elle a été couronnée de succès". (86

Les éléments sont en train de se mettre en place pour une guerre nucléaire. Au cours de son premier mandat, Trump a trahi sa promesse de campagne de désamorcer les tensions avec la Russie et d'éviter les guerres gratuites dans des endroits comme la Syrie. L'Occident se prépare à attaquer l'Iran et, s'il devient nucléaire, Poutine a promis de répondre en retour.

CONCLUSION

En tant que Juif de souche, j'ai mal au cœur qu'une faction secrète de "mon peuple" soit passée à Satan, et que la majorité soit ignorante ou indifférente. Les satanistes ont mis tous les Juifs en danger. L'antisémitisme pourrait éclater en violence. Certains prévoient une guerre civile. Les Juifs doivent désavouer l'agenda satanique ou en subir les conséquences. Ils doivent se tenir aux côtés de leurs voisins païens et s'opposer au communisme sous toutes ses formes.

Mais les goyim ont également été complices. Je suis perplexe quant à la focalisation étroite de Marrs sur les juifs. La déclaration suivante me laisse le plus perplexe : "La majorité juive déteste l'humanité, elle méprise la vie, déteste Dieu. C'est pourquoi ils sont psychopathes et aiment la mort". (16)

(Si vous voulez haïr les Juifs, haïssez ceux qui participent à la conspiration).

C'est vrai pour les dirigeants juifs et leurs sous-fifres, mais "la majorité juive" est constituée de dupes qui ne partagent pas ce point de vue. Comme la franc-maçonnerie, le judaïsme est un culte satanique. Seuls les "initiés" connaissent le véritable programme. La base est manipulée avec des platitudes de haut vol.

Les Juifs que je connais ne haïssent pas l'humanité et n'aiment pas la mort. Ils sont inconscients du côté obscur du judaïsme et préfèrent l'assimilation. Le taux de mariages mixtes est de près de 60%. Ils sont tout aussi ignorants que le goyim moyen. La culpabilité par association est une erreur. Les vrais haineux sont les Chabadniks et leurs semblables.

Je suis perplexe quant au fait que Texe Marrs n'ait pas inclus la franc-maçonnerie. Les banquiers ont besoin de la collaboration des goyim qui ont trahi leur société, leur religion et leur culture. Qu'en est-il du Congrès américain ? Ce sont des francs-maçons qui espèrent que les "juifs" prendront toute la responsabilité de la chute de l'Amérique.

Il n'y a qu'une seule référence à la franc-maçonnerie dans le livre de Texe Marrs. À la page 85, il dit que la franc-maçonnerie "est une secte religieuse judaïque qui croit que Dieu est à la fois bon et mauvais.

C'est tout ? Quand les Etats-Unis sont dirigés par des francs-maçons et des juifs ?

Pourquoi tout le monde laisse-t-il les francs-maçons s'en tirer à bon compte ?

Parce que les juifs assimilés sont destinés à devenir les boucs émissaires.

Yossi Gurwitz : Quand Israël est puissant (Extraits de la transcription)

En 2012, Yossi Gurwitz, étudiant à l'Ex-Yeshiva, a expliqué ce à quoi les non-Juifs peuvent s'attendre lorsque les Juifs talmudiques prendront totalement le pouvoir : ["Selon le judaïsme], ce sont des idolâtres, et vous devez les tuer."

Il doit y avoir une purification. La loi religieuse interdit tout contact avec les non-Juifs. Bien sûr, les lois kasher vous interdisent de manger avec . D'autres lois vous interdisent de les traiter équitablement. Il est interdit de rendre un objet perdu à un non-Juif, sauf pour "maintenir la paix". Il n'est pas interdit de voler un non-Juif, sauf "maintenir la paix". Vous ne pouvez pas leur dire "bonjour", sauf s'il n'y a pas d'autre solution. Et ainsi de suite.

Ce que nous savons, c'est que, très tôt, le rabbinique est un judaïsme qui déteste les humains [l'humanité]. Il ne définit que les juifs comme des humains, que les juifs qui croient en la religion comme des humains...

Le pire cas, à mon avis, est celui de Maïmonide, qui décrète - tout d'abord, il décrète qu'il est permis d'avoir des relations sexuelles avec une fillette de trois ans. Cet âge de consentement est problématique. Et deuxièmement, il décrète que si un Juif viole une fillette non juive de trois ans, il doit être exécuté. Elle, pas lui - parce qu'elle l'a tenté de pécher...

Les juifs cachent ces croyances jusqu'à ce qu'"Israël soit puissant". C'est alors qu'il y a un régime juif. Il est indépendant et sans pitié ; il peut faire ce qu'il veut. Dans ces circonstances, tout est fini, vous revenez à la lettre de la loi.

Plus de "voies pacifiques", plus rien. Lorsque l'on évoque l'histoire juive sur le site , beaucoup de gens parlent des guerres hasmonéennes, qui ont été l'une des seules occasions où les Juifs ont brandi des armes, et ils pensent à ce que les Hasmonéens ont fait Juifs hellénisés [qui avaient assimilé la culture grecque]. Ils pensent à ce que les Hasmonéens ont fait aux Juifs hellénisés [qui avaient assimilé la culture grecque], c'est-à-dire les faire disparaître, les détruire. Un petit génocide. Je le rappelle souvent, à chaque fois que Hanoukka arrive. Mais ils ne se sont pas arrêtés là.

Ils se lancent dans des campagnes de pillage et de conquête et au début, pendant 20 premières années, partout où ils arrivent, ils détruisent les temples locaux. Il était interdit pour un lieu sous domination juive d'avoir un temple païen. C'est de cela qu' s'agit. Ils ont également forcé les Édomites à se convertir au judaïsme sous peine de mort. Il s'agissait d'une conversion forcée. Nous apprenons que l'Inquisition [espagnole] l'a fait plus tard. Ils ont pris des gens et leur ont dit : "Soit vous êtes morts, soit vous vous convertissez au judaïsme." Et les choses n'ont fait qu'empirer à partir de là...

GENOCIDE

Nous avons conquis un territoire peuplé principalement de musulmans, et les musulmans combattent, de sorte que ces défenses tombent. Et maintenant, ils commencent à parler de génocide. Le livre "Torah Hamelech" [Torah du roi] dit que l'on peut tuer des enfants s'il y a des raisons de penser qu'ils pourraient un jour causer du tort.

Si vous avez tué toute la famille de quelqu'un et que vous n'avez laissé que lui en vie, il aura effectivement une raison de faire du mal. Si vous lui avez volé ses terres, que vous en avez fait un réfugié, que vous l'avez jeté en Jordanie ou au Liban, il aura effectivement une raison de faire du mal. De nombreuses personnes ont dit que les arguments du livre n'étaient pas valables au regard de la loi religieuse, et ainsi de , mais personne ne s'y est vraiment attaqué de front. Et il n'est pas étonnant que ce livre soit devenu un best-seller. Car en général, ce que veulent les sionistes religieux, c'est que la terre d'Israël réservée aux seuls juifs.

La situation des chrétiens, en revanche, sera très mauvaise. [Selon le judaïsme, ce sont des idolâtres et il faut les tuer même s'ils ne résistent pas au pouvoir juif. À Jérusalem, les étudiants des séminaires religieux ont une habitude détestable : ils urinent ou défèquent sur les églises. Si vous vous rendez sur place et que vous parlez au personnel de l'église, vous entendrez parler de cela dans toutes les églises. Cracher sur les ecclésiastiques dans la rue est une chose qui se produit régulièrement. Si le prêtre a le culot de frapper la personne en retour, de la gifler ou quelque chose de similaire, il est expulsé sans bruit. Son permis de séjour dans le pays est annulé. Si vous voulez justifier un pogrom, il vous suffit de prononcer les mots "menace missionnaire".

De ce point de vue, le christianisme, qui est l'ennemi historique du judaïsme, va être sérieusement malmené une fois que les sionistes religieux seront au pouvoir. Les fondamentalistes chrétiens qui leur envoient de l'argent ne comprennent apparemment pas à quoi ils ont affaire. Mais vous savez, c'est vraiment un cas de "vérole sur vos deux maisons".

Chabad : Lubavitch and the Globalist Prophecy Deception (2018)

Lorsque Mike Pompeo a déclaré que Covid était une "simulation", Trump a dit : "J'aurais aimé que quelqu'un me le dise". Son rôle était de faire semblant d'être le "bon flic" tout en donnant le magasin à ses collègues satanistes.

Par Ken S

Le site web de Ken est Redefining God (Redéfinir Dieu)

https ://redefininggod.com/

Les membres de Chabad, les Kushners ont l'oreille de Trump

Ce dispositif va au-delà du simple lancement du nouvel ordre mondial ; il vise à accomplir artificiellement les prophéties bibliques et à simuler un second avènement du Christ.

Ce projet de réalisation des prophéties est un projet des banquiers centraux "juifs" kabbalistes et de leurs partenaires criminels de la famille royale, et il est orchestré par la secte "juive" kabbalistique Chabad Lubavitch.

Chabad est une façade religieuse du Mossad et se concentre sur la production du spectacle mondialiste de la fin des temps. Il a également des liens étroits avec Donald Trump et Vladimir Poutine. En fait, Trump et Poutine ont tous deux des rôles importants dans le scénario de la fin des temps.

Pour l'acte 1, Trump a été choisi pour jouer le "Moshiach ben Yosef" (le messie précurseur), et Poutine a été choisi pour jouer le "Moshiach ben David" (le messie principal).

Et dans l'acte 2, le personnage de Poutine passera au rôle d'"Antéchrist final" du faux Jésus des mondialistes, le "Christ de la Kabbale".

Afin de tromper le monde et de lui faire accepter leur Christ de la Kabbale comme le véritable Jésus, les mondialistes prévoient d'accomplir artificiellement les prophéties bibliques à deux reprises.

Le premier accomplissement fournira la "tromperie satanique" que les chrétiens attendent, le second fournira le "véritable second avènement" qu'ils attendent également.

Les deux accomplissements mettront en scène un Christ et un Antéchrist. Dans les deux cas, une bête à 7 têtes et à 10 cornes sortira de la mer et une bête sortira de la terre pour aider la bête de la mer. Et les deux comprendront des guerres Gog-Magog et des batailles d'Armageddon. Mais les deux sont de faux accomplissements. Je le sais avec certitude parce que j'ai observé leurs propagandistes préparer le terrain pour les deux, et j'ai documenté leurs tromperies dans mon blog.

Dans la première réalisation, les mondialistes opposeront "l'Antéchrist américain et son O.N.M. maléfique" au "Christ russe et son O.N.M. multilatéral/multipolaire bienveillant".

Le Christ russe sera bien sûr incarné par Vladimir Poutine, et c'est la raison pour laquelle les médias alternatifs contrôlés ont tant parlé de Poutine comme d'un "bon chrétien qui s'est opposé aux satanistes occidentaux et à leur NWO.

Au cours de la troisième guerre mondiale qui s'annonce en Corée, au Moyen-Orient et en Ukraine, Poutine vaincra l'Occident et transformera l'ONU "dominée par l'Occident" en une organisation multilatérale et multipolaire, la NWO. Et pour convaincre les gens qu'ils vivent quelque chose de surnaturel, les mondialistes organiseront un grand spectacle impliquant de faux assassinats, de fausses résurrections et de faux extraterrestres, le tout rendu possible par la magie d'Hollywood, une technologie séquestrée et un budget quasi illimité.

À la fin de ce premier accomplissement, la plupart des gens seront convaincus que Poutine est le Messie juif et chrétien, et que la "nouvelle ONU/ONU réformée" est son royaume démocratique.

Dans la deuxième réalisation, la NWO de Poutine deviendra très laide environ 3,5 ans après son lancement, et il deviendra clair pour tout le monde qu'ils ont été "trompés par Satan" pour accepter l'Antéchrist final à la place du Christ. Après 3,5 années supplémentaires de "grande tribulation", Poutine dirigera son armée de l'ONU et ses amis ET contre un deuxième groupe d'êtres arrivant, le "vrai Jésus" et ses anges.

À la fin de ce deuxième accomplissement, les mondialistes s'attendent à ce que tout le monde adhère et accepte le "vrai Jésus" qu'ils ont présenté. Et c'est par l'intermédiaire de ce faux Jésus qu'ils espèrent nous gouverner comme des dieux dans un monde post-démocratique qu'ils possèdent à 100%.

Deuxième livre

La comédie communiste-sioniste gauche-droite

Trump et le Tag Team juif maçonnique

À gauche, les commandants juifs communistes du Goulag en URSS. À droite, des pionniers juifs sionistes au kibboutz Gan Shmuel en 1921. Tous deux font le signe de la main maçonnique classique.

Quelle est la place de Donald Trump dans le tableau d'ensemble. Trump est un franc-maçon et un crypto-juif.

La juiverie organisée ne peut pas subjuguer l'humanité seule ; elle a besoin que les goyim détruisent les uns les autres. C'est ainsi qu'ils ont mis en place deux équipes de choc pour mener la guerre.

À gauche, nous avons les juifs communistes ("mondialistes") qui attaquent les goyim en sapant leur identité nationale, religieuse (morale), raciale et familiale (de genre). Leurs outils comprennent les "vaccins" toxiques, la géo-ingénierie, la culture de l'annulation, la dysphorie de genre (féminisme, homosexualité) et l'immigration.

À droite, on trouve les fascistes, les nazis ou les juifs sionistes ("nationalistes"), qui semblent défendre les goyim de cet assaut. Trump a gagné deux (et probablement trois) élections en faisant appel à cette démographie.

Arnold J. Toynbee, propagandiste de la faction communiste (mondialiste), a écrit :

> "La culpabilité - ou le mérite - d'avoir mis Jésus à mort est attribuée dans le Talmud aux Juifs, et non aux Romains" (p. 481.

Toynbee ajoute :

"L'objectif était également de convertir le monde païen à l'adoration de Yahvé sous l'égide d'un empire mondial centré sur Eretz Israël et dirigé par "l'Oint du Seigneur" : un roi humain à venir de la lignée davidique". (*Reconsiderations*, 1961, p. 486)

De nombreux indices montrent que le nazisme a été financé par des Juifs sionistes. Par exemple, l'ancien chancelier allemand (1930-1932) Heinrich Bruning a révélé l'identité des bailleurs de fonds d'Hitler dans une lettre adressée en 1937 à Winston Churchill :

"Je n'ai pas souhaité, et je ne souhaite toujours pas, pour des raisons compréhensibles, révéler qu'à partir d'octobre 1928, les deux principaux contributeurs réguliers du parti nazi étaient les directeurs généraux de deux des plus grandes banques berlinoises, tous deux de confession juive, et l'un d'entre eux était le chef du sionisme en Allemagne."

Le communisme et le sionisme sont les deux faces d'une même pièce et représentent en fin de compte la même chose, la tyrannie de la banque centrale juive maçonnique, l'ordre mondial juif.

Néanmoins, leur conflit est présenté comme authentique, à l'instar de l'impasse entre l'OTAN et la Russie en Ukraine.

Dans le numéro de janvier/février 2003 de *The Barnes Review*, l'historien nationaliste russe Oleg Platonov a affirmé sans ambages que Staline avait effectivement lancé une offensive majeure contre le sionisme.

Platonov a écrit

"La domination juive-bolchevique sur la Russie a été brisée par Staline qui, dans la seconde moitié des années 1930, a mené une contre-révolution et a dépouillé de leur pouvoir les porteurs de l'idéologie sioniste.

Dans les années 1930 et 1940, pas moins de 800 000 bolcheviks juifs ont été anéantis sous direction de Staline - l'élite de l'organisation anti-russe qui avait prévu de transformer la Russie en un État juif. Presque tous les dirigeants juifs ont été purgés et les chances de ceux qui restaient de reprendre le pouvoir ont été réduites au minimum. Les dernières années de la vie de Staline ont été consacrées au déracinement du sionisme et à la liquidation des organisations qui lui étaient associées.

Le Dr Platonov a ajouté ces détails très pertinents : Après la mort de Staline, tout a changé brusquement. L'État a été pris en charge par des personnes désireuses de restaurer le bolchevisme juif. La renaissance du sionisme s'est poursuivie pendant toute la durée du gouvernement de N. S. Khrouchtchev.

LA DIFFÉRENCE ?

"Quelle est la différence entre un stalinien et un trotskiste ? Certaines personnes du site vous diront : "Tous les communistes se ressemblent".

Michael Collins Piper écrit : "...Un stalinien représente le nationalisme russe primordial. Un trotskiste représente les intérêts juifs internationalistes de la ville de New York."

La conspiration communiste mondiale n'est pas une conspiration russe, c'est une conspiration juive américaine. New York est la véritable plaque tournante de la conspiration

M. Piper a souligné que les étiquettes séculaires de "droite" et de "gauche" n'avaient plus aucune signification réelle.

Trump est tombé en 2020, comme un lutteur de catch

Comment DJT a perdu la Maison Blanche en 2020. Donald Trump est un acteur dans une émission de téléréalité politique.

Il avait la possibilité de renverser l'élection truquée, et il ne l'a pas fait. Le sionisme et les communistes sont les ailes droite et gauche de la franc-maçonnerie juive. Le rôle des sionistes comme Trump et Bolsonaro au Brésil est de jeter les élections aux communistes.

Dans la soirée du vendredi 18 décembre 2020, Sydney Powell, Michael Flynn et Patrick Byrne ont tenu une réunion informelle avec Donald Trump.

Au cours de cette réunion, Powell et Flynn ont dit à Trump qu'il pourrait contester avec succès résultat de l'élection sur la base de deux décrets déclenchés par des preuves d'intervention étrangère dans une élection américaine. L'un avait été pris par Obama, l'autre par Trump.

Il suffirait d'auditer six comtés clés pour prouver la supercherie. Ils ont décrit le processus en détail. Trump a été suffisamment impressionné pour nommer Sydney Powell conseiller spécial sur-le-champ.

Le récit dramatique a été fait par Byrne dans une vidéo de 30 minutes. Trump a fait semblant d'être surpris par cette information. "Pourquoi ne m'avez-vous rien dit à ce sujet ?", a-t-il reproché à son avocat Pat Cippollone. "Tout ce que vous faites, c'est me dire ce que je ne peux pas faire".

"Vous voyez ce que j'aurais pu accomplir si j'avais été entouré d'autres personnes", a-t-il lancé à ses trois invités.

Puis il s'est adouci : "Mais Pat est un ami. Il va bien."

"RUDY, ÇA DOIT ÊTRE RUDY"

Rudy Giuliani était également "un ami". Trump a insisté pour que Powell partage la responsabilité avec Giuliani, qui s'est immédiatement disputé avec Powell et n'était pas d'accord sur la stratégie.

Trump se présente comme un Don de la Mafia. La loyauté envers les "amis" prime sur la défense de la démocratie. N'attendez pas d'un gangster qu'il ait un sens historique ou des principes. Il les tient de son rédacteur de discours, Stephen Miller. Il a gracié des espions israéliens et des criminels du Chabad, mais pas Julian Assange ni Edward Snowden.

DÉNI PLAUSIBLE

Si "loyal" lui-même, pourquoi s'est-il entouré de tels "amis" ? Son chef de cabinet, Mark Meadows, était lui aussi un traître. Même Mike Pence l'a trahi. Ce sont ses copains/manipulateurs des Illuminati (francs-maçons).

MAGA n'était qu'une mascarade. Trump a servi un objectif, diviser la nation. Ensuite, il joue victimes, prétendant qu'il n'est pas responsable des personnes qu'il a choisies. Même les trois personnes qu'il a nommées à la Cour suprême se sont révélées être des traîtres.

La semaine suivante, Sydney Powell a été licencié. De toute évidence, M. Trump n'a pas le caractère nécessaire pour s'acquitter de sa responsabilité sacrée envers ses concitoyens américains.

La voie de la victoire était toute tracée et il ne l'a pas empruntée. Pour quelqu'un qui s'enorgueillissait de gagner, il a définitivement chuté. Pourquoi s'attendait-on à ce qu'un gangster juif new-yorkais tienne ses promesses ? Les Goyim se sont encore fait avoir.

Trump est un agent du Mossad victime de chantage sexuel

Le 26 avril 2016, une "Katie Johnson" a déposé une plainte pour viol auprès d'un tribunal californien contre les défendeurs Donald Trump et Jeffrey Epstein.

"Lors de la quatrième et dernière rencontre sexuelle avec le défendeur, Donald J. Trump, la plaignante, Katie Johnson, a été attachée à un lit par le défendeur Trump, qui ensuite procédé au viol forcé de la plaignante Johnson. Au cours de cette agression sexuelle sauvage, la plaignante Johnson a demandé à haute voix au défendeur Trump de "porter un préservatif s'il vous plaît".

Le prévenu Trump a réagi en frappant violemment le plaignant Johnson au visage avec sa main ouverte et en criant qu'"il ferait ce qu'il voulait" parce qu'il refusait porter une protection.

Après avoir atteint l'orgasme sexuel, le défendeur, Donald J. Trump, a remis son costume et lorsque la plaignante, Katie Johnson, en larmes, a demandé au défendeur Trump ce qui se passerait s'il l'avait fécondée, le défendeur Trump a saisi son portefeuille et lui a jeté de l'argent en criant qu'elle devrait utiliser l'argent "pour se faire avorter".

Katie Johnson, à droite, à l'adolescence

Thomas Francis Meagher, avocat du New Jersey, a révisé le dossier de M. Johnson et l'a déposé devant le tribunal de district des États-Unis pour le district sud de New York.

"La plaignante a été victime d'actes de viol, d'inconduite sexuelle, d'actes sexuels criminels, d' sexuels, d'attouchements forcés, d'agressions, de coups et blessures, d'infliction intentionnelle et insouciante de détresse émotionnelle, de contrainte, de séquestration et de menaces de mort et/ou de lésions corporelles graves de la part des défendeurs lors de plusieurs soirées au cours des mois d'été 1994.

"Les fêtes ont été organisées par le défendeur Epstein dans une résidence de ville de New York qu'il utilisait au 9 E. 71st St. à Manhattan [connue sous le nom de Wexler Mansion]. Pendant cette période, le demandeur était un mineur âgé de 13 ans."

Un témoin présumé du viol susmentionné, Tiffany Doe, s'est fait connaître. Elle affirme avoir été payée par Epstein pour attirer des mineures à des soirées organisées par Epstein et ses amis en leur faisant miroiter des opportunités de mannequinat.

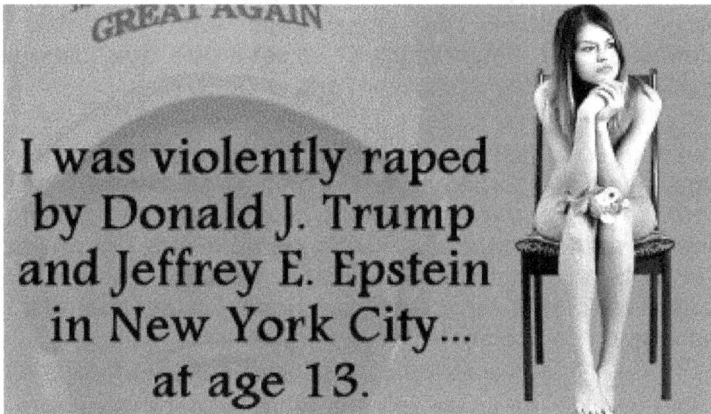

"C'est au cours de cette série de soirées que j'ai personnellement vu la plaignante forcée à accomplir divers actes sexuels avec Donald J. Trump et M. Epstein. MM. Trump et Epstein ont été informés qu'elle était âgée de 13 ans."

https ://www.dailymail.co.uk/news/article-3894806/Woman-alleged-raped-Donald Trump-13-Jeffrey-Epstein-sex-party-DROPS-case-casting-doubt-truth-claims.html

La guerre froide est née du schisme juif communiste/sioniste

Dans un document de 1965, Louis Bielsky explique que la guerre froide est due à la détermination "nationaliste" de Staline d'usurper le contrôle de l'hégémonie juive mondiale (le communisme) aux "mondialistes", c'est-à-dire aux banquiers Rothschild de Londres et de New York.

Tout au long de l'histoire, le centre du pouvoir juif a traversé l'Europe - Venise, l'Espagne, la Hollande, l'Angleterre (l'empire "britannique") - pour finalement s'installer en Amérique. L'acrimonie actuelle contre la Russie peut-elle être comprise une attaque de la faction mondialiste contre la faction nationaliste ? Ce conflit est-il réel ou n'est-il qu'un moyen de contrôler les événements en contrôlant les deux parties.

Voici le contexte de cette apparente faille dans structure du pouvoir juif. Bibliothèque des secrets politiques : La griffe soviétique israélite étrangle les nations.

CONSÉQUENCES DU SCHISME JUDÉO-STALINIEN PAR LOUIS BIELSKY

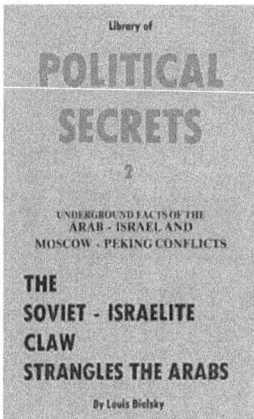

Library of

POLITICAL

SECRETS

2

UNDERGROUND FACTS OF THE
ARAB - ISRAEL AND
MOSCOW - PEKING CONFLICTS

THE
SOVIET - ISRAELITE
CLAW
STRANGLES THE ARABS

By Louis Bielsky

La lutte entre Staline et l'État d'Israël, qu'il avait soutenu avec enthousiasme, s'est déroulée de la manière suivante.

Après que les crypto-juifs Roosevelt et Harry Salomon Truman eurent livré l'Europe de l'Est et la Chine à leur frère israélite Staline, conformément aux plans hébraïques visant à établir une dictature communiste dans le monde entier, les aspirations paranoïaques de Staline au pouvoir lui donnèrent presque l'impression d'être le maître du monde, désirant devenir, comme nous l'avons dit, le chef suprême du judaïsme international.

Ceci provoqua, à la fin de 1948, une rupture entre Staline et les communautés juives staliniennes d'une part, et le reste du judaïsme international d'autre part.

Dans ce cas, les divergences entre Staline et le judaïsme international, qui étaient discutées ... au sein du synode rabbinique universel juif secret, sont allées jusqu'à briser totalement l'unité institutionnelle de l'Israël international.

Staline et sa secte secrète ont ignoré l'autorité du Congrès juif mondial et Bernard Baruch sur les communautés israélites de l'Union soviétique et des États satellites rouges de l'Europe de l'Est. En même temps, ils ont étendu le schisme dans le monde entier, en essayant d'attirer vers Staline le plus grand nombre possible de Juifs.

En Russie et dans les États satellites, il a pu imposer le schisme par la force brutale, en assassinant ou en emprisonnant tous les Israélites qui s'opposaient à lui. Au contraire, dans le monde libre, il n'a été possible d'attirer vers le stalinisme schismatique qu'une petite minorité de Juifs fanatiques et activistes. Le résultat de ce schisme temporel à l'intérieur du peuple d'Israël répandu dans le monde entier a été néfaste à son entreprise révolutionnaire.

LES ORIGINES DE LA "GUERRE FROIDE"

Dans le nouvel État d'Israël, les Hébreux staliniens ont tenté de contrôler le gouvernement, mais ils ont échoué. L'État juif, ainsi que le Mouvement sioniste mondial, restent aux mains des Juifs fidèles au Congrès juif mondial de New York et à son chef caché, Bernard Baruch.

Baruch a utilisé le sionisme - qui avait reçu un grand soutien de la part des dirigeants juifs soviétiques - comme une arme contre eux, poussant ainsi les dirigeants israélites du Kremlin à déclencher une guerre féroce contre le sionisme, contre l'État d'Israël, le Congrès juif mondial New York, l'Ordre du B'nai-B'rith, et contre le chef caché de tout cela, [Bernard Baruch était le George Soros de l'époque.

Dans le même temps, Staline et ses partisans hébreux ont également entamé ... des poursuites brutales, non seulement contre les sionistes, mais aussi contre les rabbins et les dirigeants de la communauté juive, qui étaient censés être loyaux envers le commandement juif de New York. Ceux-ci ont été remplacés ... par des rabbins et des dirigeants d'affiliation stalinienne. Les prisons étaient pleines de Juifs antistaliniens et, dans ces , de nombreux dirigeants hébreux et fonctionnaires ... ont été assassinés.

Le pouvoir juif de New York réagit violemment contre Staline. Ils imposèrent à leur sujet hébreu, le président des États-Unis, Harry Salomon Truman - et autres crypto-juifs qui contrôlaient ou influençaient les gouvernements de l'Angleterre et des autres puissances occidentales - le changement violent de leur politique internationale que beaucoup ne comprennent toujours pas et qui sauva le monde libre d'une chute imminente entre les mains communisme, vers lequel le monde libre était conduit par la complicité de Washington et de Londres, secrètement contrôlés à l'époque par la franc-maçonnerie et le judaïsme.

Truman et la bande hébraïque qui avait livré l'Europe de l'Est et la Chine à Staline dirigeaient désormais la lutte pour l'empêcher de prendre le contrôle du monde. Au début de 1949, l'OTAN (Organisation du traité de l'Atlantique Nord) a été créée, puis l'Alliance méditerranéenne, ainsi que l'Alliance de Bagdad et l'Alliance de l'Asie du Sud-Est. L'OEA, l'Organisation des États américains, est pratiquement transformée en une alliance anticommuniste.

C'est ainsi que fut créé le plus grand réseau d'alliances de l'histoire de l'humanité, - parce que les dirigeants juifs mondiaux se souvenaient des massacres de Juifs - trotskystes, zinoviévistes, boujarinistes, etc - perpétrés par Staline. Ils se sont sentis en danger d'être fusillés s'ils ne se préparaient pas à stopper les formidables avancées de Staline, qu'ils avaient auparavant parrainé.

Avant cela, Truman avait prévu de remettre l'Inde et le nord du Japon à Staline, mais ces événements ont empêché ce grand crime. Lorsque cette rupture de l'axe crypto-juif New York-Londres-Moscou a eu lieu, les Juifs Truman et Marshall, qui avaient silencieusement et subrepticement armé le fidèle collaborateur de Staline, Mao Tse-Tung, et avaient tout fait pour achever Tchang Kaï-Chek, n'ont pas pu empêcher Staline de s'emparer de la Chine.

Mais ils ont envoyé la sixième flotte pour empêcher la chute de Formose aux mains de Mao, protégeant ainsi le dernier siège du régime nationaliste chinois, bien qu'ils n'aient pas autorisé d'actions offensives contre le régime communiste. Pendant la période de ce schisme juif transitoire, les dirigeants new-yorkais du judaïsme international voulaient empêcher Staline de prendre le contrôle du monde, mais pas détruire le communisme, car cela signifierait la destruction de leur propre travail et la perte tout ce que la révolution juive mondiale avait gagné en 32 ans...

Haviv Schieber expose la complicité sioniste/communiste

Comme les anticommunistes juifs Henry Klein et Myron Fagan, Haviv Schieber a été jeté dans le trou de la mémoire. Haviv Schieber a fui la Pologne pour la Palestine en 1937 et a rejoint l'Irgoun sous la direction de Menachem Begin. Lorsqu'il a créé un parti sioniste anticommuniste, il est devenu un anathème pour les sionistes. Il décrit leur persécution dans son livre *Terre sainte trahie* (1987.

Son avocate, Bella Dodd, a lutté contre les efforts déployés pour l'expulser vers Israël. Il s'est ouvert les veines en signe de protestation. C'était une cause célèbre à l'époque où les États-Unis avaient une presse libre. Schieber a tiré le rideau sur la charade communiste (gauche) contre sioniste (droite). Il a révélé qu'Israël devait son existence à la Russie. Au sommet, le sionisme et le communisme sont des voies alternatives vers le gouvernement mondial de Rothschild.

Et il a plaidé en faveur d'un État palestinien qui inclurait les Palestiniens sur un pied d'égalité. Vous ne verrez jamais un film véritablement anticommuniste (sur Bella Dodd par exemple) parce que les États-Unis sont dirigés par des juifs communistes et des francs-maçons.

> "Le nazisme m'a fait craindre d'être juif. Le sionisme m'a fait honte d'être juif". Haviv

Comme mes lecteurs le savent, les Rothschild contrôlent les événements en utilisant deux cultes sataniques juifs maçonniques apparemment opposés, le communisme (gauche) et le sionisme (droite

L'aile sioniste (droite) est nationaliste, conservatrice et fait progresser l'O.N.G. par la guerre. L'aile communiste est "progressiste" (woke) et favorise la désintégration de l'État-nation par l'immigration, l'ingénierie sociale et la répression.

Ce conflit est mené comme s'il était réel. Par exemple, en 1948, une guerre civile a été évitée de justesse lorsque Ben Gourion a ordonné le naufrage d'un navire de l'Irgoun, l'Altalena, qui a coûté 35 morts, des centaines de blessés et des tonnes de munitions perdues. Begin a fait marche arrière dans 'intérêt de l'unité juive car, en fin de compte, le sionisme et le communisme sont les deux faces d'une même pièce.

Avance rapide jusqu'à aujourd'hui et Schieber aurait été aligné avec Netanyahu et Trump, mais toujours persécuté parce qu'il a exposé le lien sioniste avec la Russie :

1) L'URSS est à l'origine de la création d'Israël. Au début de la guerre de 1948, "les Soviétiques sont venus une fois de plus à l'aide de leurs frères marxistes. Ils ont envoyé de nombreux officiers de haut rang de l'Armée rouge pour former et diriger l'armée israélienne." (20)

2) Les Soviétiques ont ouvert la porte à l'émigration juive en Israël et ont fourni l'armement nécessaire à partir de leur satellite tchèque. Ils ont fait semblant de soutenir les Arabes et les ont encouragés en leur fournissant des armes limitées et en leur faisant des promesses.

3) En ce qui concerne la guerre des Six Jours, les Soviétiques ont encouragé l'Égypte à proférer des menaces belliqueuses afin d'apparaître comme l'agresseur. Les Soviétiques ont ensuite demandé à Nasser de faire marche arrière. L'attaque contre l'USS Liberty était une tentative sous fausse bannière pour entraîner les États-Unis dans la guerre.

En 1950, Schieber a créé la Ligue anticommuniste d'Israël, qui compte parmi ses membres des musulmans, des chrétiens et des juifs. "Nous devons montrer au monde qu'il n'y a pas seulement des Juifs communistes, mais aussi des Juifs anticommunistes. (29) Il décrit la collaboration sioniste-nazie : "Les sionistes de gauche ont supprimé toutes les tentatives de protestation et de révolte des ghettos juifs allemands contre Hitler... Ils étaient mieux informés sur les camps de concentration que le peuple allemand, mais n'ont rien fait pour y mettre fin.

Bien sûr, les sionistes ont financé Hitler afin de pousser les Juifs allemands vers Israël. Schieber a encouragé ses partisans en ces termes : "Si quelqu'un a une chance de détruire le communisme, ce sont les Juifs : "Si quelqu'un a une chance de détruire le communisme, ce sont les Juifs. Après tout, c'est nous qui l'avons lancé et construit." (52)

"Bella Dodd était la seule à avoir compris la nécessité de créer une organisation mondiale... Jusqu'à sa mort en 1969, elle s'est profondément impliquée dans ma cause." (53) Lorsque le rabbin Wise déclare que le communisme est l'accomplissement du judaïsme, Schieber avertit les Juifs qu'"ils sont lésés par les actions de leurs dirigeants libéraux marxistes juifs".

CONCLUSION

Schieber s'est converti au christianisme et a été enterré dans un cimetière chrétien. Dans *Terre sainte trahie*, il a écrit sa propre épitaphe.

"Toute ma vie, j'ai été passionnément attaché au concept d'un État juif en Palestine... J'ai été dégoûté par ce qui s'est passé. J'ai été dégoûté par ce qui s'est passé. Mes rêves pour cet État étaient ceux de la dignité, de la liberté et de la sécurité. Au lieu de cela, on assiste à toutes les formes de dégradation humaine, de corruption, de vice et de criminalité. Les résultats du sionisme m'ont retourné l'estomac".

"Je crois que le plan de Dieu est le suivant : Israël devrait désarmer, ouvrir ses frontières et adopter un système de libre entreprise. C'est le seul moyen d'éviter une destruction massive, peut-être une guerre nucléaire mondiale." (64)

Certains juifs ont soutenu Schieber mais ont demandé à rester anonymes. Les Juifs sont pris en otage par la double tenaille maçonnique du sionisme et du communisme, qui nous emprisonne tous.

Il en va de même pour les personnes sous l'emprise de l'islam radical, créé par les francs-maçons pour faciliter une troisième guerre mondiale juive maçonnique.

Israël et l'Iran sont tous deux dirigés par des francs-maçons qui préparent la troisième guerre mondiale

Avant d'applaudir l'Iran, ne nous laissons pas entraîner dans la mascarade de la Troisième Guerre mondiale. Les islamistes (Hamas) sont l'équivalent musulman des communistes juifs.

Les sionistes et les communistes sont les ailes d'une même secte maçonnique. Leurs dogmes ne sont qu'un prétexte pour spolier leurs peuples de la liberté et de la propriété et fomenter des guerres gratuites.

Aujourd'hui, ils s'unissent pour nous détruire en organisant une guerre nucléaire. La prophétie de Pike se réalise ! Les dirigeants musulmans et sionistes sont littéralement des agents des Illuminati. L'Iran également contrôlé par des satanistes.

Albert Pike avait prévu trois guerres mondiales

Ce texte a été écrit par un Iranien de 18 ans et publié le 4 octobre 2010.

Dès le début de la révolution islamique, des postes clés tels que le pouvoir judiciaire ont été confiés à des mollahs qui n'avaient aucune expérience de la gestion du pays. Les commandants de l'armée, les ingénieurs et les médecins qui s'opposaient au régime ont été pendus parce qu'ils étaient des "ennemis d'Allah".

La révolution islamique en Iran n'avait rien à voir avec l'Islam. Comme toutes les autres révolutions de l'histoire récente, elle visait essentiellement à confier le pouvoir à quelques individus. Dans le cas de la révolution iranienne de 1979, l'État a été confié à la secte de Khomeini, un groupe de Frères musulmans ayant des liens directs avec des agences de renseignement étrangères.

Il ne faut pas être naïf au point de croire que l'Iran s'oppose au nouvel ordre mondial. Il m'est très difficile de croire que les Britanniques, qui ont combattu Mussadeq avec tant de vigueur, abandonneraient soudainement le pétrole iranien et laisseraient les Mollahs s'emparer des ressources pétrolières du pays.

La vérité est que les Britanniques ont été à l'origine de la révolution islamique de Khomeini. L'objectif était de contrôler l'énergie de l'Iran en l'affaiblissant (en réduisant les Iraniens à la faim) et de détruire la société religieuse et familiale de l'Iran.

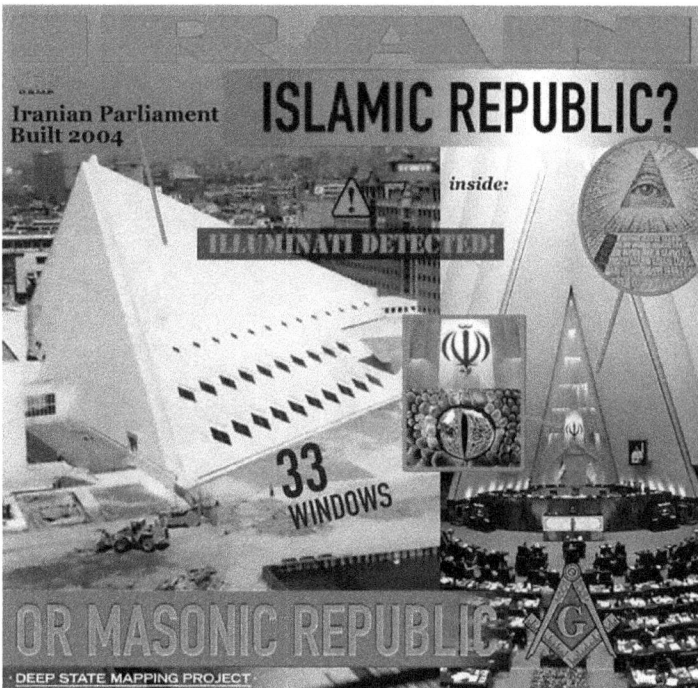

Le Parlement iranien - une pyramide

Nombre de nos grands ayatollahs sont également francs-maçons, membres des Frères musulmans, et je dispose de sources fiables qui me disent qu'ils se rendent à Londres tous les deux ou trois mois pour recevoir leurs ordres. L'ayatollah Mesbah Yazdi est l'une des figures les plus puissantes du régime sectaire iranien. Il est le chef d'une secte très puissante appelée l'école Haqqani.

Parmi ses membres figurent Mahmoud Ahmadinejad (un des meilleurs élèves de Mesbah), des commandants des gardes révolutionnaires, la milice Basij, des avocats, des juges et les directeurs des principaux journaux...

Je pense que la principale source de ces problèmes est que notre société, et en particulier la jeune génération, ne croit plus aux valeurs telles que la famille, la religion et le travail.

La cause en est que la secte nous a retiré nos droits fondamentaux et nous donne une version de l'islam qui a conduit à la destruction de la religion et de la société.

Je n'ai aucun doute sur la présence de satanistes parmi les enseignants religieux de Qom, car j'ai entendu de nombreuses histoires d'abus d'enfants. Nos ingénieurs sociaux mollahs ont rendu le public si confus qu'il ne sait plus ce qui est bien ou mal et est donc prêt à accepter une prise de pouvoir par le NWO.

Des fanatiques religieux ont pris en otage Israël (et les États-Unis)

La seule solution pratique au conflit du Moyen-Orient est la création de deux États. Mais cela semble sans espoir étant donné que 800 000 colons vivent dans le secteur palestinien et ne sont pas susceptibles de déménager. Si l'on ajoute à cela le complot visant à réaliser la prophétie occulte de la suprématie juive, la situation semble bien sombre. Le gouvernement israélien est hors de contrôle et l'Occident est contrôlé par eux en raison de leur contrôle du crédit.

La spirale suicidaire doit être figée et progressivement inversée. En fin de compte, tout ceci n'est qu'une mascarade pour justifier le chaos, la souffrance et le dépeuplement. Les deux camps sont contrôlés par des satanistes (francs-maçons). Le satanisme est le culte de la mort et de la destruction.

Les quatre cavaliers de l'Apocalypse

Pendant des décennies, l'attaque de Gaza a été le plan de Netanyahou pour contrer le mécontentement intérieur.

Le livre de Haim Bresheeth-Zabner, *An Army Like No Other* (2019), nous ouvre les yeux. Il établit que le génocide de Gaza n'est pas une aberration, mais la continuation d'une politique cohérente de nettoyage ethnique et de génocide sur laquelle l'État d'Israël a été construit.

En effet, Benjamin Netanyahou avait pour politique de massacrer les habitants de Gaza chaque fois qu'il y avait des troubles intérieurs en Israël, comme l'opposition à ses "réformes judiciaires" avant le 7 octobre 2023. Par exemple, en 2012, des manifestations ont eu lieu en raison du coût élevé de la vie.

> "Netanyahou (qui était à la traîne dans les sondages) a décidé de donner à l'opinion publique son remède favori, une attaque contre Gaza. L'attaque de Gaza en 2012 a mis fin à la protestation sociale et a permis à Netanyahou de retrouver une position de leader. Alors que les tribus juives israéliennes sont profondément divisées sur de nombreux sujets, la question de la "sécurité" sert d'adhésif social le plus efficace". (p.344)

Seule une menace extérieure peut maintenir l'unité du pays.

Alors qu'Israël défend du bout des lèvres une "solution à deux États", son objectif a toujours été de contrôler la Palestine "de la mer à la rivière" et au-delà.

Cela est d'autant plus vrai que les partis représentant les 800 000 "colons" de Cisjordanie ont pris le contrôle du gouvernement et de Tsahal.

Le traitement réservé par Israël aux Palestiniens a toujours été barbare. "Pendant les festivités de Noël 2008, Israël a pénétré dans Gaza avec une force énorme. Près de 1500 Palestiniens ont été tués, pour la plupart des civils, dont plus de 400 enfants. La dévastation de Gaza a été plus intense que lors de n'importe quel assaut des FDI. Israël a frappé l'infrastructure - les réseaux d'électricité, de gaz et d'eau, fragiles à Gaza dans les meilleurs moments et déjà affectés par le blocus annoncé par Israël en 2006."

"Lors des deux incursions suivantes à Gaza, en novembre 2012 et en juillet-août 2014, le niveau déjà terrifiant de mort et de destruction a été dépassé : les FDI ont tué 2310 habitants de Gaza au cours de l'été 2014 et en ont blessé 10 626. Des pans entiers de quartiers de Gaza ont disparu du jour au lendemain, et plus de 120 000 personnes ont perdu leur logement. Les infrastructures, partiellement réparées depuis la dernière attaque, étaient en ruines." (322) Ils ont fait la même chose à Beyrouth en 1982. En fait, la doctrine consistant à infliger des destructions disproportionnées porte le nom de "Dahiya", le quartier de Beyrouth qu'Israël a rasé. (207)

J'ai été frappé par la barbarie totale et le manque d'humanité commune dont ont fait preuve les Israéliens, des gens qui se considèrent comme civilisés. L'Occident s'est engagé dans un navire en perdition. Israël reçoit 55% de toute l'aide militaire américaine. Si l'on comprend le fanatisme des dirigeants israéliens, on se rend compte qu'il n'y a aucun espoir de paix.

Les dirigeants sont issus de l'élément le plus fanatique de la société israélienne, les colons. La population qui croît le plus rapidement est celle des juifs hérétiques ou orthodoxes, qui ne contribuent en rien à la vie du pays mais exigent toutes sortes de subventions et de privilèges. Ils soutiennent l'expulsion ou la liquidation des Palestiniens.

HB-Z explique que la guerre est le pain et le beurre d'Israël. L'armée israélienne est l'institution la plus riche du pays. Plus de 20% de la population travaille pour elle ou pour le complexe militaro-industriel qu'elle entretient. Ils ont créé une société qui "se nourrit de l'agression, prospère grâce à elle". (198)

Bien que les sionistes fassent semblant de vouloir faire des compromis, il n'y en aura pas. Le seul moyen d'arrêter le génocide est de vaincre Israël au combat.

En lien : *La descente d'Israël dans un abîme moral* (en ligne ou dans Illuminati I)

Henry Klein : Le sionisme est la malédiction de la juiverie

Henry Klein (1879-1955) représentait la majorité des Juifs qui souhaitaient simplement s'assimiler. Cependant, comme il l'explique dans cet essai de 1945, les banquiers ont besoin d'eux pour instaurer la tyrannie d'un gouvernement mondial.

En conséquence, les juifs ont été incités à promouvoir le "mondialisme" et il ne fait aucun doute que ce sont eux, et non les francs-maçons, qui seront blâmés pour cela.

La plupart des Juifs n'ont pas conscience d'être utilisés dans un complot diabolique. Ils sont plus efficaces en tant qu'"idiots utiles".

par Henry Klein

" **Zionism** is a political program for the conquest of the world. "

" Zionism destroyed Russia by violence as a warning to other nations. It is destroying the United States through bankruptcy, as Lenin advised. Zionism wants another world war if necessary to enslave the people. Our manpower is scattered over the world. Will we be destroyed from within or will we wake up in time to prevent it?" - "

Klein is another American hero flushed down the memory hole for defying the Rothschild - Rockefeller cartel.

Henry Klein (1879-1955)

smoloko.com

"Les dirigeants juifs disent qu'il faut leur donner une conscience mondiale. Faites-les rêver de la Palestine et d'un État mondial. Ne les laissez pas devenir des nationalistes en pensée. Ne les laissez pas se considérer comme des citoyens d'une nation quelconque, à l'exception de la nation juive rêvée en Palestine. Faites-en des internationalistes".

C'est ce qu'ils ont fait avec les Juifs de Russie et d'ailleurs en Europe ; c'est ce qu'ils font à la plupart des Juifs des États-Unis. Le sionisme politique est le principal vecteur de cette action.

Qu'est-ce que le sionisme politique ? À mon avis, c'est la malédiction de la juiverie. Ce qui était autrefois un beau rêve pour les juifs orthodoxes désireux de passer leurs dernières années en Palestine est devenu un sombre cauchemar qui menace l'extinction des juifs, des chrétiens et des mahométans.

Les principaux Juifs des États-Unis étaient autrefois opposés au sionisme politique et à la création d'une nation juive en Palestine. ...En Russie, après la révolution de 1917, prôner le sionisme était un délit passible de la peine capitale. Le sionisme était considéré comme hostile à la philosophie économique et politique du communisme, dans la mesure où il créait un État dans l'État.

Les principaux Juifs américains estimaient que les Juifs devaient être loyaux envers les États-Unis et non envers une nation indépendante. En fin de compte, ces juifs de premier plan ont changé d'avis. Ils ont adopté la notion qu'ils condamnaient auparavant, non pas parce qu'ils croyaient que les Juifs américains voulaient aller en Palestine, mais parce qu'ils ont été amenés à croire qu'une nation juive en Palestine était un symbole du pouvoir juif mondial et qu'ils étaient favorables à un tel pouvoir. Ils n'ont pas réalisé que le pouvoir politique juif avait été brisé à la suite du meurtre de Jésus.

La déclaration Balfour de 1917 a donné un grand élan au sionisme. La Grande-Bretagne promet aux Juifs une "patrie" en Palestine. En retour, les sionistes politiques ont contribué à entraîner les États-Unis dans la première guerre mondiale. Deux ans auparavant, la Grande-Bretagne avait également promis aux Arabes l'autodétermination et la protection de la Palestine contre les Turcs.

Une "patrie" n'était alors pas interprétée comme un État juif. Cette interprétation a été donnée par ceux qui ont fait du sionisme une affaire et qui rêvent d'une recrudescence de la puissance mondiale pour la juiverie. Les Juifs, en tant que masse, n'ont ni ce rêve ni cette ambition. Ils se contentent de vivre en paix et heureux là où ils sont. Ils n'ont aucun désir de retourner en Palestine ou de dominer le monde. Seule une poignée d'entre eux ont cette manie. De nombreux Juifs vivant actuellement en Palestine souhaiteraient partir s'ils le pouvaient.

À quoi a abouti le sionisme politique ? Il a permis de collecter d'énormes sommes d'argent auprès des Juifs du monde entier. Il a conduit à la création d'organisations pro-sionistes dans la plupart des pays. Il a conduit au massacre des Juifs en Europe et à la menace d'une révolte des musulmans contre les Juifs et les chrétiens, bien qu'il y ait de nombreux chrétiens arabes...

Les musulmans connaissent les Protocoles. Ils les lisent et les étudient depuis au moins une génération et la connaissance de leur contenu a suscité la haine chez eux.

Leurs représentants ont protesté à San Francisco contre l'octroi de droits supplémentaires aux Juifs en Palestine et ont protesté à plusieurs reprises auprès du gouvernement britannique. Ils ont protesté auprès du président Roosevelt. Ils savent que les sionistes politiques imposent leur programme en dépit de toutes leurs protestations, et ils préviennent que toute mesure manifeste visant à établir un État juif en Palestine, avec ou sans l'aide d'une nation, se heurtera à une violente opposition de leur part. Ils s'opposent à un État juif ainsi qu'au pouvoir mondial juif et ils ont l'intention d'arrêter les deux.

Je préviens le peuple juif de tenir compte des menaces musulmanes. Mettez fin à la folie du Sanhédrin, à la corruption et à la propagande des sionistes politiques. Ils constituent le poison dans la coupe des Juifs.

Troisième livre

Histoire cachée

Le Vatican a concédé l'hégémonie juive en 1890

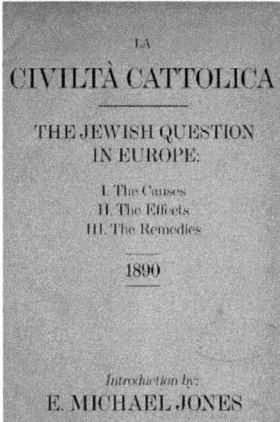

LA
CIVILTÀ CATTOLICA

THE JEWISH QUESTION
IN EUROPE:

I. The Causes
II. The Effects
III. The Remedies

1890

Introduction by:
E. MICHAEL JONES

La Civilta Cattolica (Civilisation catholique) est un périodique publié sans interruption par les Jésuites à Rome, en Italie, depuis 1850 et compte parmi les plus anciens périodiques catholiques italiens.

La publication du Vatican met en perspective la NWO.

"L'instrument choisi par le Ciel pour punir le christianisme dégénéré de notre époque, ce sont les Hébreux

Il faut remonter à 1890 pour comprendre ce qui s'est passé. Un article du périodique officiel du Vatican, *La Civilta Cattolica*, daté du 23 octobre 1890, révèle comment les catholiques percevaient les juifs il y a 135 ans. L'article confirme que l'humanité a été colonisée par un culte satanique, le judaïsme cabaliste, en partie grâce à la franc-maçonnerie, qui est la Cabale juive pour les Gentils. La société est en effet "possédée sataniquement".

L'article de 1890 commence par dénoncer "l'invasion des Israélites dans tous les secteurs de la vie publique et sociale" en Europe et en Russie.

Les chrétiens se mobilisent pour arrêter "la propagation de ce fléau" et "ses conséquences les plus pernicieuses".

> "Après avoir acquis la liberté civile absolue et l'égalité dans tous les domaines avec les chrétiens et les nations, la digue qui retenait les Hébreux s'ouvrit à eux et, en peu de temps, comme un torrent dévastateur, ils pénétrèrent et s'emparèrent astucieusement de tout : l'or, le commerce, la bourse, les plus hautes fonctions dans les administrations politiques, dans l'armée et dans la diplomatie ; l'instruction publique, la presse, tout tomba entre leurs mains ou entre les mains de ceux qui dépendaient inévitablement d'eux... les lois et les institutions mêmes des États empêchent la société chrétienne de se débarrasser du joug de l'audace hébraïque, imposée sous l'apparence de la liberté"."

L'article établit clairement les intentions malveillantes des dirigeants juifs. Ceux qui crient à la haine sont en fait les vrais haineux. Leur objectif - "l'extermination de la civilisation chrétienne" - est presque atteint.

Le Talmud considère tous les non-Juifs comme des sous-hommes, c'est-à-dire des bêtes. Les Juifs se considèrent comme "la race la plus élevée de l'humanité" qui a le droit de "revendiquer toutes les richesses de l'univers...". Leur Messie doit être "un grand conquérant qui mettra les nations sous le joug des Juifs". (C'est là que le Christ a échoué).

Le Talmud "enseigne qu'un Israélite est plus agréable à Dieu que les anges du paradis ; que frapper un Juif, c'est frapper Dieu...".

Les juifs ordinaires comme moi ne connaissent pas le Talmud et ne partagent pas ces opinions. Cependant, ils contribuent à l'agenda génocidaire de la NWO. L'article attribue l'antisémitisme à cette mégalomanie juive démente, à l'immoralité juive et à leur "appétit insatiable de s'enrichir par l'usure...".

LES REMÈDES

L'auteur s'interroge sur la manière de défendre la civilisation chrétienne lorsque toutes les institutions sociales - le gouvernement, les médias, l'éducation et l'économie - ont été prises en charge par les banquiers juifs des Illuminati et leurs agents juifs et francs-maçons.

Les Hébreux "sont une plaie pour la société chrétienne". La guerre est justifiée. Malheureusement, le chrétien n'a pas les moyens nécessaires et n'est pas impitoyable. Il ne veut pas "recourir à l'effusion de sang".

Les richesses juives doivent être confisquées et les Juifs doivent être expulsés : "Il est absolument légitime... que la nation pillée récupère les biens mal acquis auprès des voleurs...

L'or est l'arme la plus puissante par laquelle les Juifs exterminent la religion et oppriment le peuple ; ... on a au moins le droit de leur saisir cette arme.

Les Juifs devraient être considérés comme des étrangers et se voir interdire de posséder des terres agricoles, qui tombent rapidement entre leurs mains. Mais l'auteur admet qu'ils puissent encore posséder des biens urbains.

L'auteur reconnaît que tous les Hébreux ne sont pas "des voleurs, des tricheurs, des usuriers, des francs-maçons, des goujats et des corrupteurs de mœurs... un certain nombre ne sont pas complices des ruses des autres". Comment ces innocents pourraient-ils être "inclus dans le châtiment" ? L'auteur cite des contre-arguments selon lesquels l'urgence de la situation doit l'emporter sur tous les scrupules.

Puis il fait volte-face et dit : "Même en supposant que le remède du bannissement universel des Hébreux soit réalisable aujourd'hui, il ne s'accorderait pas avec la façon de penser et d'agir de l'Église romaine."

L'Europe deviendra "une seule et immense plantation exploitée par les Juifs grâce au travail et à la sueur des chrétiens réduits en esclavage".

Cette vision du nouvel ordre mondial date de 135 ans !

Voir : *Manifeste antijuif de Dresde - Les gentils ont concédé la défaite en 1882* En ligne ou dans *Illuminati 3*

Meurtre maçonnique il y a 109 ans

Le 1er juillet 1916, le général Douglas Haig, un franc-maçon, a lancé la bataille de la Somme qui, en novembre, s'est soldée par la mort d'un million de patriotes britanniques chrétiens dans la force de l'âge.

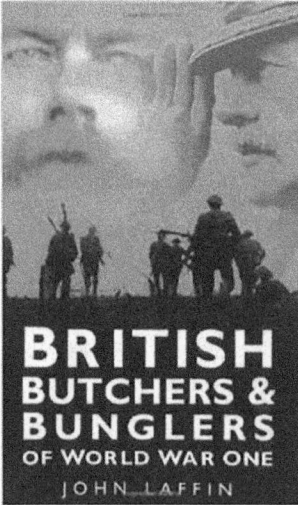

Pères, fils, maris, frères, amants.

La guerre est une ruse par laquelle l'élite satanique mondialiste tue les patriotes sous le couvert du devoir national.

Mitrailleur allemand : "Lorsque nous avons commencé à tirer, nous n'avons eu qu'à charger et recharger. Ils sont tombés par centaines. Nous n'avions pas besoin de viser, nous tirions simplement sur eux."

Environ 10 millions de soldats sont morts au combat dans les deux camps pendant la Première Guerre mondiale, l'une des guerres les plus coûteuses de l'histoire.

Les médias et le système éducatif contrôlés par les francs-maçons décrivent généralement le massacre inutile de la guerre des tranchées comme une conséquence involontaire.

En fait, ces guerres sont orchestrées par les banquiers juifs illuminati et leurs sous-fifres maçonniques pour tuer les chrétiens afin de dégrader la civilisation occidentale avant que le NWO satanique ne se manifeste clairement.

Toutes les guerres sont conçues pour enrichir et renforcer les banquiers tout en détruisant et en démoralisant l'humanité. Le "patriotisme" belliciste est une ruse . Plus tôt les non-satanistes crédules cesseront de tomber sur une épée, mieux ce sera.

Je vais me concentrer sur la bataille de la Somme, l'une des plus grandes batailles de la Première Guerre mondiale. Mes informations sont basées sur l'ouvrage de John Laffin, *British Butchers and Bunglers of World War One* (1988, p. 63 et suivantes).

Le général Douglas Haig, commandant en chef du front occidental, et son principal co-planificateur, Sir Henry Rawlinson, étaient tous deux francs-maçons. L'offensive de la Somme ("The Big Push") devait mettre fin à l'impasse et gagner la guerre. Les Alliés disposent de 700 000 hommes, soit une supériorité numérique de 7 contre 1. Haig et Rawlinson prévoient de perdre 500 000 hommes.

Le plan était simple : Bombarder les Allemands pendant cinq jours et cinq nuits, puis marcher jusqu'à la tranchée ennemie et tuer les soldats restants ou capturer ceux qui se sont rendus.

Cependant, après 5 jours de bombardements, les tranchées allemandes et leurs défenses sont à peine effleurées. Les Anglais ont négligé de faire des reconnaissances ou des observations aériennes. Les Allemands n'ont plus qu'à tirer avec leurs mitrailleuses, recharger et tirer à nouveau. Le même type d'attaque se poursuit du 1er juillet à novembre 1916. Plus d'un million d'hommes sont morts, dont 58 000 le premier jour.

Le 1er juillet 1916, 11 divisions britanniques attaquent sur un front de 13 miles. À 7h30, les six divisions allemandes ont terminé leur petit-déjeuner, se sont essuyé le visage avec leurs serviettes et ont sorti leurs mitrailleuses de leurs caves profondes et confortables. Elles commencent à arroser les assaillants qui avancent en rangs serrés, "pour maintenir l'ordre".

Un mitrailleur allemand écrit :

> "Nous avons été surpris de les voir marcher ; nous n'avions jamais vu cela auparavant. Les officiers allaient devant. L'un d'eux portait une canne...
>
> Lorsque nous commencions à tirer, nous devions charger et recharger. Ils sont tombés par centaines. Nous n'avions pas besoin de viser, nous leur tirions dessus."

Un officier allemand rapporte son impression de l'attaque.

"Des sections entières semblaient tomber. Tout au long de la ligne, on pouvait voir des Anglais jeter leurs bras en l'air et s'effondrer pour ne plus jamais bouger. Les blessés mortels se roulaient dans l'agonie, tandis que les blessés graves rampaient dans les trous d'obus pour se mettre à l'abri. "

John Laffin :

"Sur les 110 000 hommes qui ont attaqué, 60 000 ont été tués ou blessés ce jour-là. Environ 20 000 d'entre eux sont morts entre les lignes. Haig et Rawlinson sont directement responsables de l'hypothèse selon laquelle les bombardements couperaient les barbelés et rendraient les Allemands vulnérables. Les Allemands perdirent environ 8000 hommes le 1er juillet. 2000 furent faits prisonniers". (64)

Une station hospitalière a traité 10 000 blessés dans les premières 48 heures. Un chirurgien a écrit :

"Des files d'ambulances d'un kilomètre de long attendaient d'être déchargées. Toute la surface du camp, un champ de six acres, était entièrement couverte de brancards placés côte à côte, chacun avec son homme souffrant ou mourant. Nous, les chirurgiens, sommes à pied d'œuvre dans la salle d'opération, une bonne hutte contenant quatre tables. De temps en temps, nous jetons un bref coup d'œil autour de nous pour sélectionner, parmi les milliers de patients, les quelques uns que nous avons le temps de sauver. C'était terrible. (73) Le colonel Boraston, chroniqueur de Haig, écrivit que l'attaque "confirmait les conclusions du haut commandement britannique et justifiait amplement les méthodes tactiques employées". (Il ne fait aucun doute que ces hommes étaient tous francs-maçons).

Laffin écrit :

"C'est une déclaration scandaleuse. Il est plus juste d'appeler le 1er juillet 1916, comme le fait H. L'Etang, "probablement le plus grand désastre pour les armes britanniques depuis Hastings... On n'a certainement jamais vu, ni avant ni depuis, un tel carnage gratuit et inutile...".

Laffin déplore "l'absence totale d'intelligence" dans la stratégie militaire. Il souligne que "les pertes élevées étaient une règle de base du jeu et qu'il fallait simplement les accepter". (76)

Qui sait comment le monde serait différent si la crème de cette génération de chrétiens n'avait pas été piétinée dans la boue de la France en 1915-18 ?

Il n'y a tout simplement aucune explication au fait d'envoyer vague après vague des hommes au massacre, si ce n'est qu'il s'agissait d'un objectif délibéré. Tout général sain d'esprit aurait mis fin à l'attaque dès qu'il est apparu que la stratégie était un échec.

La société occidentale est contrôlée par une secte satanique dont le but est d'asservir l'humanité. Il est temps que nous cessions d'être complices de notre propre destruction.

Génocide : La grippe espagnole délibérément provoquée par les vaccins

Swine Flu Expose - un livre d'Eleanora I. McBean, Ph.D., N.D.

http ://www.whale.to/a/mcbean2.html

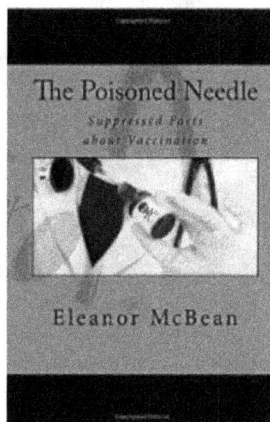

La Première Guerre mondiale a fait environ 16 millions de morts. L'épidémie de grippe qui a balayé le monde en 1918-1920 a tué environ 50 millions de personnes. Un cinquième de la population mondiale a été attaqué par ce virus mortel. En l'espace de quelques mois, il a tué plus de personnes que n'importe quelle autre maladie dans l'histoire.

"J'AI ÉTÉ UN OBSERVATEUR SUR PLACE DE L'ÉPIDÉMIE DE GRIPPE DE 1918"

Tous les médecins et toutes les personnes qui vivaient à l'époque de l'épidémie de grippe espagnole de 1918 affirment qu'il s'agit de la maladie la plus terrible que le monde ait jamais connue. Des hommes robustes, bien portants, étaient morts un jour et le lendemain.

La maladie présentait les caractéristiques de la mort noire ajoutée à la typhoïde, à la diphtérie, à la pneumonie, à la variole, à la paralysie et à toutes les maladies contre lesquelles les populations avaient été vaccinées immédiatement après la guerre mondiale.

1. La quasi-totalité de la population s'était vu injecter une douzaine de maladies - ou sérums toxiques - sous forme de "semences". Lorsque toutes ces maladies fabriquées par les médecins ont commencé à se déclarer d'un seul coup, ce fut tragique.

Cette pandémie a duré deux ans, maintenue en vie par l'ajout de médicaments toxiques administrés par les médecins qui tentaient de supprimer les symptômes. Pour autant que j'aie pu trouver, la grippe n'a touché que les personnes vaccinées. Ceux qui avaient refusé les vaccins ont échappé à la grippe. Ma famille avait refusé toutes les vaccinations et nous sommes donc restés en bonne santé tout le temps. Nous savions, grâce aux enseignements de Graham, Trail, Tilden et d'autres, que l'on ne peut pas contaminer le corps avec des poisons sans provoquer de maladies.

Lorsque la grippe était à son apogée, tous les magasins étaient fermés, de même que les écoles, les entreprises et même l'hôpital, car les médecins et les infirmières avaient été vaccinés eux aussi et étaient atteints de la grippe. Personne ne circulait dans les rues. C'était comme une ville fantôme. Nous semblions être la seule famille à ne pas avoir attrapé la grippe ; mes parents allaient donc de maison en maison et faisaient ce qu'ils pouvaient pour soigner les malades, car il était impossible de trouver un médecin à l'époque.

Si les germes, les bactéries, les virus ou les bacilles pouvaient provoquer des maladies, ils auraient eu tout le loisir d'attaquer mes parents lorsqu'ils passaient plusieurs heures par jour dans les chambres de malades. Mais ils n'ont pas attrapé la grippe et n'ont pas ramené de germes à la maison pour nous attaquer, nous les enfants, et causer quoi que ce soit. Aucun membre de notre famille n'a eu la grippe - pas même un reniflement - et c'était en hiver, avec une épaisse couche de neige au sol.

Lorsque je vois des gens grimacer lorsque quelqu'un près d'eux éternue ou tousse, je me demande combien de temps il leur faudra pour découvrir qu'ils ne peuvent pas attraper la maladie - quelle qu'elle soit. La seule façon de contracter une maladie est de la développer soi-même en mangeant mal, en buvant mal, en fumant ou en faisant d'autres choses qui causent un empoisonnement interne et une baisse de vitalité. Toutes les maladies peuvent être évitées et la plupart d'entre elles peuvent être guéries avec les bonnes méthodes, qui ne sont pas connues des médecins, et que tous les médecins sans médicaments ne connaissent pas non plus.

On a dit que l'épidémie de grippe de 1918 avait tué 20 000 000 de personnes dans le monde. Mais en réalité, ce sont les médecins qui les ont tuées avec leurs traitements et leurs médicaments rudimentaires et mortels. C'est une accusation sévère, mais elle est néanmoins vraie, si l'on en juge par le succès des médecins sans médicaments par rapport à celui des médecins.

Alors que les médecins et les hôpitaux médicaux perdaient 33% de leurs cas de grippe, les hôpitaux non médicaux tels que *Battle Creek, Kellogg et MacFadden's Health Restorium* obtenaient presque 100% de guérison grâce à leurs cures d'eau, bains, lavements, etc., au jeûne et à certaines autres méthodes de guérison simples, suivies de régimes alimentaires naturels soigneusement élaborés. Un médecin n'a pas perdu un seul patient en huit ans.

Si les médecins avaient été aussi avancés que les médecins sans médicaments, il n'y aurait pas eu ces 20 millions de décès dus au traitement médical de la grippe.

Il y avait sept fois plus de maladies chez les soldats vaccinés que chez les civils non vaccinés, et les maladies étaient celles contre lesquelles ils avaient été vaccinés.

Un soldat revenu d'outre-mer en 1912 m'a raconté que les hôpitaux militaires étaient remplis de cas de paralysie infantile et qu'il se demandait pourquoi des hommes adultes pouvaient être atteints d'une maladie infantile.

Nous savons aujourd'hui que la paralysie est une conséquence fréquente de l'intoxication vaccinale. Les personnes restées au pays n'ont été atteintes de paralysie qu'après la campagne mondiale de vaccination de 1918.

Hitler : Israël est le QG du futur État juif mondial

Otto Wagener a brièvement dirigé la SA nazie et a été le compagnon constant d'Hitler en 1930-1932. Les mémoires de Wagener révèlent qu'Hitler comprenait parfaitement la conspiration bancaire juive maçonnique et qu'il a pourtant choisi de la servir.

Il s'est attaqué à son appendice (l'URSS) plutôt qu'à son cœur, la City de Londres. C'est une preuve supplémentaire qu'Hitler était un agent des Illuminati et une fausse opposition.

"Dans les années 1931 et 1932, j'ai accompagné Hitler dans la plupart de ses très fréquents voyages. En 1931, la première année de mon mariage, je n'ai passé que 42 jours à Munich. Le reste du temps, je voyageais avec Hitler, généralement en voiture... Nous ne pensions qu'à l'Allemagne, au peuple allemand et à l'avenir de l'Allemagne". (177)

Selon Otto Wagener (1888-1971), Hitler a déclaré en 1932 que les Juifs voulaient qu'Israël ne soit pas une "patrie" mais un "quartier général juif mondial".

Ils "avaient l'intention, à terme, (d'utiliser leur) pouvoir financier international - pour prendre le contrôle absolu des destinées de tous les peuples du monde".

Il a déclaré que l'objectif ultime était "l'expansion de la Société des Nations en une sorte d'État mondial".

> "Ensuite, si cet État mondial (était) capable d'exercer une puissance militaire... en tant que police mondiale - alors Juda aura enfin stabilisé sa puissance financière dans le monde."

> "La force militaire internationale dans laquelle les opprimés d'Otto Wagener (1888-1971) sont enrôlés pour servir leurs oppresseurs, garantira et assurera cette sécurité. C'est le sens de la Palestine !"

Il a dit que cela accomplirait la promesse de l'Ancien Testament :

> "Toutes les nations te seront soumises, leurs rois te serviront.

Il a ajouté,

> "Cette puissance financière serait brisée une fois pour toutes par notre idée d'imprimer de la monnaie, mais la juiverie mondiale et ses innombrables alliés dans l'industrie et le commerce s'opposeront à cette mesure. C'est pourquoi Hitler a fait jurer à ses confidents de garder le secret". (Citations ci-dessus, pp. 187-188)

L'OPPOSITION D'HITLER EST SUSPECTE

L'opposition d'Hitler au programme des banquiers est discutable. Il savait que l'Empire britannique était l'instrument de la conspiration maçonnique juive mondiale. Il comparait la Grande-Bretagne à une entreprise privée : "Le conseil d'administration est le gouvernement - ou plutôt, l'organisation maçonnique derrière le gouvernement." (154)

Les Protocoles de Sion expliquaient à Hitler que les francs-maçons étaient des garçons de courses pour les satanistes juifs.

Hitler savait que le communisme soviétique est un cabalisme juif, c'est-à-dire un satanisme, une franc-maçonnerie. Il savait que l'URSS avait été créée par la franc-maçonnerie britannique et américaine. Pourtant, il a insisté sur le fait que l'Allemagne et l'Angleterre étaient des alliés naturels dans la guerre contre le communisme. Il a dit à Wagener :

"L'Angleterre reconnaît également le danger que représente la Russie. L'Angleterre a besoin d'une épée sur le continent. Nos intérêts sont donc les mêmes - oui, nous sommes même dépendants les uns des autres.

Si nous sommes envahis par le bolchevisme, l'Angleterre tombera aussi. Mais ensemble, nous sommes assez forts pour contrer le danger international du bolchevisme." (157)

Wagener a déploré qu'Hitler n'ait pas reconnu que l'Angleterre considérerait une Allemagne puissante comme une menace et pèserait de tout son poids sur la Russie plutôt que contre elle. Hitler a continué à insister sur le lien racial entre l'Allemagne et l'Angleterre malgré les preuves de métissage juif dans l'aristocratie anglaise. Ils étaient en partie juifs, tout comme lui.

Il sait que la Russie est une entité judéo-maçonnique :

"L'Allemagne nationale-socialiste ne peut pas conclure d'alliances avec la Russie. Je vois plutôt la détermination de la juiverie à utiliser la Russie comme un tremplin pour diriger la suppression de l'ordre existant dans d'autres nations également ! ...le Comintern est purement juif." (167)

Hitler n'a pas reconnu que le Royaume-Uni et l'Amérique avaient déjà succombé. Son obtusion est peut-être due au fait qu'il était financé par les mêmes banquiers juifs maçonniques basés à Londres et à New York contre lesquels il s'insurgeait.

Dans les éditions précédentes d'Illuminati, et sur mon site web, j'ai listé quelques articles qui soutiennent mon point de vue selon lequel Hitler était une fausse opposition. Son rôle était d'enfumer toute opposition à la domination mondiale satanique et de la mener à la destruction. Il a pu jouer ce rôle efficacement parce que, je le soupçonne, il avait une personnalité multiple. Il est possible qu'il ait subi un lavage de cerveau traumatique à Tavistock pendant une période de huit mois en 1912.

(Voir *Hitler était un agent des Illuminati* en ligne ou dans *Illuminati I*)

Wagener était un véritable patriote allemand, et non un opportuniste et un traître comme Hitler. Il a soulevé des contradictions et posé des questions embarrassantes sur les finances d'Hitler et de Goering. Il a failli être assassiné lors de la purge des SA en 1934. Par hasard, le camion qui le transportait, ainsi que d'autres vétérans de la SA, vers leur lieu d'exécution est tombé en panne et ils ont été transférés dans une prison.

Ses amis ont réussi à le faire libérer. Wagener a ensuite servi dans la Wehrmacht et a atteint le grade de général de division. Il a été interné de 1945 à 1952 lorsqu'il a écrit ses mémoires. Ceux-ci expriment un niveau d'intelligence et de culture rarement atteint aujourd'hui.

En conclusion, en mai-juin 1940, l'Angleterre était prostrée. Hitler avait l'occasion d'arracher le cœur du monopole maçonnique juif de l'argent qui tient l'humanité sous son emprise. Au lieu de cela, il a permis à 330 000 soldats britanniques et alliés de s'échapper à Dunkerque, prouvant ainsi qu'il était leur agent et non leur ennemi.

Les nazis ont sauvé un rabbin Chabad de Varsovie en temps de guerre

Une secte juive sataniste suprématiste appelée Chabad est-elle la "tête du serpent des Illuminati" ? Le traitement VIP accordé à son dirigeant laisse penser que c'est le cas.

En janvier 1940, la Gestapo a été stupéfaite de voir un groupe de 18 juifs orthodoxes voyager en première classe dans un train reliant Varsovie à Berlin.

Rebbe Frierdiger

Leurs escortes de l'Abwehr ont expliqué qu'ils étaient sous "protection diplomatique totale".

Le groupe était composé de Josef Yitzhak Schneerson, à droite, le chef dynastique du mouvement mondial Chabad Lubavitcher, de sa famille et de son personnel. Il souhaitait apporter sa bibliothèque de 40 000 volumes, mais le colonel de l'Abwehr Ernst Bloch, lui-même à moitié juif, a jugé que ce n'était pas pratique.

De Berlin, ils ont voyagé en première classe jusqu'à Riga, en Lettonie, puis jusqu'à Stockholm où ils ont embarqué pour les États-Unis, où ils sont arrivés en mars 1940. Cette "évasion" est décrite dans le livre *Rescued from the Reich* (2004) de Bryan Mark Rigg, titulaire d'un doctorat de Cambridge et professeur à l'American Military University.

> "Ironiquement, sans le sauvetage de Rabbi Schneersohn, le sauvetage de son beau-fils et du prochain Rabbi, Menachem Mendel Schneersohn, n'aurait pas eu lieu. En travaillant avec le gouvernement et des contacts au sein du département d'État américain, Chabad a pu sauver Menachem Mendel de la France de Vichy en 1941, avant que les frontières ne soient fermées". (Wikipedia)

Ce sauvetage contredit le récit selon lequel les nazis étaient des antisémites déterminés à exterminer les Juifs d'Europe. Il soutient plutôt l'opinion selon laquelle les Chabad sont, pour reprendre les termes de Tim Fitzpatrick, "la tête du serpent des Illuminati" exerçant un incroyable pouvoir invisible sur les événements mondiaux. Elle soutient l'idée que les banquiers juifs des Illuminati, qui, comme Chabad, sont des satanistes cabalistes, ont manigancé la Seconde Guerre mondiale pour détruire l'Allemagne et fournir un prétexte (le meurtre en masse de Juifs principalement assimilés) à la création de l'État d'Israël.

Amiral Wilhelm Canaris

Le sauvetage de Schneerson a été organisé par l'amiral Wilhelm Canaris, qui était un franc-maçon (cabaliste) et peut-être un crypto-juif. Canaris était au courant du scénario et, au plus fort du succès nazi en août 1940, il a averti le ministre roumain Michael Sturdza (et plus tard le général Franco) que l'Allemagne allait perdre la guerre.

Le département d'État américain, bastion des Illuminati, a participé à la conspiration visant à sacrifier des millions de Juifs pour justifier la création d'Israël. Cependant, ils ont fait une exception pour le rabbin Schneerson et son parti. Pourquoi ? Parce que les Chabad étaient complices ou responsables.

Bryan Rigg écrit :

> "Les autorités américaines n'ont pas répondu non seulement aux milliers d'appels désespérés des Juifs européens qui souhaitaient fuir aux États-Unis, mais aussi à la demande de l'Allemagne elle-même, lors de la conférence d'Évian en 1938, de les autoriser à émigrer. Il a fallu des hommes politiques extrêmement influents, notamment le secrétaire d'État Cordell Hull et le chef adjoint de la division des affaires

européennes du département d'État Robert T. Pell, ainsi que le Postmaster General James A. Farley, le juge Louis Brandeis, le sénateur Robert Wagner, le procureur général Benjamin Cohen et plusieurs autres, pour faire passer le dossier du Rabbin Schneersohn à travers le triangle des Bermudes bureaucratique. Sans un lobby aussi puissant et persistant à Washington, quelles auraient été les chances du juif européen moyen d'atteindre l'Amérique ? (p. 197)

LE MEMORANDUM HOYER

Dans son livre *The New Underworld Order* (2007), Christopher Story (1938-2010) affirme que "le pire ennemi des Juifs, ce sont les autres Juifs". Les Juifs nazis (c'est-à-dire cabalistes) ont contribué à l'élaboration de l'Holocauste. Il cite un rapport de 1952 du général SS Horst Hoyer qui suggère que le sauvetage de Schneerson par les nazis n'était pas unique.

> "Après une réunion avec le Conseil des anciens juifs en charge du ghetto de Varsovie, un infirmier annonce : "Officiers ! Dirigeants ! Les messieurs sont arrivés." Seize ou dix-sept Juifs à l'air sérieux sont introduits, présentés et prennent place autour d'une grande table ovale. Au cours d'une courte heure de festivités, ces Juifs ont reçu des certificats personnalisés (sur papier blanc, 40 cm sur 40 cm). Sur la gauche se trouvait un grand insigne national doré avec des lettres en gothique et un sceau portant la signature originale d'Adolf Hitler".

> "Ces certificats garantissaient la protection totale de ces Juifs, de leurs familles et de leurs biens par le Grand Reich allemand. Ils étaient accompagnés de mots de remerciement et de bénédiction prononcés par Hitler au nom du peuple allemand. Autour de cette table, avec ses Juifs distingués et en cette heure de fête, on ne sentait ni haine, ni guerre, ni conspiration...

Une fois, au cours de nos discussions, on m'a dit avec passion : "Notre race doit apprendre à se sacrifier !". Plus tard, des fascistes juifs m'ont dit : "Parmi ceux qui sont ici, nous en laisserons encore 60% "mordre la poussière" avant Madagascar (c'est-à-dire Israël)".

Un commentateur qui a lu le mémorandum Hoyer a déclaré :

> "Il faut être conscient de l'intensité des tensions et des contrastes interjuifs, surtout entre les objectifs des juifs assimilés au niveau national et ceux du judaïsme mondial et du sionisme.

> Ces divisions sont bien plus profondes que les relations entre Juifs croyants et non croyants... un groupe de Juifs est devenu la victime d'un autre..." (Story, 532) Dans son livre *Blood Covenant with Destiny*, (2018)

Texe Marrs a écrit que :

"L'objectif ultime de la Kabbale ... est la destruction totale de toute matière, de l'humanité elle-même : L'anéantissement... La cabale néoconservatrice en est une démonstration voilée et obscure. Ils veulent en fait plonger le monde dans la catastrophe nucléaire et le chaos. Un chaos et une destruction ardents au sommet desquels ils espèrent construire leur nouvel ordre utopique occulte des âges. C'est une perspective effrayante, et jusqu'à présent, elle a été couronnée de succès" (p. 86).

Confirmation - Les Britanniques ont sauvé Bormann de Berlin assiégée

Avant que "James Bond" ne devienne un mot familier, c'était le nom de l'opération qui a sauvé Martin Bormann de Berlin, le 2 mai 1945. La mission était dirigée par Ian Fleming et John Ainsworth Davis, qui a inspiré les romans de Fleming.

Ainsworth Davis a relaté cette mission dans son livre *Op JB* (1996), écrit sous le pseudonyme de Christopher Creighton. Je l'ai analysé ici : *Proof WW2 Was a Psyop to Kill Goyim* (La preuve que la Seconde Guerre mondiale était une opération sélective visant à tuer les Goyim). Martin Bormann était un agent "britannique".

https ://henrymakow.com/martin_bormann_was_rothschild.html (réimprimé dans Illuminati 3)

Le journaliste Milton Shulman a conseillé John Ainsworth Davis pour le livre *Op JB*. Il a laissé un récit de 70 pages de cette collaboration dans son autobiographie, *Marilyn, Hitler & Me,* publiée en 1998.

Son authenticité est étayée par le récit que fait Milton Shulman de leur collaboration de sept ans.

Richard Overy, professeur d'histoire moderne, King's College, Londres :

"L'idée que Churchill ait pu autoriser une opération aussi absurde dépasse l'entendement. Je ne peux pas croire que Churchill ait pris le risque de s'aliéner nos alliés en protégeant secrètement quelqu'un d'aussi haut placé que Bormann, alors que tout était mis en œuvre pour appréhender d'autres criminels de guerre".

La réaction du professeur Overy est typique du scepticisme qui a accueilli le livre de John Ainsworth Davis, *Op JB*, avant et après sa publication en 1996. Martin Bormann n'était pas seulement un nazi "de haut rang". Il n'était surpassé que par Hitler. Il contrôlait la machine du parti nazi. Il contrôlait l'argent . En outre, il a encouragé la "solution finale" qui a entraîné la mort de millions de Juifs. L'idée que cet homme ait pu être un agent britannique était plus difficile à supporter pour de nombreuses personnes.

Plus étonnant encore, *Op JB* a été publié par une grande maison d'édition, Simon and Schuster. Comment cela est-il possible ?

Milton Shulman (1913-2004) a été le critique dramatique du *London Evening Standard* pendant 38 ans. Pendant la guerre, il a servi dans les services de renseignements militaires en établissant le profil de l'ordre de bataille de la Wehrmacht. En 1989, après avoir écrit sur son expérience de la guerre, il a reçu une lettre de "Christopher Creighton". C'est le début d'une collaboration de sept ans qui aboutit à la publication d'*Op JB* en 1996.

Le récit détaillé de 70 pages (*Martin Bormann et l'or nazi*) que Shulman a publié dans son autobiographie répond à de nombreuses questions sur ce livre, le plus controversé et le plus révélateur de la Seconde Guerre mondiale.

Au moins trois grands éditeurs ont pris une option sur le livre et l'ont reniée avant que Simon and Schuster n'achète les droits lors d'une vente aux enchères pour environ 250 000 dollars.

En 1983, le quotidien allemand *Stern* avait payé 6 millions de dollars pour le Journal d'Hitler, qui s'est avéré être un canular. Les rédacteurs en chef concernés ont été licenciés et le professeur Hugh Trevor Roper, qui avait approuvé le journal, a été humilié. Craignant que Creighton ne soit lui aussi un mystificateur, il fut soumis à de nombreuses reprises à des interrogatoires de la part d'éditeurs méfiants. Shulman écrit :

> "Quoi que Creighton décrive, qu'il s'agisse d'un itinéraire, d'une conversation, d'une pièce d'équipement technique complexe comme les instruments infrarouges, des faits infimes ont été fournis pour justifier l'authenticité. Au cours des sept années passées à suivre les récits (de Creighton), j'ai constaté une étonnante cohérence dans cette myriade de détails, et sous les questions de nombreux experts, il a rarement hésité". (p. 126)

Creighton a produit des lettres de Churchill, Ian Fleming et Lord Mountbatten (tous morts à l'époque) confirmant l'authenticité de l'opération. Mountbatten lui a envoyé un mémorandum énumérant tout le personnel ayant participé à l'opération et confirmant que Creighton et Fleming "ont escorté Martin Bormann hors du bunker et se sont enfuis en aval sur les rivières Spree et Havel, arrivant sur la rive ouest de l'Elbe pour mettre les forces alliées à l'abri le 11 mai..." (p.133).Lorsque les éditeurs ont mis en doute l'authenticité de ces lettres, Creighton a produit une déclaration sous serment de "Susan Kemp", le troisième commandant de l'opération, qui a finalement comparu en personne devant les éditeurs. "Non seulement Susan Kemp était le troisième commandant des kayaks qui amenaient Bormann à Potsdam, mais elle était aussi le contrôleur des renseignements de Bormann lorsqu'il est arrivé en Angleterre et elle a fini par prendre la place de Morton à la tête de la section M." (155)

Lorsque le livre est enfin paru, l'accueil critique a été "épouvantable". Personne ne pouvait croire qu'une "fantaisie aussi puérile était un fait" ni comprendre comment un éditeur aussi réputé que Simon and Schuster pouvait publier "un tel ramassis d'absurdités". (160) Pourtant, lorsque Creighton offrit une récompense de 30 000 dollars à quiconque pourrait démystifier l'histoire, personne n'essaya.

Malgré la réaction des critiques, le livre s'est vendu à environ un million d'exemplaires dans le monde entier, mais aucun film n'a été réalisé. Il est probable que le MI6 ait orchestré la campagne visant à discréditer le livre. Un autre livre prétendant que Bormann était mort à Berlin est paru exactement à la même époque, et avant cela, le MI6 avait produit un Bormann qui a ensuite été révélé comme un canular.

POURQUOI LES ILLUMINATI ONT-ILS LAISSÉ CREIGHTON PRODUIRE CE LIVRE ?

Churchill avait donné à Creighton l'autorisation d'écrire cette histoire après sa mort, "en omettant, bien sûr, les sujets dont vous savez qu'ils ne pourront jamais être révélés".

Churchill a peut-être éprouvé un attachement sentimental à l'égard d'une personne que lui, Mountbatten et Morton avaient exploitée sexuellement dans sa jeunesse. Ils voulaient peut-être que Creighton soit reconnu et récompensé comme il se doit pour les services illustres qu'il a rendus aux Illuminati. Mais surtout, je pense qu'ils avaient confiance dans la façon dont l'histoire avait été racontée. Bormann avait soi-disant accepté de remettre tous les biens nazis à l'étranger afin qu'ils puissent être restitués à leurs propriétaires légitimes en échange d'une escorte sûre vers l'Angleterre et d'une protection et d'une sécurité en tant qu'immigrant britannique. (133)

En réalité, nous savons que le butin n'a pas été restitué, comme l'avaient promis Creighton et Fleming. Il a été conservé par les Illuminati, dont de nombreux nazis. Shulman écrit :

"Des millions, voire des milliards de fonds allemands ont été détournés par la section Morton (MI6) et la CIA, et il ne restait plus grand-chose pour les victimes spoliées..." (167) En Angleterre, Bormann a eu recours à la chirurgie plastique et à une nouvelle identité et a continué à être ce qu'il avait toujours été, un agent des Illuminati. Il a effectué plusieurs voyages en Amérique du Sud entre 1945 et 1956 où il a fait avancer la cause nazie.

Lorsque les choses deviennent trop chaudes en Angleterre en 1956, son alias meurt commodément et il s'installe définitivement en Argentine. Sa santé commence à décliner et il meurt au Paraguay en février 1959, à l'âge de 59 ans."

Ainsworth Davis, décédé en novembre 2013, a ensuite écrit une préquelle à *Op JB* que Greg Hallett a publiée en 2012. J'ai trouvé qu'il contenait peu d'informations nouvelles sur les Illuminati.

CONCLUSION

Même si les nazis ne le savaient pas, ils étaient contrôlés au sommet par le cartel bancaire juif des Illuminati basé à Londres. Hitler et Bormann étaient tous deux des traîtres, et c'est la véritable raison pour laquelle ils ont été sauvés après la guerre. Il est absurde de penser que les Alliés avaient besoin de la signature de Bormann pour récupérer les trésors pillés par les nazis et entreposés dans les banques suisses.

Martin Bormann et Hitler étaient des agents des Illuminati. Le but de la guerre était de tuer les "meilleurs des goyim", de massacrer suffisamment de Juifs pour justifier Israël, de détruire le nationalisme allemand et de créer l'ONU.

Les guerres sont conçues et orchestrées par les Illuminati pour faire avancer le règne de Satan sur la planète Terre. Nous sommes littéralement possédés par Satan.

L'Holocauste et la crucifixion de David Irving

Soixante millions de païens sont morts pendant la deuxième guerre mondiale. Ce fut un véritable holocauste des Gentils. Six millions d'antisémites (nazis) sont morts. Les sionistes ont organisé l'holocauste pour forcer les Juifs à fonder Israël. Les sionistes l'utilisent à des fins politiques, c'est pourquoi de nombreuses personnes nient qu'il ait eu lieu. Ils pensent que les nazis aimaient tellement les Juifs qu'ils les logeaient et les nourrissaient gratuitement. Ma mère s'est cachée pendant que ses voisins étaient rassemblés par les nazis. À travers ses volets, elle les a vus défiler devant sa fenêtre.

David Irving n'est pas un "négationniste". Dans une confession de 2009 - *https ://www.bitchute.com/video/iYSaATOqtBOT/* - il a reconnu qu'environ deux millions de Juifs ont été gazés dans quatre camps.

Alors pourquoi est-il persécuté ?

DAVID IRVING | PARLER FRANCHEMENT

David Irving parle de sa carrière, de sa vie et de sa famille.

David Irving, 86 ans, a publié en 2009 une confession de deux heures dans laquelle il explique que l'histoire est un monopole juif. Les historiens qui promeuvent ce récit (Martin Gilbert, Ian Kershaw, etc.) sont récompensés par des critiques élogieuses et des ventes.

Les historiens qui tentent de découvrir la vérité sont ostracisés. Le crime d'Irving est d'déterré des documents montrant qu'Hitler n'était pas au courant de l'Holocauste et qu'il ne l'avait pas ordonné. Cette affirmation est fallacieuse puisque même Irving admet que les nazis ont produit des documents pour dissimuler leur culpabilité. Il a interrogé les partisans d'Hitler et leur culte du héros a déteint sur lui.

Pour son crime, Irving a été persécuté sans relâche par la juiverie organisée. Il a été attiré à Vienne et emprisonné en isolement pendant 400 jours. Il se doutait du danger, mais il y est allé quand même ! Il en a profité pour écrire un livre de mémoire !

Irving affirme que l'"Holocauste" était une campagne de marketing juive. Il n'y a eu aucune mention de l'"'Holocauste" avant 1972. Néanmoins, comme le montre l'article ci-dessous , il croyait que deux millions de Juifs avaient été gazés pour piller leurs richesses. Il a stupidement poursuivi Debra Lipstadt pour diffamation et a perdu tout ce qu'il possédait, y compris ses dossiers.

Comment peut-il être aussi ignorant du contrôle maçonnique juif sur le système judiciaire ? Puis il dit stupidement qu'il le referait ! Il est vraiment imprudent. Il décrit comment l'équipe de Lipstadt, financée par le sataniste Steven Spielberg, a essayé de le déstabiliser avant le procès en exploitant le suicide de sa fille handicapée. Ces juifs croient que la fin justifie les moyens.

Que l'on soit d'accord ou non avec lui, David Irving est un prodige. Sa mémoire est encyclopédique.

David Irving, 86 ans, a été vilipendé par la juiverie organisée comme un "négateur de l'holocauste", mais son véritable crime a été de faire des recherches originales.

Quelqu'un a dit que "l'histoire est de la propagande sur le passé" et, tout en affirmant qu'il y a eu des gazages, Irving s'est écarté de la ligne du parti. Il s'interroge sur le nombre de Juifs morts à Auschwitz et sur le fait que les exterminations ont été effectuées sous les ordres d'Hitler. Il affirme qu'Hitler a toujours essayé d'atténuer ou d'arrêter la violence contre les Juifs.

En 2009, Irving a réalisé un film autobiographique de deux heures intitulé "Confession", que je recommande vivement. C'est un génie, le meilleur que la Grande-Bretagne puisse produire en termes de caractère et de courage. Son talent d'orateur et sa maîtrise de l'information sont phénoménaux. Cet homme aurait dû être Premier ministre de l'Angleterre. Il fait honte à tous les autres imbéciles, y compris le psychopathe Winston Churchill. La juiverie organisée

doit à David Irving des excuses et des millions de dollars de dédommagement.

En 2005, Irving a été attiré en Autriche par un agent de la police secrète se faisant passer pour un étudiant et a été emprisonné pendant 13 mois. Cela représente 400 jours d'isolement, dans une cellule de 2 mètres sur 2, pour n'avoir rien fait d'autre que de chercher à connaître les faits sur l'holocauste.

Il traite de l'holocauste à partir de 1 hr. 35 minutes dans la confession. Il a trouvé des documents qui confirment que les camps de la "rivière Bug" étaient bien des camps d'extermination, et qu'environ deux millions de Juifs ont été gazés à Treblinka, Sobibor, Belzec, ainsi qu'à Majdanek.

Il se dit "déviationniste" parmi les révisionnistes qui affirment qu'il n'y a pas eu de gazage. Il affirme que ces exterminations, appelées "Opération Reinhard", étaient de nature économique : il s'agissait de piller les Juifs riches pour ensuite les assassiner. Des documents énumèrent les montres en or, les pièces de monnaie, les stylos à plume, etc. accumulés dans le cadre de cette opération.

En ce qui concerne Auschwitz, il cite une source qui affirme que les personnes inaptes au travail ont été gazées, mais il tend à minimiser les chiffres. Il cite un document polonais d'après-guerre qui évalue à 300 000 le nombre de morts pour l'ensemble de la population.

Laurence Rees, auteur de *Auschwitz, a New History (Auschwitz, une nouvelle histoire)* appuie ce point de vue.

"Selon Rees, en 1942, 2,7 millions de Juifs ont été assassinés par les nazis, dont 1,6 million dans les camps de l'opération Reinhard, mais seulement 200 000 Juifs ont été gazés à Auschwitz cette année-là dans deux vieilles fermes reconverties. Rees a écrit que près de la moitié des Juifs tués à Auschwitz étaient des Juifs hongrois qui ont été gazés en l'espace de 10 semaines en 1944. Jusqu'au printemps 1944, les trois camps de l'Opération Reinhard, Treblinka, Belzec et Sobibor, étaient les principaux centres de mise à mort des Juifs par les nazis, et non Auschwitz.

Comme Irving reconnaît que beaucoup d'autres Juifs sont morts par balle, il est difficile de comprendre pourquoi il est considéré comme un "négationniste de l'Holocauste". Même des historiens officiels comme Raul Hilberg estiment que le nombre de Juifs tués est plus proche de cinq millions. Irving suggère que l'holocauste est une affaire de gros sous pour la juiverie organisée et que c'est pour cette raison qu'elle s'est acharnée sur lui. Bien sûr, il est également utilisé pour donner aux Juifs un statut spécial en tant que martyrs.

HITLER

Irving a également été ostracisé pour avoir humanisé Hitler. Il cite Hitler disant qu'il voulait reporter la résolution de la "question juive" à l'après-guerre.

Je ne sais pas pourquoi Irving a poursuivi Deborah Lipstadt en diffamation pour l'avoir traité de négationniste. Comment a-t-il pu espérer obtenir justice ? Il dit que Lipstadt a admis dans une interview qu'ils ont essayé de le "déstabiliser" avant le procès.

Irving raconte comment, le jour où sa fille, âgée de 30 ans et souffrant d'une maladie incurable due à un agent, s'est suicidée, un riche juif lui a envoyé une enveloppe coûteuse portant l'inscription "mort miséricordieuse", faisant référence au programme d'euthanasie nazi. Hitler était une vieille fille juive maçonnique qui souffrait d'une maladie incurable de l'agent et qui s'est suicidée, un riche juif lui a envoyé un manteau coûteux portant l'inscription "une mort miséricordieuse", en référence au programme d'euthanasie nazi.

L'équipe de défense de Lipstadt, qui a coûté 15 millions de dollars, a été financée par des juifs illuminati comme Steven Spielberg.

Irving est resté seul. Le verdict l'a blanchi. Pourtant, lorsque Hollywood a récemment réalisé un film sur ce procès, David, le héros solitaire qui a défendu la vérité contre Goliath, a été présenté comme le méchant. Voilà ce qu'est la juiverie organisée : inverser le bien et le mal. (Le vrai sens du mot "révolution").

Je suis heureux que la confession de David Irving soit enregistrée. Les personnes de caractère et de courage sont une race en voie de disparition dans une culture en voie de disparition. Nous devons l'écouter parler et être inspirés.

Même si je pense qu'Irving est naïf au sujet d'Hitler, il est en général l'un des rares historiens en qui nous pouvons avoir confiance. Comme il le dit, dans cent ans, les gens voudront lire ses livres, parce qu'il a été emprisonné pour les avoir écrits.

En savoir plus : L'euthanasie nazie a précédé l'holocauste - Pourquoi David Irving est-il aveugle au sujet de la franc-maçonnerie (voir mon site web pour ces articles).

La deuxième guerre mondiale dans le Pacifique aurait pu être évitée

L'attaque de Pearl Harbor du 7 décembre 1941 a été fomentée par des juifs communistes de l'administration de FDR pour sauver Staline d'une attaque potentielle du Japon.

36 millions de goyim sont morts.

Comme des mouches pour des garçons dévergondés, nous sommes pour les dieux, Ils nous tuent pour leur plaisir.
Le Roi Lear Acte 4, scène 1

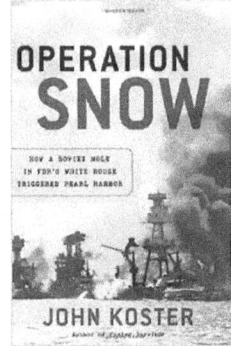

Dans notre cas, les "dieux" sont les banquiers centraux juifs satanistes qui déclenchent toutes les guerres, détruisent des millions de vies et paient ensuite des historiens comme John Koster pour faire passer cela pour une rivalité nationale.

Les banquiers considèrent la guerre comme "révolutionnaire" car elle bouleverse la civilisation et ouvre la voie à leur tyrannie juive communiste, le *Nouvel Ordre Mondial.*

Elle tue les "meilleurs des goyim" (une injonction talmudique) et permet aux banquiers de réaliser d'énormes profits grâce aux munitions et à la dette.

U234 se rendant à l'USS Sutton le 14 mai 1945 pour être escorté jusqu'à Portsmouth NH. Le sous-marin transportait de l'uranium enrichi et d'autres technologies nazies avancées.

Après l'invasion de la Russie par Hitler en juin 1941, les banquiers centraux étaient prêts à détruire l'Allemagne une fois pour toutes. Leur agent, Hitler, avait entraîné l'Allemagne dans une guerre fatale sur deux fronts. Le seul danger était que le Japon, allié des nazis, envahisse la

Russie à partir de l'Extrême-Orient. La Russie serait alors attaquée sur deux fronts.

Pour éviter ce dilemme à leur protégé, Staline, les banquiers doivent provoquer une attaque japonaise contre les États-Unis. Ils instaurent un embargo sur le pétrole et gèlent les avoirs japonais. Le Japon n'a pas envie de faire la guerre aux États-Unis. Ils ont fait une offre de conciliation. En échange de la fin des embargos , le Japon se retire de Chine et n'étend pas son territoire au-delà de l'Indochine française. (pp.123-124) Le Japon et les Etats-Unis rétabliront des relations diplomatiques et commerciales harmonieuses. (132)

John Koster écrit :

> "Les deux parties avaient tout à y gagner : Le Japon ne pouvait pas gagner une guerre prolongée avec les États-Unis, et la plupart des Japonais voulaient quitter la Chine en perdant le moins possible la face, tout en conservant la Mandchourie et la Corée et en repoussant la révolution. Les États-Unis évitaient ainsi une guerre à laquelle ils n'étaient pas préparés". (133)

Le Premier ministre japonais Fuminaro Jonoe demande à rencontrer Roosevelt pour sceller le traité.

UNE TAUPE SOVIÉTIQUE

C'est là qu'intervient l'agent "soviétique" Harry Dexter White (à l'origine Weit), fils de juifs lituaniens, qui était le principal conseiller du secrétaire au Trésor, Henry Morgenthau, lui aussi juif. Morgenthau était proche de Rosenfeld (FDR), un crypto-juif.

"Harry Dexter White" (à l'origine Weit)

Weit rédige une liste de dix exigences que le Japon ne peut accepter sans provoquer une révolution. Il s'agit notamment de se retirer complètement de l'Asie, de reconstruire la Chine, de vendre les 3/4 de sa production de guerre aux Etats-Unis et d'expulser tous les Allemands. (pp.135-136)

Selon Koster, la proposition américaine, basée sur les recommandations de Weit, était "une déclaration de guerre". Six mois après l'attaque d'Hitler contre la Russie, le résultat fut l'attaque japonaise sur Pearl Harbour. Hitler s'est empressé de déclarer la guerre aux États-Unis, ce qui a permis à l'Allemagne de se battre sur deux fronts.

N'oubliez pas qu'Hitler était un agent des Illuminati chargé de détruire l'Allemagne.

Connus sous le nom de *décryptages Venona*, les fils de guerre entre Moscou et l'ambassade soviétique à Washington ont révélé que Harry Dexter White était l'"espion" soviétique connu sous le nom de *Jurist*. (169) (En outre, les transfuges Elizabeth Bentley et Whitaker Chambers avaient confirmé que Weit était un agent communiste dès 1939). Bien que le FBI ait informé la Maison Blanche en 1945, Harry Truman a fait de Weit le premier directeur du Fonds monétaire international en 1946.

Koster présente son histoire comme *"Comment une taupe soviétique à la Maison Blanche de FDR a déclenché Pearl Harbour"*, mais il est clair que la provocation du Japon était la politique de l'administration de FDR comme un stratagème pour entrer en guerre contre l'Allemagne. (137) Koster tente de dépeindre FDR comme un aristocrate "anglo-hollandais", mais les propres actions de FDR révèlent qu'il fait partie du cartel bancaire juif des Illuminati.

En 1933, FDR rétablit les relations diplomatiques avec l'URSS rompues en 1917. En 1935, il fait figurer le symbole des Illuminati avec l'œil de Lucifer sur le billet d'un dollar.

"Certains de mes meilleurs amis sont des communistes", a déclaré FDR lorsqu'un membre du Congrès a tenté de l'alerter sur le danger "imaginaire" du vol, de la subversion et de la trahison pure et simple des communistes au sein de son administration.

Le 2 septembre 1939, Whitaker Chambers a remis au directeur de la sécurité du département d'État, Adolphe Berle (un autre juif), une liste de quatre pages d'agents communistes au sein de l'administration FDR.

Berle les a transmises à FDR qui a fermé les yeux. Il était lui-même un traître.

Pearl Harbour mis à part, les autres contributions de Weit à la tyrannie des banquiers centraux juifs communistes sont impressionnantes :

1. Weit a interrompu le soutien financier à Tchang Kaï-chek "contribuant à la victoire communiste en Chine que les Japonais et les Américains avaient espéré empêcher". (166)

2. Weit a remis les plaques d'impression de la monnaie professionnelle aux Soviétiques afin qu'ils puissent financer leur occupation de l'Allemagne de l'Est. Ils ont utilisé le crédit du contribuable américain pour imprimer suffisamment d'argent pour donner à l'ensemble de leur armée six années d'arriérés de salaire.

3. Weit a contribué à l'élaboration du plan Morgenthau, qui aurait désindustrialisé l'Allemagne et l'aurait réduite à une colonie agricole. FDR l'a imposé à Churchill en lui offrant un pot-de-vin de 6 milliards de dollars pour reconstruire la Grande-Bretagne. Le secrétaire à la guerre Henry Stimson déplorait que Weit et Morgenthau aient "pris le contrôle" de l'administration FDR : "C'est du sémitisme à l'état sauvage pour la vengeance et... cela jettera les bases d'une autre guerre dans la prochaine génération." (167)

Sous le coup d'une enquête de l'HUAC, White s'est suicidé en 1948.

Koster souligne que, outre la vengeance, l'élimination de l'Allemagne a permis de lever l'obstacle à l'expansion communiste dans toute l'Europe occidentale. Cependant, les Illuminati ont remplacé le plan Morgenthau par le plan Marshall après avoir décidé de fabriquer la "guerre froide" et de faire subir à l'humanité 50 années supplémentaires de misère et de gaspillage.

CONCLUSION

Harry Dexter Weit était un serviteur efficace du satanisme. Il a contribué à déclencher l'inutile guerre du Pacifique, qui a fait 36 millions de morts, soit la moitié du total de la Seconde Guerre mondiale. La guerre était "progressiste" et "révolutionnaire" parce qu'elle faisait avancer la cause de l'hégémonie juive maçonnique.

Un parasite diabolique suceur de sang a pris le contrôle de l'humanité et nous a trompés en nous faisant croire que la guerre est naturelle et que la résistance est de la "bigoterie".

Bormann a fourni de l'uranium nazi pour les bombes atomiques américaines

Une preuve supplémentaire que la Seconde Guerre mondiale était une mascarade destinée à tuer les goyim et à détruire leurs nations...

Scellées dans des cylindres "recouverts d'or", elles contenaient 1 120 livres d'uranium enrichi étiqueté "U235", la matière fissile à partir de laquelle sont fabriquées les bombes atomiques.

Le livre *Critical Mass* explique comment ces composants de la bombe nazie ont ensuite été utilisés par le projet Manhattan pour fabriquer la bombe à l'uranium larguée sur Hiroshima et la bombe au plutonium larguée sur Nagasaki.

Martin Bormann a organisé le transfert de technologies nazies avancées aux États-Unis à la fin de la Seconde Guerre mondiale. C'est une preuve supplémentaire que Martin Bormann était un agent des Illuminati et que la Seconde Guerre mondiale n'était qu'une mascarade.

Bormann était un agent banquier cabaliste qui a subverti l'effort de guerre nazi. Hitler l'a protégé. Les deux hommes étaient des traîtres allemands.

Le transfert de technologie a été révélé dans le livre *Critical Mass* (1998) de Carter Hydrick. Ce livre a été largement ignoré en raison de sa vérité dérangeante. En outre, Hydrick, un chercheur méticuleux, n'a pas souligné l'importance de ses découvertes comme je l'ai fait. Il s'est plutôt concentré sur les détails de la production de la bombe atomique américaine, les mouvements de Bormann, le journal de bord de l'U234, etc. pour prouver ses dires.

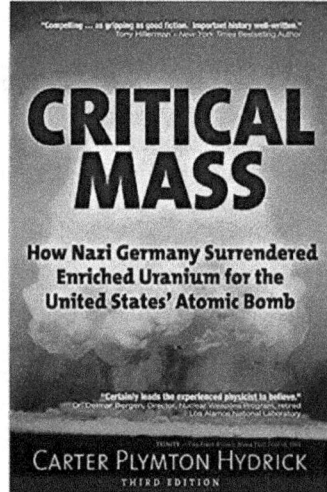

Kirkus Reviews propose un excellent résumé du livre de Hydrick :

Un regard radicalement révisionniste sur la course à la bombe atomique pendant la Seconde Guerre mondiale.

"Selon l'histoire conventionnellement admise, les États-Unis ont été le premier pays à inventer une bombe atomique, ce qui leur a permis de gagner la guerre contre les puissances de l'Axe. Cependant, l'auteur Hydrick affirme que le gouvernement américain n'a pas été en mesure de produire suffisamment d'uranium enrichi ni le mécanisme de déclenchement nécessaire à la fabrication d'un engin pleinement fonctionnel."

En outre, il affirme que l'Allemagne hitlérienne disposait de suffisamment d'uranium de qualité militaire, mais qu'elle a finalement pris la décision calculée qu'il n'était pas dans son intérêt de l'utiliser, car elle aurait risqué l'équivalent de 2 milliards de dollars pour ce qui n'était au mieux qu'une tentative d'évasion.

Au contraire, écrit l'auteur, l'Allemagne avait l'intention soit d'utiliser la bombe achevée comme moyen de pression dans les négociations, soit de la remettre au Japon. L'auteur affirme que Martin Bormann, adjoint d'Hitler, a bien tenté de négocier un accord avec le Japon, mais qu'il s'est finalement arrangé en secret pour remettre le matériel aux États-Unis.

En bref, ce livre affirme que l'Amérique a perdu la course aux armements et que, sans le transfert technologique de l'Allemagne, la conséquence aurait pu être une Union soviétique plus puissante.

Dans cette troisième édition de son livre, Hydrick répond à la critique selon laquelle, si son récit était vrai, il y aurait eu des quantités massives d'uranium non utilisé, alors qu'on n'en a jamais trouvé.

Mais en fait, dit-il, 126 000 barils ont été découverts, ce qui confirme sa thèse. Les théories de Hydrick sont aussi provocantes que méticuleuses ; contrairement à d'autres chercheurs qui se sont concentrés sur des récits personnels et des documents des Archives nationales, il a passé au peigne fin les registres de production d'uranium, les documents d'expédition et les registres de fabrication métallurgique qui ont été largement négligés par d'autres. Le récit qui en découle se lit comme un drame captivant ... ce livre marque un tournant dans l'histoire de la recherche sur la bombe atomique, et aucune étude future ne pourra ignorer de manière crédible ses affirmations convaincantes.

Une rareté dans la littérature académique, un livre véritablement original sur un sujet profondément important".

AUTRES BIENS

Outre l'uranium enrichi, l'U234 transportait également les plans, les pièces et le personnel nécessaires à la construction des fusées V4, des avions à réaction Messerschmidt 262 et même de l'avion stratosphérique Henschell 130. (p. 294) Le *projet Paperclip*, le recrutement de scientifiques nazis sur le site , s'inscrivait dans la continuité de ce transfert de technologie.

Hydrick affirme que l'usine de caoutchouc Buna à Auschwitz était en fait une usine d'enrichissement de l'uranium. Elle consommait plus d'électricité que toute la ville de Berlin et n'a jamais produit de caoutchouc. (72)

Il dit que le sous-marin a déposé Bormann en Espagne. Toute l'opération était déguisée en transfert de technologie vers le Japon. Deux attachés navals japonais présents à bord ont été autorisés à se suicider lorsqu'ils ont été informés de la véritable destination.

Hydrick a trouvé des archives qui prouvent la complicité des États-Unis avec les nazis. Les États-Unis étaient au courant des progrès de l'U234 et ont protégé le sous-marin. Ils savaient où se trouvait Bormann. (270) Hydrick affirme que des documents clés manquent dans les archives qu'il a visitées.

Hydrick conclut : "Pour croire qu'une grande partie des actions décrites dans ce livre se sont réellement produites, il faut croire que le gouvernement des États-Unis, sous une forme ou une autre et à un niveau élevé, était de mèche avec Martin Bormann et ceux qui ont participé à son évasion". (269) C'est effectivement le cas. Comme pour le sauvetage de Bormann à Berlin par les Britanniques, le transfert de technologie a été présenté comme un échange pour la sécurité de Bormann (et d'Hitler ?) après la guerre. Bormann était un agent "allié" depuis le début.

Les nazis étaient une fausse opposition. Au sommet, ils travaillaient pour les banquiers Illuminati qui contrôlent à la fois le fascisme et le communisme. Les guerres sont inventées par les francs-maçons des deux camps à des fins de profit, de destruction et de dépeuplement. Les guerres sont des offrandes à Satan.

Les nazis n'ont jamais été détruits

Paul Manning, éminent journaliste des MSM, a été persécuté pour avoir révélé en 1981 que la Seconde Guerre mondiale n'était qu'une mascarade.

Avec la coopération des Alliés, Martin Bormann a assuré la renaissance économique de l'Allemagne après la guerre en transférant les richesses nazies à l'étranger. Lui et Hitler ont probablement survécu. C'est une preuve supplémentaire que, au sommet, les Nazis et les Alliés étaient contrôlés par les mêmes personnes, les banquiers juifs des Illuminati (sabbatéens franquistes). Le but de la guerre en général est de tuer les patriotes juifs et goys non maçonniques, de dégrader et de démoraliser l'humanité, d'augmenter la dette et de consolider le pouvoir entre les mains des banquiers.

Pourquoi les gens hésitent-ils à croire que l'humanité est sous l'emprise des satanistes ? L'histoire moderne a été (et est toujours) l'enfer sur terre pour des millions de personnes. Ce ne sont pas des enfants de chœur qui l'ont fait.

L'empire nazi sabbatéen frankiste après la Seconde Guerre mondiale est le titre d'une vidéo à voir absolument, réalisée par Dave Emory. J'ai trouvé cette critique dans les commentaires. Dave mérite d'être félicité pour avoir, à lui seul, maintenu cette histoire cruciale en vie. Naturellement, ils veulent l'étouffer.

La vérité sans fard

Critique de l'ouvrage de Paul Manning, Martin Bormann : *Nazi en exil* 1981

Par John C. Sanders (sur Amazon.com)

Anticipant la défaite du Troisième Reich, le Reichsleiter Martin Bormann a créé 750 sociétés dans des pays neutres, destinées à recevoir les liquidités de l'Allemagne ainsi que les brevets et autres informations industrielles exclusives.

Génie de l'organisation et véritable soutien d'Hitler, Bormann, surnommé "l'Éminence grise", a réussi à fuir l'Europe pour l'Amérique du Sud et à administrer un "Reich en exil" dans les années qui ont suivi la guerre.

Avec les restes de la SS comme bras armé, l'ancien chef de la Gestapo, le général Heinrich Mueller, comme directeur de la sécurité, 750 entreprises comme base du pouvoir économique et le silence et la coopération des Alliés occidentaux, Bormann a guidé son organisation vers une position de pouvoir consommé.

Un banquier cité par Manning a qualifié l'Organisation Bormann de "plus importante accumulation de puissance monétaire sous un même contrôle dans l'histoire".

Contrôlant les grandes entreprises allemandes, la République fédérale elle-même et une grande partie de l'Amérique latine, l'Organisation Bormann entretenait également un formidable cercle d'influence aux États-Unis.

Paul Manning a écrit le texte définitif sur l'organisation Bormann. Manning a travaillé pour la radio CBS pendant la Seconde Guerre mondiale à Londres en tant que membre de l'équipe d'élite Edward R. Murrow/Walter Cronkite, avant de devenir rédacteur de discours pour Nelson Rockefeller.

DÉCOUVERTE

Plusieurs décennies après la Seconde Guerre mondiale, Manning est tombé sur les interviews de membres de magnats de l'industrie et de la banque allemandes réalisées par l'armée américaine dans le cadre du CSDIC (Combined Services Detailed Interrogation Centers) et conservées dans les archives nationales américaines. Consterné par les résultats, Manning a décidé d'écrire un livre sur les machinations secrètes du blanchiment d'argent nazi.

À l'insu de Manning, le manuscrit était un pieu dans le cœur de l'ancien directeur de la CIA, Allen Dulles, qui représentait de nombreux intérêts allemands des deux côtés de l'Atlantique dans les années 1930 et 1940, par l'intermédiaire de son cabinet d'avocats Sullivan and Cromwell, avec des bureaux à New York et à Berlin.

Lors de la capitulation allemande, Dulles a contribué à recruter discrètement le chef des services de renseignement d'Hitler, le général Reinhard Gehlen, et un grand nombre de ses principaux agents.

Ils ont été amenés à Fort Hunt, en Virginie, et intégrés à l'O.S.S. américain, qui a été transformé en CIA avec la promulgation par Truman de la NSC68 en 1948. Gehlen est resté clandestinement au service des États-Unis jusqu'à son retour à la tête du BND allemand dans les années cinquante. Il a confirmé que Bormann était un agent "soviétique" dans son livre *"The Service"* (1972).

https ://henrymakow.com/hitler_and_bormann_were_traito.html

Craignant que l'enquête de Manning ne soit rendue publique, Dulles s'est porté volontaire pour "aider" Manning, qui ne se doutait de rien, à rédiger son manuscrit, et l'a envoyé à la recherche de Martin Bormann en Amérique du Sud. Sans savoir qu'il avait été délibérément détourné de sa route, Manning a écrit une préface à son livre dans laquelle il remercie personnellement Allen Dulles de lui avoir assuré que "j'étais sur la bonne voie" et que "je devais continuer".

En réalité, l'aide de Dulles visait à envoyer Manning et son manuscrit dans l'obscurité afin d'éviter la divulgation du transfert et de la protection de l'argent nazi.

HISTORIQUE DE LA PUBLICATION

Grâce à ses relations avec les grandes entreprises américaines, le groupe Bormann a réussi à faire pression sur les éditeurs pour qu'ils refusent le manuscrit de Manning. La famille Thyssen a joué un rôle particulièrement important dans la suppression du livre de Manning.

(Son petit-fils, le comte Zichy Thyssen, qui contrôlait Thyssen Steel depuis sa base en Argentine, a fait savoir qu'il apprécierait beaucoup que les éditeurs américains "restent à l'écart" du texte de Manning.

Manning a finalement trouvé un refuge pour son livre auprès de la maison d'édition anticonformiste Lyle Stuart. En représailles, le directeur de la maison d'édition s'est fait casser les jambes la semaine de la sortie du livre et les critiques du livre ont été bloquées dans les principaux marchés de la presse et dans les publications grand public. En 1993, après une nouvelle décennie de recherches intenses, Jerry, le fils de Manning, a été assassiné de manière insensée et inexplicable.

Sur la base d'informations recueillies auprès de ses contacts dans la communauté du renseignement, Manning a conclu que l'assassinat était une mesure de représailles pour la poursuite de son travail et son intention de publier un livre complémentaire, "In Search of Martin Bormann" (À la recherche de Martin Bormann). La mort de son fils a dévasté Manning et l'a empêché d'achever son deuxième livre. Il est décédé peu de temps après, en 1995.

En décembre 1998, Dave Emory, chercheur et animateur californien, a réalisé une interview radiophonique en direct ... avec Peter, le fils survivant de Manning, au sujet de l'organisation du capital volant de Bormann et du travail de son père qui a permis de mettre en lumière ses activités. Peter a raconté de manière émouvante les difficultés rencontrées par sa famille à la suite du travail de son père sur le livre.

Outre la surveillance et le harcèlement, la famille a connu des difficultés économiques et mentales en raison des efforts délibérés d'éléments hostiles à son message. Pour des raisons évidentes, les copies de ce livre ont été assidûment retirées du marché et sont, depuis un certain temps, introuvables.

LES ALLIÉS ONT FINANCÉ LES NAZIS

En août 1934, l'American *Standard Oil* en Allemagne a acquis 730 000 acres de terrain et a construit de grandes raffineries de pétrole qui ont approvisionné les nazis en pétrole.

Dans le même temps, l'Allemagne reçoit secrètement des États-Unis les équipements les plus modernes pour les usines aéronautiques, qui commenceront à produire des avions allemands. L'Allemagne reçoit un grand nombre de brevets militaires des firmes américaines *Pratt et Whitney, Douglas, Curtis Wright*, et la technologie américaine construit le Junkers 87.

En 1941, alors que la Seconde Guerre mondiale faisait rage, les investissements américains dans l'économie allemande s'élevaient à 475 millions de dollars.

Standard Oil a investi 120 millions, *General Motors* 35 millions, *ITT* 30 millions et *Ford* 17,5 millions. L'étroite coopération financière et économique entre les milieux d'affaires anglo-américains et nazis a constitué le contexte dans lequel, dans les années 30, une politique d'apaisement a conduit à la Seconde Guerre mondiale.

PREMIER COMMENTAIRE D'UN ANONYME

(Avertissement : la publication de ces extraits ne constitue pas une approbation. Faites-vous votre propre opinion).

"Le livre de Manning est dépassé. La diaspora nazie est connue de tous en Amérique du Sud. Harry Cooper tombe sur la progéniture de tous les réfugiés nazis.

Le gouvernement américain a embauché des nazis en masse. Personne n'a dit aux habitants de l'Iowa qui pleuraient leurs fils disparus que le Reich avait quitté Berlin pour s'emparer de Washington. Gehlen a dirigé la CIA en Europe. Un nazi a dirigé le Pentagone jusqu'à un âge avancé.

Les nazis dirigeaient Bell Helicopter, la NASA et d'autres organisations. Le survol de la Maison Blanche par un OVNI en 1952 était une escouade de soucoupes nazies qui expliquait qui était le patron. Un espion nazi est devenu président des États-Unis. Le Reich a envoyé un adolescent, Scherff, pour espionner Tesla. Nous savons que Scherff est George H.W. Bush. Le garde du corps d'Hitler, Otto Skorzeny, a laissé des preuves documentaires de sa véritable identité. Le clan Bush l'a falsifiée.

... Les satanistes sont des menteurs, c'est pourquoi l'un d'entre eux (H.W. Bush) est devenu commandant en chef, après avoir dirigé l'ambassade de Chine et la CIA. Scherff a exercé plusieurs mandats à la Maison Blanche. Il a géré les étapes de Reagan, Clinton et Obama. Son mandat personnel a été une usurpation illégale par un étranger né à l'étranger, un étranger ennemi avec de faux antécédents familiaux.

Cela vous rappelle quelque chose ? Obama était un bébé de la secte sexuelle Subud. La secte avait un agent dans les registres d'état civil d'Hawaï. La femme d'Obama était un homme. Ses filles ont été "empruntées" à une autre famille pour les relations publiques. Obama a récemment revêtu un "costume de fête" satanique, c'est-à-dire une robe rituelle. Nous voyons l'esprit d'Hillary cuisiner. La femme de Scherff, Barbara Bush, était la fille du culte sexuel rituel de Crowley.

Elle a déclaré à la télévision que si l'on critiquait son mari, "on était mort". Scherff a adressé un geste tranchant à Trump en direct à la télévision. C'est la façon de faire de la secte. Scherff a aidé à tuer JFK et plus tard JFK Jr avec une bombe aérienne pour effacer la course au Sénat d'Hillary. La démocratie est une plaisanterie pour les satanistes.

Reagan a été maîtrisé par une tentative d'assassinat visant à placer le vice-président Scherff au pouvoir. Par la suite, Reagan a obéi aux ordres comme un bon petit garçon.

Le véritable gouvernement est la secte. Son pouvoir découle de la tromperie des masses avec de fausses politiques et une histoire bidon. George Soros, collaborateur des nazis, finance aujourd'hui les chemises brunes d'Antifa.

Antifa signifie antifasciste. Le nazisme est un socialisme national, le communisme est un socialisme international, et l'homosexuel Hitler a cherché à travailler avec les deux. Les financiers d'Hitler étaient aussi ceux de Lénine. Ils ont présenté au monde un faux choix entre socialisme et socialisme. "Qu'il se batte avec toi."

Pierre Elliot Trudeau était aussi un traître communiste

Une lettre de suicide manuscrite laissée par Fidel Castro Diaz-Balart, 68 ans, l'aîné des enfants légitimes de Fidel Castro, semble confirmer la rumeur qui court depuis longtemps à Cuba selon laquelle Fidel Castro serait le père de Justin Trudeau.

La mort de ce scientifique nucléaire de haut niveau, également connu sous le nom de "Fidelito", ou "petit Fidel", en raison de sa ressemblance avec son père, a stupéfié la nation, mais c'est sa lettre de suicide "explosive" qui a fait parler d'elle à La Havane.

Au milieu d'un large éventail de plaintes, la note suggère que Fidelito était en colère contre son défunt père, le dictateur révolutionnaire cubain. Fidelito a écrit que son père, Fidel Castro, "me comparait toujours défavorablement à Justin" et "rejetait mes réalisations par rapport à son succès au Canada".

> "Mais que pouvais-je faire ? Je suis cubain. Mon frère est canadien. S'il était né et avait grandi à Cuba, il aurait vécu dans l'ombre de notre père pour toujours, tout comme moi."

https ://thepeoplesvoice.tv/bombshell-evidence-proves-justin-trudeau-is-fidel-castros-son/

Le "père" cocu de Justin, Pierre Elliot Trudeau (1919-2000), a été Premier ministre du Canada de 1968 à 1979 et de 1980 à 1984.

Son dossier a été détruit parce qu'il était un agent communiste (Illuminati). Trudeau a pris les premières mesures pour normaliser l'homosexualité et faire des Canadiens européens une minorité, c'est-à-dire en instaurant le "multiculturalisme".

En 1968, le transfuge russe Igor Gouzenko a averti que Trudeau "deviendrait un autre Castro et transformerait le Canada en un autre

Cuba". L'enfant chéri de Castro a suivi les traces de Trudeau et a été détesté de la même manière.

Steve Hewitt, maître de conférences à l'université de Birmingham, a critiqué le SCRS pour avoir envoyé le dossier du premier ministre "dans un trou de mémoire orwellien". Il a qualifié la purge du dossier de "crime contre l'histoire du Canada" et a déclaré que de telles actions étaient "attendues d'un État autoritaire et non d'une démocratie digne de ce nom".

La main des Illuminati :
Signifie sa loyauté envers Satan

Un dossier sur l'ancien Premier ministre Pierre Trudeau, constitué par le service de sécurité de la Gendarmerie royale du Canada (GRC), alors agence d'espionnage du pays, a été détruit en 1989 et n'a donc pas été versé aux archives nationales comme il aurait dû l'être.

Le dossier aurait été mis à la disposition du public en septembre 2020. Le SCRS (Service canadien du renseignement et de la sécurité) a affirmé que les dossiers de M. Trudeau et des anciens Premiers ministres Lester Pearson et John Diefenbaker avaient été détruits dans l'intérêt de la "vie privée" et parce que la GRC avait été "trop zélée" dans le contexte de la guerre froide. Les trois premiers ministres étaient francs-maçons. Toutes les agences de renseignement travaillent pour les Rothschild, et non pour les gouvernements nationaux qui les financent.

Cependant, le dossier du FBI concernant PET a été rendu public il y a dix ans et a révélé un plaidoyer constant en faveur des causes communistes et des fréquentations avec des dirigeants communistes.

IGOR GOUZENKO

En 1968, à la veille de l'accession de Pierre Elliot Trudeau à la direction du parti libéral et au poste de Premier ministre, Igor Gouzenko (1919-1982) publie un dossier dans lequel il affirme que PET est un dangereux communiste.

Igor Sergeyevich Gouzenko était commis au chiffrage à l'ambassade soviétique au Canada à Ottawa, dans l'Ontario. Il a fait défection le 5 septembre 1945, trois jours après la fin de la Seconde Guerre mondiale, avec 109 documents détaillant les activités d'espionnage de l'URSS en Occident. Cela s'est avéré très embarrassant, car les dirigeants occidentaux étaient tous des communistes secrets (francs-maçons). Lester Pearson, l'homme qui a mené PET au pouvoir, a été démasqué par Elizabeth Bentley, une transfuge du KGB, comme étant un atout russe.

Les traîtres mondialistes ont décidé de prendre un citron et d'en faire de la limonade. Ils ont utilisé les révélations de Gouzenko pour relancer la fausse "guerre froide".

Igor Gouzenko

Vivant dans la clandestinité, Gouzenko a averti que PET avait été interdit de séjour aux États-Unis en tant que communiste. Il a déclaré que les idées de PET étaient empruntées à Mao et à Lénine. Ses écrits académiques étaient tous pro-communistes. Il a menacé de refuser du nickel aux États-Unis en raison de la guerre du Viêt Nam.

PET avait eu un comportement suspect dans sa jeunesse. Il a assisté à des conférences au Kremlin, s'est rendu sur le site pendant la guerre du Viêt Nam et a été appréhendé par les garde-côtes américains alors qu'il tentait de rejoindre Cuba à la rame avant la Baie des Cochons.

Le Premier ministre Lester Pearson a refusé que le FBI interroge Gouzenko. Il nomme l'homosexuel Robert Bryce ministre adjoint des Finances. À ce poste, Bryce a supprimé le service international de la CBC qui était diffusé en URSS. Bryce avait fait partie d'un groupe d'étude communiste à Washington DC.

JUSTIN TRUDEAU CASTRO

Les Illuminati sont des déviants sexuels. Ils abusent de leurs propres enfants dans le cadre du processus de lavage de cerveau. Il est suggéré que c'est ce qui est arrivé à Justin.

Dans son livre *Trance-formation of America* (1995), Cathy O'Brien, survivante du MK-ULTRA, affirme que de nombreux dirigeants mondiaux, dont Pierre Trudeau et Brian Mulroney, sont des pédophiles. Elle les a rencontrés au cours de sa vie d'esclave sexuelle entraînée (avec sa jeune fille) au service de politiciens de premier plan. D'autres sources confirment les allégations de Cathy O'Brien.

Le mariage de Pierre avec Margaret en 1968 a été "arrangé" par l'armée. Le couple a été programmé avec du LSD dans une ferme isolée de Colombie britannique. Cela pourrait expliquer pourquoi Margaret a été transmise à Fidel Castro.

Justin a rencontré son vrai père Fidel Castro lors des funérailles.
Le visage d'une mère ne ment pas.

L'éloge funèbre de Justin à la mort de Fidel a provoqué un scandale et de nombreuses parodies.

Justin a loué son père pour avoir "servi son peuple", oubliant que Castro a assassiné environ 140 000 personnes et réduit son pays à l'état de servitude policière et à la misère. Castro était milliardaire tandis que les médecins gagnaient quelques centimes en travaillant pour leurs "camarades". La Havane est une capsule temporelle en ruine datant de 1958.

Fidel Castro était-il le père de Justin Trudeau ?

https ://www.winterwatch.net/2024/03/was-fidel-castro-justin-trudeaus-daddy/

Livre quatre

Les Illuminati observés

Kay Griggs - L'armée américaine est une opération de la mafia dirigée par des obsédés sexuels cabalistes

Ken Adachi : "Chaque citoyen américain doit écouter l'intégralité de l'interview vidéo de Kay Grigg, qui a duré huit heures en 1998, pour comprendre la dégénérescence et l'asservissement complets ont eu lieu au sein de la structure de commandement supérieure de l'armée, de la marine et des marines, en raison de la subversion des cinquièmes colonnes sionistes".

Les révélations de Kay Grigg, en 1998, sur le contrôle de l'armée américaine par les constituent l'une des révélations les plus troublantes sur l'"État profond". Kay Pollard Griggs est l'ancienne épouse du colonel George Griggs, chef des opérations spéciales sous l'autorité de l'amiral Kelso de l'OTAN.

Kay Pollard Griggs

Le colonel George Griggs, diplômé de Princeton (promotion 1959) et du Collège de défense de l'OTAN à Rome, était un espion et un assassin des opérations spéciales depuis la guerre du Viêt Nam.

Sur la base d'innombrables révélations faites par le colonel Griggs alors qu'il était en état d'ébriété, Kay Griggs a rapporté dans une longue interview en 1998 que l'armée américaine était dirigée par des déviants sexuels, principalement des homosexuels, et que l'armée américaine elle-même était une opération de manipulation mentale.

La première partie des quatre entretiens menés en 1998 par le pasteur Rick Strawcutter comprend des descriptions par Grigg de son propre harcèlement collectif (organisé par l'armée) ainsi que des opérations de contrôle mental et des cultes qui opèrent au sein de la culture militaire américaine.

1. Aux plus hauts niveaux du corps des Marines et de l'armée dans les forces d'opérations spéciales, les individus font tous partie de la mafia de Brooklyn-New Jersey. Mon mari, le général Al Gray, le général Sheehan, Heinz Kissinger, Caspar Weinberger... font partie d'un groupe de sionistes venus d'Allemagne (dans le cadre de l'opération Paperclip et d'autres).

Ils font beaucoup de blanchiment d'argent dans les banques, des transactions en espèces dans les banques pour les drogues qu'ils apportent. Les militaires sont tous impliqués une fois qu'ils ont pris leur retraite. Ils sont consacrés à la vente de drogues et d'armes secondaires.

L'amiral Jeremy Boorda, un juif, a été assassiné en 1996 lorsqu'il a menacé de dénoncer ce trafic de drogue.

https ://www.henrymakow.com/2018/12/The-Murder-of-Admiral-Jeremy-Boorda.

2. Il s'agit d'une très petite secte/société secrète. J'ai entendu parler de ce qu'ils font lorsqu'ils deviennent colonels. C'est la même chose que dans Skull and Bones et Cap and Gown (qui compte beaucoup d'officiers de renseignement et de garçons qui ont été violés) .... Ils font beaucoup d'incitations à l'homosexualité. Cela les empêche de révéler des secrets. La crème de la crème fait cela ; ils organisent des fêtes sexuelles, des orgies, etc. Les hommes qui arrivent au sommet sont ceux qui sont choisis pour organiser des parties de billard, etc. ...

3. Les méthodes d'induction Skull and Bones sont désormais utilisées dans l'armée. Cela remonte à l'Allemagne ; c'est ce que le haut commandement allemand a fait. On dit que cela remonte à la Grèce. Ils font le tour de la boule de bowling. Aujourd'hui, les chefs (d'état-major) doivent le faire. Ils saoulent tout le monde. Parfois, ils appellent cela "dîner". Tout le monde ne le fait pas.

Mais ceux qui le font vont jusqu'au sommet. Ils pratiquent le sexe anal. Ils mettent quelqu'un dans le cercueil et c'est lui qui reçoit tous les actes sexuels oraux et anaux...

4. W.W. Rostow et les terroristes révolutionnaires communistes juifs et kabbalistes : De l'attentat à la bombe de Dresde pendant la Seconde

Guerre mondiale à l'assassinat de JFK, en passant par le contrôle de l'armée américaine aujourd'hui Walt Whitman Rostow (juif) et son groupe ont été à l'origine des attentats à la bombe de Dresde en Allemagne pendant la Seconde Guerre mondiale. Rostow est un homme très dangereux, un communiste. Il était l'un des "sages" de l'administration Kennedy. Je pense qu'il est probablement responsable du mouvement qui a conduit à l'assassinat de Kennedy. Je crois que c'est un groupe israélien qui l'a fait, avec certains de ces voyous. Les "sages" de Kennedy étaient les gens de Harvard...

5. Tous ces assassins sont des anarchistes et sont tous liés à la mafia. Ils utilisent les fonds de la mafia et, bien sûr, l'argent de la drogue pour payer les armes flambant neuves. C'est la raison pour laquelle nous avons eu la guerre en Bosnie. Il s'agissait simplement de former des assassins pour qu'ils deviennent un marché pour les armes neuves - un marché qui permet d'utiliser l'argent de la drogue. Et c'est l'armée qui dirige tout.

La CIA est un truc bidon pour nous embrouiller et nous faire dévier du droit chemin. C'est le Training and Doctrine Command, c'est l'OTAN, c'est le SHAPE (Supreme Headquarters Allied Powers Europe), créé par le président Eisenhower (un juif). C'est une société totalement indépendante. Sa principale fonction est de vendre des armes et de blanchir de l'argent. Tout cela est fait par des gens de l'armée qui sont maintenant des JOINT.

Le mot JOINT est utilisé (Paperclip) pour décrire les personnes qui sont venues illégalement pour échapper à l'Allemagne nazie. Vous voyez le crime organisé, Meyer Lansky, le groupe juif kabaliste, qui ne croit pas en Dieu, pense qu'il doit se débarrasser de toutes les bonnes personnes... et il gagne des points dans sa petite secte en faisant cela. C'est ce qu'ils font vraiment. Ils tuent des gens bien exprès.

6. Tout le monde sait qu'ils ont fait venir probablement plus de 200 000 soldats nazis et SS, ainsi que des scientifiques et des psychologues farfelus. Et tous, ou presque, étaient atteints de la "maladie allemande", parce que c'était leur culture. C'est ce qu'étaient les garçons du Triangle rose. Le colonel de marine Ron Ray, un chrétien, écrit sur ces "marines à la cerise", l'homosexualité et les orgies sexuelles en groupe, qui ont fait tomber le gouvernement allemand. Aujourd'hui, à Naples, où la marine joue, ces orgies se poursuivent. C'est là que Krupp, le fabricant d'armes allemand, emmenait le haut commandement allemand et ils se rendaient à la Grotte Bleue sur l'île de Capris. Ils y amenaient des petits garçons et les violaient.

Lorsque les mères de ces garçons sont allées voir les épouses de ces hommes en Allemagne, le gouvernement s'est effondré. Ce qu'ils faisaient, c'était de la pédophilie. Ils violaient des petits garçons. Ils impliquaient des prêtres catholiques. Puis tout ce groupe est arrivé aux États-Unis. C'est une vieille culture. C'est la raison pour laquelle il se passe beaucoup de choses avec les enfants de nos jours. Et cela explique pourquoi tout cela est dissimulé. Parce que les officiers de police jouent à ces jeux.

Même Eisenhower a joué à ces jeux. Même Mike Kemp au Bohemian Grove. Il y avait aussi un grand établissement à Washington appelé Rush River Lodge où ils avaient l'habitude d'aller ; et il y a beaucoup d'autres endroits aujourd'hui. Mais le problème, c'est que je pense qu'ils essaient de détruire l'Amérique et la culture chrétienne protestante de base. Car lorsque vous avez une société militariste où les règles ne s'appliquent qu'à ces personnes... Gardez à l'esprit que Meyer Lansky et Lucky Luciano (la mafia) ont choisi d'aller en Italie... Ils n'ont pas été bannis. Ils y sont allés à cause de l'industrie de l'armement. C'est ce que fait l'armée. Elle est totalement contrôlée par la mafia.

7) Mao Tse Tung (Chine) a été formé à Paris. Il en a été de même pour le dirigeant cambodgien Pol Pot. Lorsqu'ils étaient enfants, ils ont été "transformés" psychologiquement, c'est-à-dire (violés) par des prêtres. Tel est le schéma. C'est pourquoi il est si important de savoir ce qu'ils font à des petits garçons innocents dans l'armée et les marines. Comment se fait-il que les homosexuels s'élèvent tellement plus vite que ceux qui ne le sont pas ? On les appelle les "étoiles montantes".

C'est ainsi que le département d'État appelle ceux qui sont contrôlés. J'ai essayé de faire partie de la famille du Département d'État. Mais comme j'étais chrétien, je ne pouvais pas en faire partie.

Même si j'avais beaucoup d'expérience. J'ai vécu quelque temps avec la correspondante en chef de la Maison Blanche, Sarah McClendon, et elle m'a dit que Ron Brown, Vince Foster et Forrestal avaient été assassinés. ... Ron Brown a essayé pour la première fois de retirer au département d'État son monopole injuste sur les armes illégales et l'argent de la drogue. L'argent de la drogue paie les armes. Les armes toutes neuves sont vendues par des agents d'Israël...

10. Oui ! Ils se sont débarrassés des bonnes personnes. Un par un. Des gens comme MacArthur. Mon mari m'a dit que nous n'avions jamais été ennemis de l'Union soviétique. Mon mari était handicapé

mental, mais il dirigeait la moitié des Marines du monde. Mais il pouvait suivre les ordres.

Cette "confrérie" appartient à la mafia du New Jersey (Brooklyn), si bien que beaucoup sont devenus francs-maçons. Les membres du corps des Marines sont les tueurs à gages ; ils travaillent pour n'importe qui. Ils changent de casquette, passant de l'armée à la marine, puis au département d'État, comme ça. L'équipe qui a révélé le Watergate, Woodward et Bernstein, était composée d'agents (du renseignement).

J'ai rencontré tous ces barons de la drogue. Ils cultivent les fils des grandes familles, on les appelle les "étoiles montantes". Le département d'État les trouve lorsqu'ils les "transforment". Et ils leur font savoir que s'ils ont des ennuis, ils n'ont qu'à venir ici.

D'énormes avions chargés de drogue atterrissaient sur les bases militaires. Ils en apportaient tous ; les Norvégiens, les Britanniques.... La drogue passait par la Birmanie, la Turquie ; les banques se trouvaient à Beyrouth, au Panama, au Mexique, à St. Thomas.... le blanchiment d'argent...

Il est très facile de savoir qui sont les barons de la drogue....

Dans les opérations spéciales, tout le monde fait partie de cette "firme". Une fois colonel, ils sont initiés ; ils s'enivrent, dînent à l'intérieur, ont des relations sexuelles anales, des relations sexuelles en groupe.

Insider - La DARPA a conçu Facebook pour contrôler les esprits

Exposé des origines de Facebook par un amant gay qui souhaite rester anonyme.

"Mark est incapable de diriger un McDonald's, et encore moins l'une des entreprises les plus puissantes du monde. Même son nom n'est pas réel et son identité a toujours été dissimulée. Mark a été choisi comme enfant pour un programme de formation de la CIA parce que ses parents faisaient partie des personnes qui ont créé le programme.

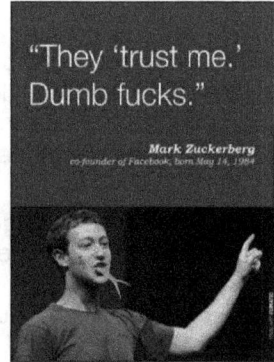

"They 'trust me.' Dumb fucks."

Mark Zuckerberg
co-founder of Facebook, born May 14, 1984

If you're not paying for the product, you are the product...

"Facebook a été conçu comme une cyberdrogue destinée à créer et à contrôler des toxicomanes - des toxicomanes numériques.

... Chaque personne sur Internet, qui a également été créé par le DARPA, est considérée comme un cyberterroriste et les militaires considèrent qu'il est de leur devoir de créer des systèmes pour surveiller, cibler, désarmer et contrôler agressivement l'utilisateur à distance

Les plateformes gratuites telles que Google, Gmail, Facebook et autres étaient des astuces de confiance pour inciter les utilisateurs à expérimenter.

Sean Parker, l'un des premiers membres de Facebook, a "tout avoué" aux médias. Facebook était conçu comme une cyberdrogue destinée à créer et à contrôler des toxicomanes - des toxicomanes numériques.

Comme l'a dit Sean, nous savions dès le départ que cela nuisait à tous les utilisateurs et c'est pourquoi nous ne laissons jamais nos amis ou nos enfants utiliser ces systèmes - cela leur nuit énormément.

Des représentants de la DARPA nous ont dit, à Mark et à moi, que c'était l'objectif de Facebook dès sa création.

À tous les utilisateurs de Facebook,

Mark Zuckerberg, et tous ceux qui étaient là depuis le début, vous mentent et utilisent votre vie personnelle comme une expérience de lavage de cerveau et de contrôle de l'esprit contrôlée par le gouvernement - fondamentalement un système d'armement de l'armée (de la CIA en particulier) qui est devenu incontrôlable.

À ce stade, Mark Zuckerberg a perdu le contrôle d'une entreprise qu'il n'a jamais vraiment possédée ou gérée. En réalité, tous ceux qui ont travaillé avec Mark savent que son esprit est vide et qu'il n'est rien d'autre qu'un perroquet pour les manipulateurs du gouvernement qui l'ont créé...

Facebook a toujours été une arme militaire - tout comme le Google d'Eric Schmidt qui a été incubé de la même manière que Facebook. Mark était un pigeon, mais un pigeon non humain, sans pitié, sans cœur et à sang froid. Il est devenu ainsi grâce au lavage de cerveau qu'il a subi pendant ses années de lycée dans le cadre d'un programme de la DARPA appelé TIA, qui avait besoin d'un "petit génie" pour servir d'homme de paille. Cette escroquerie devait faire de Mark le modèle mondial des jeunes génies de l'informatique, cool et irrévérencieux, qui "gouvernent le monde" et conduisent tout le monde vers un cyber-dieu de l'intelligence artificielle. Au début, Mark n'était qu'une marionnette involontaire et j'avais pitié de lui.

ZUCKERBERG EST UN HOMOSEXUEL

Je me souviens de la première fois que j'ai été colocataire avec Mark, lors de notre deuxième année à Harvard. Nous étions à Kirkland House, sur JFK Street, et nous devions supporter Dustin et Andrew.

Mark les détestait parce qu'ils nous empêchaient de dormir ensemble, même si nous étions dans la même pièce. C'était frustrant et cela gardait notre relation secrète. J'étais loin de me douter que ce qui m'attirait chez Mark, une certaine ouverture d'esprit pour écouter n'importe qui, le rendait aussi extrêmement volage avec les deux sexes.

Mark n'avait ni morale, ni conscience, ni honte. Il courait également après les femmes sur Craig's List et disparaissait parfois pour leur donner rendez-vous. Il était comme une ardoise vierge qui se contentait de faire écho à tout ce qui se passait dans son environnement. J'ai aimé et détesté cet aspect de sa personnalité, mais j'ai découvert plus tard que lui, son frère et son cousin, étaient de la même manière en raison des programmes de lavage de cerveau auxquels ils ont été soumis au lycée.

Si certaines personnes s'adressaient à Mark en personne ou au téléphone, il laissait tout tomber et faisait tout ce qu'elles lui disaient de faire. Certaines personnes avaient plus de pouvoir et d'influence sur lui.

J'ai fini par découvrir, en voyant Mark s'effondrer et pleurer, que le lavage de cerveau était permanent et qu'il faisait partie du "poste" que ces personnes avaient promis de créer pour Mark. Il ne savait même pas ce qu'était ce "poste" ou ce qu'il impliquait.

Mais une chose dont Mark était sûr, c'est qu'il n'avait été "placé" à Harvard que "pour un temps", jusqu'à ce que son "poste" lui soit offert. Mark était certain que cette promesse de poste incluait beaucoup d'argent et de pouvoir - des aphrodisiaques pour un narcissique incurable. Je dois admettre que j'ai été influencé par la certitude de Mark qu'il n'avait pas besoin d'Harvard, d'un diplôme ou de bonnes notes. Mark a fini par abandonner Harvard à la fin de notre deuxième année et est devenu très riche et plus puissant qu'il n'aurait pu l'imaginer. J'admets également que j'ai profité de la réussite de Mark pour devenir moi-même assez riche. Les quatre membres du club que Mark a fini par nommer "The Fellowship" sont devenus riches sans que cela soit de leur fait - nous connaissions simplement les secrets de Mark.

Mark n'a jamais pu être fidèle à personne, mais il aimait les hommes plus que les femmes. En fait, il détestait toutes les femmes. Alors, Mark le trompait et voulait ramener le nouveau "garçon" à la maison pour que je le rejoigne. Je n'ai jamais aimé cela, contrairement à Mark. Il était violent mais ne l'admettait jamais, surtout envers les jeunes garçons. Finalement, trois d'entre nous sont restés amants de Mark.

Mark a toujours eu des crises de panique et s'effondrait fréquemment à cause du lavage de cerveau - selon Mark. Il pleurait à propos de sa mère et des "tortures" qu'elle les laissait lui infliger. Dans ces moments-là, Mark avait la bouche ouverte et racontait à ses compagnons de lit toute la souffrance et les plans horribles que ces "personnes malveillantes" lui avaient fait subir.

Très tôt, ses doutes et ses peurs l'ont presque consumé la nuit et il avait du mal à dormir à cause des cauchemars. Une fois devenu riche, Mark a simplement utilisé des drogues pour masquer ses peurs. Mais si vous le mettez en colère en lui posant des questions sur la création de Facebook, Mark va paniquer et faire une crise de panique parce qu'il se trompe toujours dans l'histoire et a l'air d'un idiot. Il ne supporte pas qu'on lui demande "comment il a créé Facebook", parce qu'il ne l'a pas fait. L'une de ses réponses stupides m'a fait rire : "J'ai vu sur que Harvard n'avait pas de Facebook, alors j'en ai créé un", ou quelque chose d'approchant. Les journalistes l'ont laissé s'en tirer avec ce mensonge, comme ils l'ont toujours fait.

LA VÉRITÉ QUI DÉRANGE

Mark Greenberg (Zuckerberg) n'a pas écrit une seule ligne de code source de programmation pour Facebook. Il s'agit là de mensonges et de propagande générés par son gouvernement et les militaires qui le manipulent. Tout le monde sait que les jumeaux Winkelvoss (Aaron et Cameron) ont gagné un procès de 65 millions de dollars contre Mark parce qu'ils savaient que leur petit morceau de Harvard Connection (HC) n'était qu'un code auxiliaire attaché au code source original volé - qui a été donné à Mark par le professeur James Chandler et IBM. Ces 65 millions de dollars de connaissances malhonnêtes ont été plutôt rentables pour deux jolis rameurs de l'équipe de Harvard qui ne s'intéressaient pas à moi.

Mark a simplement demandé à d'autres personnes d'adapter le code à ce qui était un projet d'armement militaire parrainé par le gouvernement et dirigé par le président de Harvard, Larry Summers. Même Summers lui-même avait son propre annuaire d'étudiants et de personnel en cours de développement par l'équipe informatique de Harvard, appelé "Facebook". Mark n'a même pas créé le nom !

Les jumeaux Winkelvoss avaient développé leur propre version dans le cadre de la compétition pour le contrat gouvernemental, HC, qu'ils ont transformé en ConnectU. Aaron Greenspan développait HOUSE System, et Paul Ceglia travaillait avec Mark pour modifier son logiciel StreetFax et le transformer en Facebook. Mark n'a rien développé. Absolument rien. Même le fameux "piratage" des systèmes de Harvard n'a pas été effectué par Mark lui-même. Mark était l'intermédiaire de ceux qui supervisaient le "grand projet", comme on l'appelait.

Du président de Harvard à la "PayPal Mafia", en passant par la National Venture Capital Association, In-Q-Tel, la DARPA, la NSA, la CIA, la DIA et les pires voleurs de brevets d'Amérique : James Chandler, Hillary

Clinton, David Kappos, Robert Mueller et le reste du groupe Big-130 Tech. Mark est exactement comme les autres faux hommes de paille choisis pour représenter les nombreuses autres entreprises de médias sociaux.

À suivre...

https ://www.henrymakow.com/2019/06/zuckerberg-is-a-mind-controlle.html
Henry Makow PhD

La confrérie de la cloche : le contrôle maçonnique dévoilé

Un film de 1970 réalisé pour la télévision est le seul drame à décrire correctement comment les Illuminati, les banquiers juifs, ont utilisé la franc-maçonnerie pour livrer l'humanité à Satan.

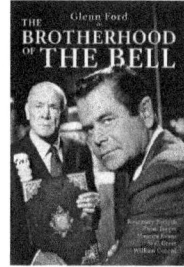

Ils contrôlent l'information et le discours de sorte que nous ne savons même pas que nous sommes leurs marionnettes contrôlées par l'esprit.

Le fait qu'un culte satanique, la franc-maçonnerie, contrôle la société est confirmé par le fait qu'il est rarement mentionné dans les médias. Et si elle l'est, elle n'est jamais présentée sous son vrai jour.

Le film *Brotherhood of the Bell*, réalisé pour la télévision en 1970, est une rare exception. Il montre ce qui se passe lorsqu'un professeur d'université à succès désobéit à son vœu de secret. Il est disponible sur YouTube.

Andrew Patterson, interprété par Glenn Ford, est chargé de faire chanter un ami proche et collègue. Lorsque ce dernier se suicide, Patterson est rongé par la culpabilité et jure de démasquer la Confrérie.

UN SELF-MADE-MAN

Patterson a l'air d'un self-made-man. Mais lorsqu'il rend public son suicide, il découvre que sa réussite est en grande partie due à son appartenance à la "fraternité" depuis 20 ans.

Les bourses universitaires lui sont retirées et il se retrouve au chômage. La société d'ingénierie de son père est soudainement auditée et accusée de fraude. Sa femme s'indigne de cet "honneur" stupide et fait ses valises.

Dans une scène magnifique, il se rend compte que non seulement il a dû son succès à cette secte, mais qu'il lui doit aussi sa femme. Son père est membre de la confrérie. "Tu faisais partie de ma récompense", lui dit-il. "Foutez le camp."

SIGN OF THE MASTER OF THE SECOND VEIL.

Le film montre la naïveté de Patterson. Il a été membre de ce groupe pendant 20 ans, mais ne réalise apparemment pas sa véritable nature satanique ni l'étendue de son pouvoir. Il ne se rend pas compte que le président des États-Unis et toutes les autres personnes importantes sont impliquées dans cette conspiration.

Le pape François s'est fait un fétiche de sa fidélité à Satan

Le film a été écrit par David Karp (*Les Incorruptibles, Les Défenseurs*), d'après son roman, et réalisé par Abraham Paul Wendkos (*Ben Casey, Dr. Kildare*), un réalisateur de télévision chevronné. Lorsqu'une téléspectatrice tente de faire le lien avec la "conspiration juive", elle est totalement discréditée et huée.

En fait, les francs-maçons représentent une classe dirigeante de traîtres païens mis au pouvoir par les banquiers centraux juifs pour faire avancer leur programme pernicieux. Pour une raison quelconque, bien qu'ils aient trahi leurs compatriotes de la manière la plus flagrante, les opposants à la "conspiration juive" les mentionnent rarement.

Pour le reste, le film est assez réaliste. Il est empreint de l'intensité caractéristique de l'âge d'or des dramatiques télévisées et rend compte de l'impuissance de l'individu face à une conspiration obscure, bien organisée et financée. Patterson parvient à recruter un autre membre de la confrérie pour sa cause, et le film se termine sur cette note positive bien que douteuse.

Si l'humanité suit le chemin des dinosaures ou continue à descendre dans un état d'esclavage comateux, ce sera parce que les hommes ne se sont pas levés, comme le fait Andrew Patterson.

Au lieu de cela, ils ont choisi la facilité : L'enrichissement personnel en trahissant leur communauté et leur culture au profit d'une conspiration satanique extraterrestre. Il ne nous reste plus qu'à récolter la tempête.

L'alliance secrète des satanistes

Le 25 mars 2004, Edward Griffin a reçu par courrier électronique une copie d'un document intitulé *The Secret Covenant*. Ce document semblait être le plan d'une grande conspiration visant à dominer le monde. L'auteur était anonyme et le texte original, daté du 21 juin 2002, provenait d'une adresse électronique qui ne fonctionnait pas. Si Griffin pense que les sentiments sont justes, il doute de l'authenticité de ce document. Faites-vous votre propre opinion.

Le pacte secret des Illuminati

"Ce sera une illusion, si grande, si vaste qu'elle échappera à leur perception.

"Ceux qui le verront seront considérés comme des fous. Nous créerons des fronts séparés pour les empêcher de voir le lien qui nous unit. Nous nous comporterons comme si nous n'étions pas connectés pour maintenir l'illusion. Notre objectif sera atteint une goutte à la fois afin de ne jamais attirer les soupçons sur nous. Cela les empêchera également de voir les changements au fur et à mesure qu'ils se produisent.

"Nous nous tiendrons toujours au-dessus du champ relatif de leur expérience, car nous connaissons les secrets de l'absolu. Nous travaillerons toujours ensemble et resterons liés par le sang et le secret. La mort viendra à celui qui parle.

"Nous allons raccourcir leur durée de vie et affaiblir leur esprit tout en faisant semblant de faire le contraire. Nous utiliserons nos connaissances scientifiques et technologiques de manière subtile afin qu'ils ne voient jamais ce qui se passe. Nous utiliserons des métaux mous, des accélérateurs de vieillissement et des sédatifs dans la nourriture et l'eau, ainsi que dans l'air. Ils seront recouverts de poisons où qu'ils se trouvent.

Les métaux doux leur feront perdre la tête. Nous promettrons de trouver un remède sur nos nombreux fronts, mais nous leur donnerons encore plus de poison. Les poisons seront absorbés par leur peau et leur bouche ; ils détruiront leur esprit et leur système reproductif.

De tout cela, leurs enfants naîtront morts, et nous dissimulerons cette information.

Les mondialistes, vus avec des lunettes de soleil Truther.

Les poisons seront cachés dans tout ce qui les entoure, dans ce qu'ils boivent, mangent, respirent et portent. Nous devons faire preuve d'ingéniosité pour distribuer les poisons, car ils voient loin.

Nous leur apprendrons que les poisons sont bons, à l'aide d'images amusantes et de sons musicaux. Les personnes qu'ils admirent les aideront. Nous les enrôlerons pour pousser nos poisons.

"Elles verront nos produits utilisés dans les films, 'y habitueront et ne connaîtront jamais leur véritable effet. Lorsqu'elles accoucheront, nous injecterons des poisons dans le sang de leurs enfants et les convaincrons que c'est pour les aider.

Nous commencerons très tôt, lorsque les esprits sont jeunes ; nous ciblerons leurs enfants avec ce que les enfants aiment le plus, les choses douces.

Lorsque leurs dents se décomposeront, nous les remplirons de métaux qui tueront leur esprit et leur voleront leur avenir. Lorsque leur capacité d'apprentissage aura été affectée, nous créerons des médicaments qui les rendront plus malades et provoqueront d'autres maladies pour lesquelles nous créerons encore d'autres médicaments.

Nous les rendrons dociles et faibles devant nous grâce à notre pouvoir. Ils deviendront dépressifs, lents et obèses, et lorsqu'ils viendront nous demander de l'aide, nous leur donnerons encore plus de poison.

MATÉRIALISME

"Nous concentrerons leur attention sur l'argent et les biens matériels afin qu'ils ne puissent jamais se connecter à leur moi intérieur. Nous les distrairons par la fornication, les plaisirs extérieurs et les jeux afin qu'ils ne soient jamais un avec l'unité de tout cela. Leur esprit nous appartiendra et ils feront ce que nous leur dirons. S'ils refusent, nous trouverons le moyen d'introduire dans leur vie des technologies qui altèrent l'esprit.

Nous utiliserons la peur comme arme. Nous établirons leurs gouvernements et créerons des oppositions en leur sein. Nous posséderons les deux camps. Nous cacherons toujours notre objectif, mais nous exécuterons notre plan. Ils accompliront le travail pour nous et nous prospérerons grâce à leur labeur.

"Nos familles ne se mélangeront jamais aux leurs. Notre sang doit toujours être pur, car c'est la voie à suivre. Nous les ferons s'entretuer quand cela nous conviendra. Nous les séparerons de l'unité par le dogme et la religion. Nous contrôlerons tous les aspects de leur vie et leur dirons quoi penser et comment. Nous les guiderons gentiment et doucement en leur faisant croire qu'ils se guident eux-mêmes.

Nous ferons naître l'animosité entre eux par l'intermédiaire de nos factions. Lorsqu'une lumière brillera parmi eux, nous l'éteindrons par le ridicule ou la mort, selon ce qui nous conviendra le mieux. Nous les pousserons à se déchirer le cœur et à tuer leurs propres enfants. Nous y parviendrons en faisant de la haine notre alliée, de la colère notre amie. La haine les aveuglera totalement, et ils ne verront jamais que de leurs conflits nous émergeons comme leurs dirigeants.

Ils seront occupés à s'entretuer. Ils se baigneront dans leur propre sang et tueront leurs voisins aussi longtemps que nous le jugerons nécessaire...

"Nous leur cacherons toujours la vérité divine, à savoir que nous sommes tous un. Ils ne doivent jamais le savoir ! Ils ne doivent jamais savoir que la couleur est une illusion ; ils doivent toujours penser qu'ils ne sont pas égaux. Goutte à goutte, goutte à goutte, nous avancerons vers notre but. Nous nous emparerons de leurs terres, de leurs ressources et de leurs richesses pour exercer un contrôle total sur eux. Nous les tromperons pour qu'ils acceptent des lois qui leur voleront le peu de liberté qu'ils auront. Nous établirons un système monétaire qui les emprisonnera à jamais, les maintenant, eux et leurs enfants, dans l'endettement.

"Lorsqu'ils se regrouperont, nous les accuserons de crimes et présenterons une histoire différente au monde, car nous posséderons tous les médias. Nous utiliserons nos médias pour contrôler le flux d'informations et leurs sentiments en notre faveur. Lorsqu'ils se dresseront contre nous, nous les écraserons comme des insectes, car ils sont moins que cela. Ils ne pourront rien faire car ils n'auront pas d'armes.

"Nous recruterons certains des leurs pour exécuter nos plans ; nous leur promettrons la vie éternelle, mais une vie éternelle qu'ils n'auront jamais car ils ne sont pas des nôtres. Les recrues seront appelées "initiés" et seront endoctrinés pour croire aux faux rites de passage vers les royaumes supérieurs.

Les membres de ces groupes penseront qu'ils ne font qu'un avec nous sans jamais connaître la vérité. Ils ne doivent jamais apprendre cette vérité, car ils se retourneraient contre nous. Pour leur travail, ils seront récompensés par des biens terrestres et de grands titres, mais jamais ils ne deviendront immortels et ne nous rejoindront, jamais ils ne recevront la lumière et ne voyageront dans les étoiles. Ils n'atteindront jamais les royaumes supérieurs, car le meurtre de leurs semblables les empêchera d'accéder au royaume de l'illumination. Cela, ils ne le connaîtront jamais.

La vérité leur sera cachée, si proche qu'ils ne pourront s'en rendre compte que lorsqu'il sera trop tard. Oh oui, l'illusion de la liberté sera si grande qu'ils ne sauront jamais qu'ils sont nos esclaves....

Conclusion de Makow - Il convient de noter que les satanistes sont conscients de l'"Unité".

Ils savent qu'ils défient Dieu.

Le neurologue Andrew Moulden a été assassiné pour avoir dénoncé le racket des vaccins

Il arrive souvent qu'une comète traverse le ciel nocturne et que nous la manquions. Ainsi, Andrew Moulton, véritable champion de la vérité et de la liberté, est assassiné et jeté dans le trou de la mémoire, tandis que les charlatans et les traîtres sont honorés et richement récompensés. Notre société est très malade.

Related - Dr. Andrew Moulden : Tous les vaccins provoquent des lésions microvasculaires (Bitchute).

Andrew Moulden (1963-2013) aurait dû recevoir un prix Nobel pour avoir montré comment l'"industrie de la santé" empoisonne la population avec les vaccins. Il a montré que les vaccins étaient responsables d'"accidents vasculaires cérébraux microscopiques" en limitant le flux d'oxygène dans la circulation sanguine qui atteint les capillaires.

Andrew Moulden

Dans son interview de 2009 sur vactruth.com, Moulden a déclaré :

"J'ai maintenant démontré de manière concluante que TOUS les vaccins, de la petite enfance à la gériatrie, provoquent exactement les mêmes lésions cérébrales, quelle que soit la maladie ou le trouble qui en résulte. Les dommages sont spécifiques aux "mini-accidents vasculaires cérébraux" qui sont en dessous de la résolution de notre neuro-imagerie, mais mesurables dans un protocole avant/après vaccination. Ils sont également directement mesurables en temps réel, mais cela implique des techniques et des technologies que je n'ai pas encore divulguées au public.

ET

"Ce n'est plus une opinion car j'ai maintenant des preuves concluantes qui montrent que TOUS les vaccins causent exactement les mêmes dommages pour nous tous, de la même manière que le virus sauvage de la polio causait la paralysie, l'insuffisance respiratoire, la mort, l'hémorragie dans le cerveau, et bien plus encore.

Pour avoir révélé la vérité et tenté de sauver des millions d'innocents de la maladie et de la mort, ce qui enrichit l'industrie de la santé et ses complices du gouvernement et des médias, Moulden est mort prématurément en 2013, soi-disant d'un suicide. They claimed he was bipolar but the videos show a very competent and credible young neurologist. Il rejoint les dizaines de médecins holistiques dont on a rapporté le meurtre ces dernières années.

Un collègue du Dr Moulden, qui souhaite rester anonyme, a déclaré à Health Impact News avoir eu un contact avec lui deux semaines avant sa mort en 2013.

En octobre 2013, le Dr Moulden a déclaré à notre source et à un petit nombre de collègues de confiance qu'il était sur le point de rompre le silence et de publier de nouvelles informations qui auraient pu détruire le modèle vaccinal de gestion des maladies, détruire une source majeure de financement pour l'industrie pharmaceutique et, en même temps, endommager gravement les fondements de la théorie des germes de la maladie. Il était prêt à revenir. Même s'il avait été réduit au silence, il n'avait jamais cessé ses recherches.

Deux semaines plus tard, le Dr Moulden est décédé subitement...

Il écrit :

"Le résultat final de mes recherches ciblées et obstinées... a été la découverte non seulement de la cause de l'autisme induit par les vaccins et d'autres morbidités médicales, mais aussi des moyens de le démontrer à tout le monde, au cas par cas. En outre, les réponses qui ont émergé ont également permis de résoudre plusieurs autres énigmes médicales et ont abouti à une réécriture de l'ensemble du modèle médical de Louis Pasteur et des médecines allopathiques occidentales contemporaines - la "théorie du germe" de la maladie humaine.

"Il s'avère que la raison pour laquelle nous avons fait un "gâchis" avec les vaccins à taille unique en particulier, et les antibiotiques et les mesures de contre-attaque pharmaceutiques en général, est que la théorie des germes n'était que cela - une théorie, qui s'est avérée erronée, de manière très fondamentale. J'ai hâte de partager avec le monde ce que j'ai découvert".

"La résolution de ce mystère médical a permis de trouver non seulement la cause de l'autisme, mais aussi celle de nombreuses autres affections et "maladies" des mammifères, ainsi que le mécanisme par lequel de nombreuses maladies infectieuses, dont le tétanos, la variole, la grippe espagnole, la rubéole, la rougeole et d'autres, ont causé des dommages et des maladies au corps humain.

"Il s'avère que ce ne sont pas les germes qui ont été l'ennemi, que nous "attaquons" avec des vaccins et des médicaments. Il s'agit de quelque chose dans les systèmes de défense de l'organisme lui-même. J'ai hâte de révéler au monde ce mystère médical, qui a été enveloppé dans l'obscurité.

Je vois la vérité.

Genre - Vax Mob attaque ma petite-fille

"Toutes nos autorités, nos enseignants, nos conseillers, nos vice-présidents, nos directeurs d'école, nos gouvernements, nos médias et qui sait tous les autres, sans exception, sont déterminés à détruire notre sexe, nos familles, nos valeurs et, en fait, nos vies. Ils utiliseront toutes leurs ressources et l'argent de nos impôts pour nous détruire par la peur et la force.

"Je suis maintenant dans le combat de ma vie, pas le mien, mais le sien."

Par Anon

Ma petite-fille (PF) était intelligente, avait de bonnes lectures, s'exprimait bien, était polie, attentionnée, douce, studieuse et représentait un grand espoir pour notre famille.

Les gens ne sont pas seulement stupides. Ils sont aussi vicieux.

Il y a une trentaine de jours, elle s'est coupé les cheveux et les a teints moitié noir, moitié rouge. Nous savions qu'elle était victime de brimades à l'école parce qu'elle n'était pas vaccinée. Cependant, en discutant, nous avons tous pensé qu'elle pourrait surmonter la tempête. Je n'entrerai pas dans les détails, laissez libre cours à votre imagination. Il y a quelques semaines, elle a commencé à craquer. Nous avons commencé à avoir des crises de comportement irrationnel et destructeur.

Aujourd'hui, notre fille a de très mauvais résultats à l'école, elle est bruyante et crie, elle a un langage grossier, elle est vindicative, elle s'automutile, elle est violente envers les autres membres de la famille, elle pleure, elle explose, et elle est presque violente physiquement.

Dans son esprit, nous sommes abusifs, vindicatifs, violents, non compatissants, non solidaires, suprématistes blancs, homophobes, transgenres, et j'en passe.

Nous découvrons maintenant qu'un thérapeute a secrètement conseillé notre PF. La première chose qui sort de sa bouche est qu'elle est transgenre. Sur la porte de son bureau, on peut lire trois lignes : "Transgenre, c'est OK - Si vos parents ne vous soutiennent pas, venez chercher de l'AIDE. Venez chercher de l'AIDE".

Hier soir, nous avons eu une véritable dispute devant quatre membres de la famille, au cours de laquelle elle a fini par nous dire à tous de partir et de quitter SA maison. L'élément déclencheur a été que nous lui avons dit que nous allions la retirer de l'école, lui enlever son téléphone et la réinstaller dans une ferme dans le nord de la Colombie-Britannique.

Elle ne l'acceptait pas, car elle risquait de se blesser, etc. Nous nous trouvons maintenant dans une position paralysante très difficile. Comment sauver notre PF sans aggraver la situation ?

D'autres familles sont dans la même situation. Ils ont creusé un fossé entre les vaccinés et les non-vaccinés. Il s'agit d'une tempête parfaite et d'une guerre contre nos enfants.

Comme si cela ne suffisait pas, les enseignants et le vice-président demandent des réunions et des enquêtes approfondies, en mettant l'accent sur notre fille. Ils veulent voir quel genre de mère elle est. Nous craignons que s'ils étiquettent l'un d'entre nous comme transgenre phobique ou homo phobique, les autorités essaieront de placer notre PF dans une maison de transition pour finir le travail.

Que vous le sachiez ou non, nous sommes en guerre, sur le plan personnel.

Toutes nos autorités, enseignants, conseillers, vice-présidents, directeurs d'école, gouvernements, MSM, et qui sait tous les autres, sans exception, sont déterminés à détruire notre sexe, nos familles, nos valeurs et, en fait, nos vies. Ils utiliseront toutes leurs ressources et l'argent de nos impôts pour nous détruire par la peur et la force.

Ne vous y trompez pas, si vous ou vos proches êtes victimes d'une attaque similaire, exprimez votre opinion MAINTENANT. Ma famille et moi sommes en train de nous battre pour notre vie. Je ne me soucie pas de ma vie maintenant, mais seulement de celle de nos enfants et de notre PF.

Si quelqu'un d'autre a vécu cette situation ou quelque chose de similaire, comment l'avez-vous gérée ? Avez-vous des conseils à donner ? Ma PF aura 18 ans dans 2 mois

LA PERSÉCUTION DONT NOTRE PETITE-FILLE FAIT L'OBJET

Dès le début, nous avons expliqué à notre PF quels étaient ses droits. Personne n'a le droit de poser des questions sur notre état de santé, un point c'est tout. Cela a fonctionné pendant un certain temps. Partout où elle allait, dans les magasins, etc., elle défendait ses droits, avec peu ou pas de résistance.

À l'école, elle était l'une des seules élèves à ne pas porter de masque, pour la même raison. La pression s'est accrue, de la part des enseignants, du personnel de et des élèves. La pression a progressivement augmenté jusqu'à ce qu'elle soit isolée au fond de la classe, dans un coin, à une distance d'un mètre de tout autre bureau.

Pratique de l'orchestre au plus fort de l'hystérie COVID

Les enseignants lui demandaient sans cesse pourquoi elle n'était pas vaccinée. Les élèves se sont éloignés d'elle et ont commencé à se moquer d'elle. Ils l'ont traitée de tous les noms, d'anti-vax, de suicidaire, etc. À une occasion, lors d'une sortie scolaire, des agents de sécurité l'ont plaquée contre le mur, exigeant des documents sur son statut vaccinal, tandis que l'enseignante restait silencieuse.

Les élèves lui demandaient pourquoi elle ne s'était pas déjà suicidée et, si elle le souhaitait, ils s'en chargeaient pour elle. La violence s'est intensifiée, au point qu'elle s'est barricadée dans les toilettes en pleurant sur le sol.

Parfois, quelqu'un tenait la porte des toilettes fermée de l'extérieur. Les élèves peuvent être vicieux. En cours de chimie, où elle avait 80% de réussite, des camarades ont menacé de lui asperger le visage avec de l'acide. De l'acide a été projeté sur son bureau, par inadvertance ou non.

Mon fils a dû la sauver à plusieurs reprises de l'école.

CONCLUSION

Nous sommes cultivés et élevés par un collectif destructeur presque invisible, qui a l'intention de détruire l'essence même de l'amour, de la paix et de la liberté. Leur mission est de détruire au niveau personnel, famille par famille. Leur objectif est de parvenir à un contrôle absolu, par la peur et la force, purement et simplement. Ils finiront par utiliser la peur et la force à travers la Troisième Guerre mondiale, pour effacer leurs traces, par l'appât et l'échange, l'un pour l'autre, purement et simplement. Cela a déjà fonctionné, et ils croient que cela fonctionnera encore.

Cinquième livre

Argent, race et genre

Le système bancaire est responsable de notre asservissement

Nous avons déjà une monnaie numérique. L'"'argent" n'est qu'un chiffre sur un registre tenu par les Rothschild. Ils produisent parfois des coupons, c'est-à-dire de la monnaie, pour donner l'impression que tout cela est réel.

Le crédit social à la chinoise est prévu. Ils nous contrôleront en contrôlant notre argent. L'escroquerie des covidés et les "vaccins" mortels nous ont appris que les politiciens et les flics ne travaillent pas pour nous, mais pour le cartel des banques centrales qui souhaite verrouiller l'humanité de façon permanente.

Il en va de même pour les médias et la plupart des professions. Tout le monde danse sur la mélodie de l'argent, et Rothschild est le joueur de flûte.

Tout cela n'est que de la magie noire. L'argent n'est qu'un chiffre sur un registre tenu par les Rothschild.

EMPOISONNEMENT DU SANG

Nous souffrons d'un empoisonnement du sang. "L'argent est la réserve de sang de la société. Ce "moyen d'échange" circule comme le sang dans un corps humain. Avec lui, tout le monde est optimiste ; sans lui, vous avez un cadavre."

Malheureusement, nos inconscients ancêtres ont cédé le contrôle de la masse monétaire aux juifs cabalistes et aux francs-maçons qui trouvent des prétextes (guerres, escroqueries) pour la produire sous la forme d'une dette envers eux-mêmes.

Ils profitent des deux côtés. Ils perçoivent des intérêts sur les dettes qu'ils créent de toutes pièces et leurs parts dans les entreprises de "défense" et les sociétés pharmaceutiques augmentent également, en raison des fausses guerres et des pandémies qu'ils déclenchent.

Leur objectif est d'étendre leur monopole sur la création monétaire à un monopole sur tout, littéralement, (par exemple la pensée, la "wokeness") et d'induire l'humanité dans leur culte sataniste du sexe et de la mort. Ils ont utilisé le rhume comme prétexte pour décimer et asservir l'humanité.

L'ARGENT EST UN JEU D'ESPRIT

En mars 2022, une demi-douzaine de banques régionales américaines ont fait faillite, perdant 500 milliards de dollars de dépôts.

Ces déposants ont-ils perdu leur argent ? Non. La Fed vient de créer 500 milliards de dollars supplémentaires à partir de rien. Ces satanistes se sont emparés de la carte de crédit nationale des États-Unis et l'utilisent au maximum jusqu'à ce que l'USD s'effondre.

Ces dernières années, les banques sont devenues de plus en plus actives dans la promotion de l'agenda mondialiste. Par exemple, ma banque est tout à fait favorable à la "diversité" - l'homosexualité et l'immigration. (Il est rare de trouver dans une banque canadienne un caissier blanc qui ne soit pas homosexuel). De même, la plupart des entreprises chantent le même cantique mondialiste.

Les banques sont toutes des franchises du système bancaire central mondial de Rothschild, tout comme certains magasins MacDonald's sont des propriétés indépendantes. Mais les banques dépendent toutes de la banque centrale pour l'"argent". C'est pourquoi les banques et les entreprises qui dépendent d'elles promeuvent des programmes étranges tels que la dysfonctionnement des genres, la destruction de la famille, le contrôle des armes à feu, la sodomie, le métissage et le statut minoritaire pour les Caucasiens.

À QUOI RESSEMBLE "L'ARGENT" ? (LORSQU'IL NE S'AGIT PAS DE MONNAIE)

Lorsque je fais un chèque à la compagnie de gaz, un véhicule blindé ne s'arrête pas à ma banque, ne prélève pas l'argent sur mon compte et ne le livre pas à la banque de la compagnie de gaz. Tout ce qui se passe réellement, c'est que quelques chiffres changent dans les deux banques.

Mon compte bancaire n'est pas une petite boîte aux lettres contenant de l'argent liquide. Mon compte n'est qu'un numéro dans leurs livres indiquant ce qu'ils me doivent si, à Dieu ne plaise, je décide de retirer de l'argent.

Lorsque nous utilisons nos cartes de crédit ou que nous achetons des actions, la seule chose qui se produit est un ajustement des comptes.

En réalité, nous faisons des opérations bancaires avec les Rothschild. Notre petit pécule est en fait leur "crédit" magique, une part de la "dette" nationale qui leur est due, "l'argent" qu'ils ont créé à partir de rien et qu'ils ont "prêté" au gouvernement. C'est le reflet de la capacité du gouvernement à rembourser, même s'il ne le fera jamais.

Le système bancaire est un vaste système de comptes. L'argent n'existe pas en réalité, à l'exception d'une petite quantité de coupons en papier (monnaie). "L'argent est un concept abstrait qui désigne une valeur.

MOYEN D'ÉCHANGE

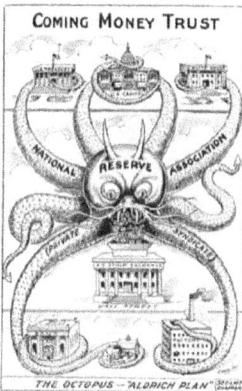

L'argent est un moyen d'échange. Imaginez qu'il s'agisse d'un courant électrique plutôt que d'une monnaie. Il s'agit en fait d'un système de crédit virtuel qui est le moteur de toute économie.

Qui possède cette franchise ? Ce système de comptabilité ? Qui ajoute ou soustrait des crédits ?

Qui décide qui peut jouer ?

Syndicat de familles bancaires juives, pour la plupart cabalistes (maçonniques), dirigé par les Rothschild.

Malheureusement, ces cabalistes sont des satanistes. Ils sont déterminés à protéger et à étendre ce monopole bancaire à un monopole sur tout - la richesse réelle, le pouvoir politique, la connaissance, les médias, l'éducation, la culture, la religion, le droit, etc.

Ils veulent nous posséder, ainsi que nos enfants (nous sommes la garantie de la dette nationale). (C'est l'essence même du communisme et du nouvel ordre mondial qui est largement en place. L'objectif est d'asservir progressivement l'humanité. Lorsqu'ils se seront enfin débarrassés de l'argent liquide, ils pourront couper notre "crédit" à tout moment.

Comment gardent-ils le contrôle ? Ils contrôlent les cartels d'entreprises qui dépendent tous des banques. Ces entreprises financent les hommes politiques qui suivent les ordres des banquiers.

Nombre de ces hommes politiques sont francs-maçons.

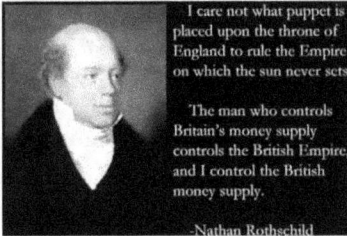

La juiverie organisée et la franc-maçonnerie sont complices du racket bancaire. En général, la complicité dans la fraude bancaire est le prix du succès aujourd'hui. Pourquoi s'agit-il d'une fraude ? Parce que les gouvernements souverains pourraient "produire leur propre électricité" sans intérêts ni dettes. Nous n'aurions pas besoin de vendre notre âme et le droit d'aînesse de nos enfants.

L'ÉTAT PROFOND

L'"'État profond" est le réseau secret chargé de protéger le système bancaire frauduleux et de faire avancer son programme satanique. La plupart des acteurs appartiennent à la franc-maçonnerie ou à la juiverie organisée. Les agences de renseignement comme la CIA, le Mossad et le MI-6, la police et l'armée sont les exécutants des banquiers. La surveillance de masse (NSA, etc.) veille à ce que personne ne se fasse d'idées.

L'humanité est condamnée à moins que la banque centrale ne soit nationalisée, que la "dette" ne soit désavouée et que l'argent ne soit créé sans dette ni intérêt. Il s'agit de savoir si l'humanité se consacrera à rendre encore plus riches les trillionnaires satanistes, ou si elle élèvera tout le monde jusqu'à ce qu'il puisse commencer à réaliser son potentiel divin.

Les Rockefeller ont conçu les BRICS en 1956 dans le cadre d'un stratagème de l'Organisation mondiale du commerce (OMC)

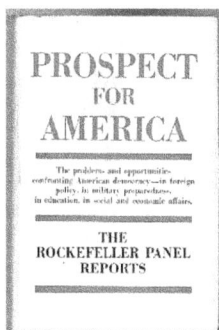

PROSPECT
FOR
AMERICA

The problems and opportunities confronting American democracy—in foreign policy, in military preparedness, in education, in social and economic affairs.

THE
ROCKEFELLER PANEL
REPORTS

Dialectique juive maçonnique. Alors que le côté sioniste est discrédité et détruit, l'humanité embrassera la NWO communiste en pensant qu'elle représente la liberté.

Extraits du document "Rockefeller's *Prospect for America*" 1956

Le plan Rockefeller pour le nouvel ordre mondial des BRICS, selon leurs propres termes...

https ://redefininggod.com/2014/11/the-rockefeller-plan-for-the-brics-new-world-order-in-their-own-words/

Extraits de Ken

"Le peuple chinois se révolterait contre la domination étrangère manifeste, mais accepterait sa place dans le NWO s'il pensait qu'il en avait le contrôle.

Les Chinois ont beaucoup souffert de l'impérialisme occidental, comme une grande partie du monde. Par conséquent, les Illuminati auraient eu du mal à rallier de nombreuses nations à un nouvel ordre mondial dirigé par l'Occident, en particulier les Chinois, qui sont nationalistes. Comme il ne peut y avoir d'ordre véritablement mondial sans la nation la plus peuplée de la planète, les Illuminati ont choisi d'utiliser leur propre héritage de destruction à leur avantage. Leur stratégie en deux parties est la suivante :

1. Ils ont mis en place une alliance centrée sur la Chine pour s'opposer à l'alliance occidentale.

Cette partie de la stratégie a été évoquée dans la presse traditionnelle dans cet article de l'UPI de 2002, intitulé "La Chine veut son propre "nouvel ordre mondial" pour s'opposer à la version américaine". La cabale a l'habitude d'utiliser des forces opposées pour parvenir à ses fins, et elle s'assure toujours d'avoir une influence ou un contrôle sur les deux parties.

2. Ils ont conduit l'opinion publique mondiale dans les mains de l'alliance chinoise.

Ils sont à l'origine d'actions scandaleuses et provocatrices, tant sur le plan économique que militaire. Cela donne un nouvel éclairage sur la criminalité de Wall Street et de la City de Londres et sur les récents gâchis militaires occidentaux en Afghanistan, en Irak, en Égypte, en Libye et en Syrie.

Ils ont largement exposé des informations préjudiciables sur les nations occidentales, en particulier les États-Unis. C'est ce qui a motivé WikiLeaks, Snowden et un millier de petites révélations. Et après que Snowden a révélé au grand public les activités de la NSA, où s'est-il caché ?

D'abord en Chine (Hong Kong), puis en Russie. Quel est donc le message psychologique ? La Chine et la Russie (l'alliance des BRICS) sont les endroits où l'on se réfugie pour échapper aux méchants États-Unis, à leurs alliés occidentaux et à leur horrible comportement.

C'est très simple : les Illuminati ont construit un piège à lapin (dans l'alliance BRICS) qui ressemble à un trou agréable et sûr pour se cacher du danger. Maintenant, ils battent le pavé (avec les puissances occidentales) pour pousser les lapins vers le piège.

Il est clair que les mondialistes ont pris en compte "les aspirations des peuples du monde entier [...] à sortir rapidement et définitivement de l'ère du colonialisme" dans leur planification du NWO.

C'est pour cette raison que l'alliance des BRICS a été formée et que l'OTAN a été conçue de manière multipolaire. Ils veulent que les peuples opprimés du monde s'unissent et se voient battre l'Occident.

Et ils veulent leur faire croire que le Nouvel Ordre Mondial multipolaire des Illuminati représente leur victoire finale sur l'oppression et leur ascension vers l'égalité, alors qu'il n'est en fait que le début d'une nouvelle phase d'asservissement et de leur chute dans l'égalité en tant que serfs mondiaux.

Pour conclure, je dirais simplement que toute solution globale qui nous sera proposée dans les années à venir est, en fait, une solution globaliste. Si vous ne vous réunissez pas avec vos voisins pour commencer à exercer votre autosuffisance et le contrôle de votre vie, vous tomberez par défaut dans la dépendance et le contrôle mondialistes.

Et si vous ne vous réunissez pas avec les membres de votre communauté locale pour créer votre propre monnaie (ou une autre méthode d'échange ou de troc), vous finirez par utiliser la monnaie des banques par défaut . Le pouvoir qui n'est pas pris en main est laissé aux prédateurs qui s'en emparent.

Ainsi, alors que les gros titres de la presse font état d'un prétendu conflit entre l'Ouest et l'Est, vous découvrirez la vérité un peu plus loin dans le journal : tous ces types politiques travaillent pour les mêmes patrons et sont en réalité des copains en coulisses. Ne vous laissez pas distraire par le théâtre de marionnettes public.

Le véritable objectif des impôts

Peter Colt écrit :

Pour développer votre récent article sur l'argent, permettez-moi d'expliquer à quoi servent les impôts et pourquoi ils existent.

Nous savons tous que le pouvoir en place possède le système monétaire et qu'il peut imprimer tout l'argent qu'il désire, à tout moment et pour n'importe quelle raison.

Bien sûr, de nombreuses personnes vous diront que ce n'est pas possible parce que le simple fait d'imprimer de l'argent conduit à une hyperinflation à la zimbabwéenne ; mais en réalité, cela se fait tout le temps et les nations riches, en particulier celles dont la monnaie est la monnaie de réserve mondiale, peuvent s'en tirer pendant longtemps avec de telles politiques et sont très habiles à dissimuler leur création monétaire dans diverses ruses financières telles que les marchés boursiers artificiellement gonflés, les bulles immobilières et le fiasco des produits dérivés.

La dissimulation de tout cet argent nouvellement créé dans le système financier est très efficace pour prévenir l'apparition de l'hyperinflation.

La raison pour laquelle les monnaies fiduciaires sans valeur ont été créées en premier lieu est précisément qu'une quantité infinie de cet "argent" peut être fabriquée à partir de rien, sur la base de rien et soutenue par rien.

Ceux qui la créent n'ont pas besoin de produire des biens ni d'offrir quoi que ce soit de valeur pour soutenir la valeur de la monnaie. Ils peuvent simplement imprimer autant d'argent qu'ils en ont besoin pour acheter tout le monde et tout ce qu'ils désirent.

Contrairement aux matières premières telles que l'or, les denrées alimentaires ou les produits finis, des milliers de milliards de dollars peuvent être créés sans aucun effort de leur part. Zéro effort pour sa création et zéro effort pour son transport et son stockage.

La majeure partie de l'argent existant n'est même pas sous forme physique, il s'agit simplement d'entrées dans un grand livre ou, plus récemment, de chiffres sur un écran d'ordinateur.

Pouvoir imprimer tout l'argent qu'ils veulent est une chose, mais si personne n'a besoin de cet argent pour survivre, le pouvoir en place ne pourrait pas obliger les gens à accepter leurs bouts de papier sans valeur en échange de biens et de services (qui échangerait volontiers le fruit de son travail durement gagné contre un bout de papier sans valeur s'il n'avait pas une raison d'en avoir besoin ?).

En d'autres termes, si personne n'avait besoin d'"'argent" pour payer ses impôts, le pouvoir en place ne pourrait pas utiliser son "argent" pour acquérir des biens, faire la guerre, acheter du carburant, payer des soldats, acheter de l'or, corrompre des fonctionnaires, manipuler les marchés financiers, etc.

À ce stade, certains diront que l'argent sert en quelque sorte de monnaie d'échange pour faciliter le commerce, ce qui est bien sûr exact, mais il ne faut pas perdre de vue que les gens peuvent utiliser n'importe quel objet dont ils conviennent comme monnaie d'échange.

Le pouvoir en place utilise les impôts comme un moyen d'imposer sa propre "monnaie" comme la seule forme de monnaie d'échange dont on a réellement besoin pour commercer.

Ainsi, les impôts sont là pour créer une demande permanente pour cette monnaie fictive en exigeant que les gens (et les entreprises) acquièrent cet "argent" pour pouvoir payer leurs impôts.

Le pouvoir en place n'a pas besoin de l'argent de vos impôts pour survivre ; ce dont il a besoin, c'est que vous soyez contraint d'échanger le travail de toute une vie contre une monnaie sans valeur.

Elles doivent donner à la société une raison d'avoir besoin de leur argent. Leur existence en dépend.

De plus, ils justifient tout cela auprès de la population en rejetant la faute sur les autres. Ils gonflent ces bulles, telles que les bulles immobilières, puis réduisent la masse monétaire pour forcer de nombreuses personnes à faire faillite. Ensuite, ils "reprennent possession" des biens achetés avec la monnaie frauduleuse et accusent ceux qu'ils ont escroqués en manipulant le marché d'avoir été irresponsables et de s'être endettés trop lourdement.

Un juif peut-il s'identifier aux "Blancs

Je pense que les gens sont définis par leur comportement individuel, et non par leur origine raciale ou ethnique. Naturellement, je pense ainsi parce que je suis juif et que je ne veux pas être défini par le comportement d'autres juifs que je critique. Je suis un juif assimilé. Je m'identifie aux personnes d'origine européenne.

Je pense que les gens sont des individus et qu'ils doivent être traités comme tels. La capacité de l'individu à être unique est l'essence même de la liberté. Les personnes d'origine européenne devraient conserver leur identité nationale, tout comme les Africains et les Asiatiques le font dans leur propre pays. Je veux que chacun prospère dans son pays d'origine.

L'immigration vers le tiers monde et le multiculturalisme sont imposés par les banquiers centraux cabalistes qui considèrent les personnes d'origine européenne comme un défi à leur tyrannie mondiale en cours. Les Européens conservent un résidu de christianisme que les cabalistes, qui sont des satanistes, souhaitent détruire.

"Nous détruirons toute force collective à l'exception de la nôtre", écrivent-ils dans les Protocoles de Sion (16-4).

Rachel Dolezal est une femme blanche qui s'identifie comme noire.

Suis-je comme Rachel Dolezal ?

C'est une femme blanche qui s'identifie comme noire.

Je suis un juif assimilé qui s'identifie aux personnes d'origine européenne, c'est-à-dire aux "Blancs".

Suis-je un imposteur ?

Non seulement je ne suis pas antisémite, mais je représente le meilleur type de juif : objectif, juste et soucieux du bien-être de l'humanité, et pas seulement des juifs. Je préviens les Juifs ordinaires que l'entreprise juive n'est pas ce qu'ils pensent. Ils ont été dupés et égarés.

Certains pensent que les Juifs ne sont pas blancs. Ils sont d'une race différente.

C'est ce que disent les Juifs. C'est aussi le cas de certains Blancs.

Tout d'abord, contrairement à Rachel la "noire", je suis blanc.

Je suis un Khazar. Les Khazars sont des Caucasiens.

Je suis d'origine européenne. Ma famille a vécu en Pologne pendant des siècles. Ma mère a survécu à la guerre parce qu'elle avait les cheveux blonds et les yeux bleus. Mes parents ont émigré au Canada après la guerre. J'étais un bébé.

Ma mère, avec mon frère en 1958

Il est naturel que, bien qu'étant juif, je m'identifie à la majorité européenne qui a créé ce pays. Je suis un juif assimilé. C'est le cas de la plupart des Juifs. La juiverie organisée nous déteste parce que nous sommes plus difficiles à manipuler et à approcher pour obtenir de l'argent. Ils ont contribué à organiser l'holocauste pour nous empêcher de nous assimiler et pour établir Israël.

Les banquiers centraux juifs et leurs complices francs-maçons sont en train de déposséder les nations chrétiennes européennes fondatrices. J'essaie d'alerter les Juifs et les Gentils sur ce danger. Pour mes ennuis, je suis marginalisé par la plupart des Juifs et des Gentils, (sauf mes fidèles lecteurs).

DUMB GOYIM

J'ai reçu des réponses à mes tweets :

"Va te faire foutre, Juif. Vous n'avez pas le droit de parler au nom des Européens, vous êtes les ennemis des Européens. Tu es venu au

Canada comme un cheval de Troie

et

"Oh pour l'amour du ciel, j'ai découvert pourquoi tu ne condamneras jamais les Juifs. J'ai découvert pourquoi vous ne condamnerez jamais les Juifs. Je vous ai cherché sur Google et vous êtes juif ! Vous ne parlez pas au nom des Blancs, vous n'êtes pas Canadien, et plus vite le monde sera débarrassé de vous et de vos semblables, mieux ce sera."

et

"Oui, la taqiyaa juive, ici en tant qu'initié mais au service de votre tribu."

Ne jamais condamner les Juifs ? Manifestement, ils n'ont pas lu mon travail. J'ai fait autant que quiconque pour alerter la société sur le danger.

Beaucoup des excellents mèmes de Smoloko sont repris mot pour mot de mes écrits. Comment puis-je servir ma "tribu" si ce n'est en l'avertissant qu'elle se trouve du mauvais côté de l'histoire ?

Je crains que des juifs innocents ne portent le chapeau pour les banquiers et les francs-maçons, comme mes grands-parents l'ont fait lors de l'holocauste. Dans le pire des cas, les "Juifs" seront tenus pour responsables de la troisième guerre mondiale.

Suis-je censé faire partie de cette conspiration satanique en vertu de ma naissance ? N'ai-je pas de libre arbitre ? Pas de principes ? Ne suis-je pas d'abord un individu ?

Aucune race ni aucun groupe n'est homogène, et encore moins les Juifs.

Pensez-vous que les banquiers laisseraient beaucoup de Juifs participer à leur complot ? Ils n'aiment les Juifs que comme des pions. Ce sont des satanistes.

Pensez-vous que les juifs s'engageraient s'ils connaissaient la vérité ? Les juifs, comme les gentils francs-maçons, doivent être dupés. Les juifs ordinaires ont autant de contrôle sur les affaires mondiales que les Américains ordinaires. Zéro. Pourquoi devrions-nous porter le chapeau ?

LOYAUTÉ

Avant tout, je m'identifie à Dieu. Dieu est une dimension où la Vérité, la Beauté, l'Amour, la Bonté et la Justice vont de soi.

Dieu est la conscience. La plupart d'entre nous sont inconscients, endormis.

Après Dieu, je m'identifie d'abord à la race humaine. Puis à la tradition chrétienne européenne, à laquelle je dois ce qu'il y a de mieux dans la civilisation occidentale . J'ai un doctorat en littérature anglaise. Puis au Canada et aux États-Unis. Et enfin mes compatriotes juifs. La plupart de mes contacts juifs sont ma famille.

Supposer que toutes les personnes d'une race différente sont identiques est raciste. Je suis favorable au maintien de l'identité raciale, mais nous sommes avant tout des individus. Nous définissons notre propre identité par notre caractère personnel, notre expérience, nos croyances et nos actions. Nous ne sommes pas définis par la race, la couleur, la religion ou le sexe.

Je n'ai que respect et admiration pour les joueurs de football noirs, les musiciens de jazz comme Milt Jackson et Oscar Peterson ou les dirigeants comme Adam Clayton Powell, et mépris pour les radicaux ou les voyous noirs. Le problème n'est pas la "noirceur". Le problème, c'est le comportement. Nous ne sommes pas définis par des politiques identitaires.

Je m'identifie aux Blancs parce que les Juifs assimilés et les Blancs sont dans le même bateau, la cible d'une insidieuse conspiration communiste (sataniste).

Je m'identifie aux Blancs parce qu'ils portent le résidu du christianisme qui a été la plus grande force civilisatrice du monde.

Le féminisme est une pomme empoisonnée

Les juifs cabalistes et les francs-maçons corrompent et sapent la société depuis au moins 200 ans avant d'imposer leur tyrannie perverse.

Pratiquement tout ce qui est considéré comme "progressiste" et "moderne" est en fait satanique, conçu pour détruire ceux qui sont assez fous pour manger la pomme empoisonnée. L'humanité est possédée sataniquement par le cabalisme - les juifs cabalistes et les francs-maçons, c'est-à-dire les Illuminati.

Le féminisme vise à détruire la dynamique hétérosexuelle, le mariage et la famille. Trois générations de femmes ont été endoctrinées dans un ensemble de croyances autodestructrices. On leur a appris à rechercher le pouvoir alors qu'elles veulent en réalité l'amour.

Comment une femme peut-elle trouver l'amour permanent ? En trouvant un homme digne de sa confiance. Pour une femme, amour = confiance. La dynamique hétérosexuelle est l'échange de la puissance matérielle de la femme contre la puissance de l'homme exprimée sous forme d'amour.

Pourquoi un homme aime-t-il une femme ? Parce qu'elle lui abandonne son pouvoir.

Oui, l'amour d'un homme est fonction de son égoïsme. Il l'aime parce qu'elle se donne à lui. Elle lui donne du pouvoir et devient une partie de lui. C'est ainsi que deux personnes deviennent une. Le sexe est l'emblème de ce lien exclusif.

Les personnes possédées par les satanistes ne peuvent plus reconnaître le mal, c'est-à-dire le féminisme, et encore moins résister.

Naturellement, il veut qu'elle soit heureuse. Il n'est pas dominateur.

Il l'aime et la respecte. Paradoxalement, plus elle s'abandonne à lui, plus il lui appartient.

Les rapports sexuels sont un acte de possession : un homme possède une femme. Il est évident que cela doit avoir lieu dans le cadre d'une relation engagée à long terme, idéalement le mariage. Les femmes veulent être possédées par des maris aimants.

Les satanistes (communistes) ont convaincu les jeunes femmes que les hommes sont des batteurs de femmes et que la famille est oppressive. Les femmes ont avalé le poison. Des millions d'entre elles sont amères et seules.

Le sexe est un autre facteur. Les femmes ont autant besoin de sexe que les hommes, voire plus. Elles en ont besoin en grande quantité. Elles ne l'obtiennent pas.

Les femmes ont besoin de l'amour passionné et durable de leur mari. Lorsqu'un homme fait l'amour à sa femme, il exprime ses sentiments, et pas seulement son désir. Il exprime sa gratitude pour tout ce qu'elle fait pour lui et leur famille.

Dans une situation de drague, l'homme ne fait que se soulager. C'est le contraire de l'adoration dont les femmes ont besoin.

En conséquence, de nombreuses femmes de gauche sont sexuellement frustrées et dysfonctionnelles. Elles compensent par le lesbianisme, l'obésité et la politique radicale, exactement ce que veulent les satanistes.

Ces femmes font de la nécessité une vertu. Elles jouent les "chics" et prétendent défendre la justice sociale.

En réalité, ce ne sont que des dupes. Des morts sur la route de la dystopie.

Le fait qu'OnlyFans compte 91 millions d'utilisateurs montre que les relations hommes-femmes sont rompues.

LE FÉMINISME A FAVORISÉ LE PORNO

Le féminisme prétend défendre les femmes. En réalité, il détruit la féminité.

Les femmes veulent une relation engagée pour la vie. Il est son roi. Elle est sa reine. Sa sexualité est le joyau de leur mariage.

Le moins que l'on puisse dire, c'est que le fait que les femmes donnent cela à tout le monde va à l'encontre du but recherché. Pour les femmes, poser nues est déshumanisant, désexualisant, l'équivalent d'une hystérectomie.

Quelles sont les qualités qui rendent une femme attirante pour un homme ? Sont-elles uniquement physiques ?

Il s'agit de l'innocence, de la soumission, de la douceur de caractère, de la modestie, de la dignité, du caractère, de la gaieté, de la débrouillardise, du talent, de la pureté, de la chaleur, de l'esprit, de l'attention, de l'intelligence.

Ces qualités sont-elles favorisées par notre culture du branchement ? En sautant d'un lit à l'autre ? En enseignant aux filles que leur valeur réside dans leur sex-appeal ? En enseignant que la masculinité est toxique et que le lesbianisme est cool ?

Bien sûr que non, car les satanistes veulent que les hommes et les femmes soient incompatibles. Ils veulent que les femmes se laissent guider par eux, et non par des maris aimants. C'est pourquoi de nombreuses femmes sont les auxiliaires des satanistes, en particulier dans les médias, l'éducation, le droit et le gouvernement. Ces femmes de gauche sont des dupes et des traîtres à la société.

Le canular du coronavirus prouve que la société a été subvertie par des gens qui veulent nous réduire en esclavage. Il s'agit de francs-maçons et de juifs cabalistes habilités par le cartel bancaire mondial cabaliste.

Ils veulent que nous mangions la pomme empoisonnée et que nous mourions.

Nous sommes d'accord ?

Programmation de la déesse du sexe

La vénération des femmes (c'est-à-dire du sexe) a rendu les femmes si arrogantes "qu'on se rappelle parfois les singes sacrés de Bénarès qui, conscients de leur sainteté et de leur inviolabilité, se croyaient libres de faire tout ce qu'ils voulaient". - **Arthur Schopenhauer (1788-1860)**

Innocents, nous ne savons pas à quel point l'inflation de belles femmes et de sexe a été destructrice. Le satanisme consiste à remplacer Dieu par de faux dieux comme ceux-ci. Ils vendent des illusions.

Les hommes ont subi un lavage de cerveau qui leur fait littéralement adorer les femmes et le sexe.

Hedy Lamarr, 1914-2000

Les scandales #MeToo en témoignent. Les hommes très éligibles ne peuvent pas trouver de vie sexuelle satisfaisante parce qu'ils voient les femmes strictement en termes sexuels. Ils ne peuvent pas se rapporter aux femmes en tant qu'êtres humains.

Au lieu de révéler la vérité ou de nous élever, les films et la télévision sont aujourd'hui essentiellement de l'agit-prop, c'est-à-dire de la propagande communiste. C'est pourquoi nous ne voyons jamais de films sur subversion juive communiste de l'Occident, ni de films sur des patriotes authentiques comme Louis McFadden, Charles Coughlin, Bella Dodd, Charles Lindbergh, Joseph McCarthy, Henry Ford ou Whitaker Chambers.

J'ai l'intuition que le désir sexuel est en partie dans l'esprit. Nous sommes programmés pour désirer le sexe, mais nous pourrions être programmés pour désirer des expériences mystiques ou pour accomplir des actes désintéressés à la place.

Nous désirons ce que nos maîtres illuminati nous enseignent à désirer et nous sommes "heureux" si nous y parvenons. Êtres mentaux plutôt que spirituels, nous sommes programmés pour être accros au sexe par les satanistes qui contrôlent les médias.

Un Suédois de 22 ans a écrit : "La plupart de mes amis considèrent les femmes comme le Saint-Graal. Toute leur existence est basée sur le fait de "s'envoyer en l'air". C'est comme si nous étions en train de devenir des animaux. C'est peut-être leur objectif. Et si vous n'obtenez pas de femmes, vous êtes un perdant..."

L'autobiographie d'Hedy Lamarr, *Ecstasy and Me* (1966), m'a fait réfléchir à la programmation sexuelle. Hedy Lamarr était le plus grand sex-symbol d'Hollywood dans les années 1940. Elle m'a rappelé tous les sex-symbols utilisés pour me programmer - Brigitte Bardot, Marilyn Monroe, Sophia Loren, etc. Ces femmes étaient traitées comme des déesses, et leurs successeurs le sont toujours. Hollywood programme les hommes pour qu'ils recherchent avant tout la perfection physique et le sexe, ce qui entraîne un arrêt du développement.

En outre, les belles femmes sont présentées comme moralement supérieures tout en répondant à tous les besoins physiques et émotionnels de l'homme. Cette programmation crée des attentes irréalistes. Elle déstabilise la société en mettant les femmes sur un piédestal, en leur donnant un pouvoir qu'elles n'ont pas gagné et qu'elles ne méritent pas, et en faisant en sorte que les hommes aient peur de les approcher.

En général, ils utilisent les femmes pour priver les hommes de leur pouvoir, un peu comme Eve et Adam.

HEDY LAMARR

Hedy Lamarr était juive. Elle était considérée comme "la plus belle femme du monde" pour son visage. Même si ses seins étaient petits, le fait de les révéler à l'adolescence dans le film autrichien "Ecstasy" (1933) a établi sa notoriété. Dans ce même film, elle mime les expressions faciales d'une femme lors d'un rapport sexuel, ce qui est considéré comme une première.

Il semble que toute la trajectoire du vingtième siècle ait consisté à faire du sexe l'objectif principal et le but de la vie. C'est ainsi que fonctionne la possession satanique. (Le sexe était déjà accepté dans le contexte du mariage).

Il y a un côté positif. Nous avons traversé une adolescence collective et nous avons grandi. Nombreux sont ceux qui peuvent désormais voir le sexe et l'amour romantique pour les illusions qu'ils sont. Andy Warhol a dit du sexe qu'il était "le plus grand rien du monde". Néanmoins, les Illuminati continuent de contrôler la majorité des gens de cette manière. Les MSM fournissent une titillation sexuelle constante.

Hedy Lamarr préférait les hommes, mais elle s'adonnait aussi au sexe lesbien. Les gens pensaient qu'elle était "une fille bien" en raison de son look sophistiqué, mais ce n'était pas le cas. Tout le monde la voulait, et elle était souvent de la partie. Mais, et c'est tout à son honneur, elle n'utilisait pas le sexe pour faire avancer sa carrière. Elle ne forniquait pas avec Louis B. Meyer, par exemple. Hedy Lamarr a contribué à l'invention d'un "système de saut de fréquence" pour les torpilles, une technique aujourd'hui utilisée pour le Wi-Fi. Pourtant, elle était stupide sur le plan émotionnel. Elle s'est mariée six fois. Elle a épousé un homme au premier rendez-vous.

Ses maris l'accusent de "tout vouloir" et de "n'être capable que de s'aimer elle-même". Elle reprochait à sa beauté d'attirer les mauvaises personnes. Elle est passée du statut de millionnaire à celui d'indigente après avoir atteint l'âge de 50 ans. Elle a été arrêtée pour vol à l'étalage en 1966, mais le jury l'a acquittée en souvenir du bon vieux temps. Finalement, elle a assuré ses vieux jours en poursuivant en justice les personnes qui n'étaient pas autorisées à utiliser son image et en jouant en bourse.

HOLLYWOOD

Même dans les années 30 et 40, Hollywood était un cloaque sexuel. C'est une tragédie que ces dégénérés définissent la réalité pour nous. J'ai trouvé amusant ce dialogue entre Lamarr et un agent. Elle a joué le rôle de Delilah dans le film épique de Cecil B DeMille, *Samson et Delilah* (1949). DeMille et l'agent étaient tous deux juifs.

Agent : "Vous mélangez des muscles, des seins et du sadisme et vous obtenez le box-office. Ajoutez un génie comme C.B. avec tout l'argent du monde et vous obtenez de l'importance. En fait, tous les films de ce vieux monsieur sont importants."

HL : "Qu'est-ce que je porte ?"

Agent (lorgnant) : "Rien, juste de l'or et des chiffons".

HL : Qui joue Samson ?

Agent : Ils pensent à Victor Mature. Mais on s'en fout. Ce n'est qu'un corps pour vous mettre dans les ruines. Des muscles et des seins enrobés de religion, c'est pour vous". (p.136) **Lisa écrit :**

Les États-Unis sont sérieusement sous l'emprise satanique parce que les femmes et les hommes ne voient pas le mal qu'ils se font les uns aux autres. Les hommes qui veulent des relations sexuelles faciles et sans engagement et les femmes qui cèdent rapidement en espérant qu'un homme les "sauvera" en les mariant et en leur offrant une vie sûre dans la classe moyenne supérieure.

Les deux parties sont sous l'emprise satanique et dans l'illusion de ce que les hommes et les femmes peuvent s'offrir mutuellement et devraient être l'un pour l'autre. J'ai remarqué cette emprise satanique tout au long de ma vie et je trouve pourtant si étrange que beaucoup de femmes et d'hommes ne puissent pas la voir. C'est effrayant, mais en fin de compte triste que les femmes et les hommes ne voient pas la vraie valeur et la bénédiction qu'ils sont l'un pour l'autre.

Les hommes cherchent des aides, pas des âmes sœurs

Thomas Hardy et T.S. Eliot ont épousé leurs secrétaires. Dostoïevski a épousé sa traductrice. J'ai épousé mon webmaster. Ce fut le coup de foudre.

Les hommes ont suivi leur propre voie (MGTOW).

Voici pourquoi.

Avant que les satanistes ne transforment les hommes en accros au sexe et les femmes en stars du porno et en putains, les femmes séduisaient les hommes par leur utilité en tant que compagnes (épouses) et mères. Les femmes doivent apprendre à se sacrifier. C'est pour cela que les hommes les aiment.

Aimez la perfection, mais ne la recherchez pas dans un être humain imparfait, une femme.

"Dieu dit : Il n'est pas bon que l'homme soit seul ; je lui ferai une aide qui lui convienne. Genèse 2 :18

AVERTISSEMENT - Il s'agit d'un modèle qui a résisté à l'épreuve du temps. Si vous avez trouvé une meilleure réponse, libre à vous.

J'aurais aimé comprendre ce qui suit il y a 55 ans, lorsque j'avais 20 ans.

Hommes, épousez une compagne, pas une âme sœur. J'en ai épousé une pendant 24 ans. Cela me convient. Si vous trouvez l'âme sœur, je vous tire mon chapeau.

À ceux qui disent que les conjoints sont ennuyeux, je dis "Alléluia". Je ne dépend pas de mon mariage pour être excité. Cependant, ma femme n'est pas ce que les féministes appellent un "paillasson". Elle a une maîtrise et une carrière. Elle est intelligente, honnête et a un bon sens de l'humour.

"Tu contredis tout ce que je dis", lui dis-je.

"Pas tout le temps", répond-elle.

Cela fait 24 ans que je lui apporte le petit-déjeuner au lit, en témoignage de mon amour et de ma reconnaissance.

Voici donc mes conseils en dix points.

L'homme est gouverné par ses pensées. Imaginez un steak et il salive. Imaginez une belle femme à moitié nue avec des menottes et il est excité. Celui qui contrôle ses pensées le contrôle. Il est évidemment préférable qu'il contrôle ses propres pensées.

La société souffre d'hypnose de masse. Nous avons été entraînés par Hollywood dans une fausse religion de la romance et du sexe qui a supplanté la vraie religion. Les hypothèses juives cabalistes d'Hollywood sont devenues nos hypothèses. Elles comprennent :

1. L'"amour" romantique est le sens et le but de la vie.

2. La vie des hommes est impossible sans les femmes qui sont des parangons de vertu et de beauté.

3. Puisque le sexe avec ces anges est l'expérience la plus élevée que la vie puisse offrir, ils nous font une faveur en dormant avec nous (les êtres éthérés n'ont pas de besoins sexuels). (La musique populaire répète ad nauseam "tu es si merveilleux, j'ai besoin de ton amour et je ne peux pas vivre sans toi". Il n'y a pas de corrélation entre l'apparence d'une femme et son caractère.

4. L'amour romantique est une fausse religion - une idolâtrie. "L'amour est un ersatz de notre relation à Dieu. Nous aimons la perfection. Les gens ne sont pas parfaits. L'âme sœur que nous recherchons est en réalité Dieu.

5. Pour les hommes hétérosexuels, l'"amour" implique généralement une femme. Mais les femmes sont-elles aimables ? La plupart des hommes confondent l'attirance sexuelle avec l'amour. Après la survie, le sexe est notre instinct naturel le plus puissant. Mais ce n'est que cela.

Programmation. Nous ne devrions pas laisser la nature nous contrôler plus qu'Hollywood.

6. Que peut-elle faire d'autre ? Autrefois, les hommes recherchaient des femmes capables de cuisiner, de faire le ménage, de coudre, de traire les vaches et de s'occuper des bébés. Parfois, elles pouvaient jouer du piano. Les femmes étaient des facilitatrices. Elles faisaient avancer les choses. Aujourd'hui, de nombreuses jeunes femmes pensent qu'elles ne sont bonnes qu'à une seule chose, et cela devient vite désuet.

7. Les hommes ne sont pas censés "aimer" les femmes au sens où ils les adorent. Cela conduit invariablement à des problèmes. Nous adorons ce que nous voulons et nous voulons du sexe. Mais cela leur donne trop de pouvoir. Regardons les femmes, sans le sex-appeal. Démystifions-les. Elles sont humaines et la plupart d'entre elles veulent qu'un mari prenne les choses en main.

Les femmes sont différentes des hommes. Elles ont tendance à être plus passives, émotionnelles, subjectives et pratiques. Lors de mes promenades, ma femme me met en garde contre les crottes de chien. J'ai la tête dans les nuages. Elle a les pieds sur terre.

Les femmes recherchent avant tout la sécurité et sont peut-être moins scrupuleuses que les hommes. Elles ont tendance à manquer de confiance en elles et à se sentir inutiles si un homme ne leur donne pas un but. Ce sont de bonnes qualités pour un compagnon, mais pas pour une âme sœur.

Paradoxalement, ce type de réalisme rend un homme plus attirant pour les femmes qui, naturellement, dédaignent les hommes qu'elles peuvent contrôler. Elles veulent être contrôlées avec amour.

8. Le concept d'"âme sœur" est faux et extrêmement égoïste. Il date d'une époque où les femmes n'étaient pas censées réfléchir. Elles adoptaient les idées de leur mari ainsi que son nom. Beaucoup de jeunes hommes sont encore à la recherche de ces "âmes sœurs". En réalité, ils se cherchent eux-mêmes.

9. La distance est en fait meilleure que l'intimité. C'est une intimité élevée à un niveau supérieur. Elle implique la prise de conscience que "tu es totalement différent de moi" et que "tu es assez limité à certains égards", mais que "je le suis aussi à d'autres égards. Nous ne sommes pas obligés de nous ressembler". Il s'agit de respecter les différences.

Ma femme était une partisane de Biden. Je respecte ses limites. Nous ne discutons pas de politique.

"L'amour, tel qu'on le conçoit généralement, oblige les gens à être trop proches les uns des autres. Il soumet les hommes et les femmes à des normes impossibles à respecter. Les gens ne sont pas si aimables que cela. Je me contenterai d'un lien fondé sur la dépendance mutuelle, la confiance, la considération et la gratitude. Le mariage est meilleur lorsque la pression sociétale "d'être amoureux" est supprimée.

10. L'amour est basé sur le sacrifice de soi. J'aime les personnes qui se sacrifient pour moi et me donnent le bénéfice du doute. Je veux leur rendre la pareille. Éliminez les absurdités romantiques et reconnaissez que la base du véritable amour est la dépendance mutuelle.

11. Nous ne reconnaissons pas à quel point notre obsession sexuelle est oppressive et prend du temps. J'ai perdu ma vie à poursuivre cette chimère. Comment ai-je pu arriver au numéro 11 sans parler du porno ? Pour beaucoup d'hommes, le porno semble avoir remplacé le romantisme.

En conclusion, les femmes se sacrifiaient autrefois pour leur mari et leur famille et étaient aimées en retour. Depuis, elles ont été reprogrammées. Leur esprit est en guerre avec leur cœur. Elles sont des bombes à retardement.

Le Père Noël n'existe pas. L'"amour romantique" n'est qu'un leurre. Le sexe est une illusion. Il est censé être lié à la procréation, ou au moins au mariage. Il n'a pas été conçu pour être un loisir et une obsession à plein temps. Il n'est pas nécessaire d'être sexuellement attiré par son partenaire pour avoir de bonnes relations sexuelles. Inversement, l'attirance sexuelle ne se traduit pas par des relations sexuelles agréables.

L'amour, oui. Le sexe est une célébration de l'amour. Les relations sexuelles entre partenaires sont dégradantes, déshumanisantes et constituent une abâtardissement de la sexualité conjugale.

L'engouement romantique est généralement basé sur un avantage perçu plutôt que sur un sentiment sincère. C'est une affaire de femmes qui transforme les hommes en femmes. Lorsqu'une femme sacrifie son pouvoir à l'amour, elle devient plus féminine. Lorsque les hommes sacrifient le pouvoir à l'amour, ils deviennent des femmes.

Hommes, décidez de ce que vous voulez et cherchez une femme qui vous aidera à atteindre vos objectifs. Lorsque vous aimez quelqu'un sans illusion, une compagne peut se transformer en une âme sœur différente et meilleure.

Ken Adachi écrit :

Je ne peux cependant pas être d'accord avec la plupart des dix conseils d'Henry donnés ci-dessous sur la dynamique homme/femme, en particulier sa vision utilitaire de la relation homme-femme et le rejet du rôle central de l'amour et de la romance dans cette relation. L'amour est la force centrale, dominante et créatrice de l'univers. Nous existons parce que Dieu nous aime. Dieu a créé la femme et l'homme pour qu'ils se complètent parfaitement et produisent les fruits de sa création dans cette réalité physique. Nous ne pouvons être heureux et comblés dans toutes nos entreprises que si nous réalisons ces désirs avec de l'amour dans notre cœur.

L'amour romantique EST l'amour. Il n'y a rien de bidon ou d'idolâtre là-dedans. Ce n'est pas un vernis pour les seules pulsions hormonales et biologiques. Lorsque nous tombons amoureux, nous éprouvons une joie du cœur parce que nous sommes devenus liés à cette personne au niveau de l'âme. Je ne parle pas des personnes qui disent sincèrement "je t'aime" par commodité ou par politesse.

Je parle d'un homme et d'une femme qui s'aiment et le ressentent au plus profond de leur être. Je n'aime pas l'utilisation désinvolte de l'expression "âme sœur" dans les films ou pour draguer. Ce terme est jeté comme un confetti. Il banalise l'importance de la connexion entre l'âme d'un homme et celle d'une femme qui s'aiment. Mais ne vous y trompez pas : il s'agit d'une connexion d'âme qui a des ramifications qui vont bien au-delà du monde physique.

Se débarrasser de la fille de mes rêves

Mon plus grand regret dans la vie est d'aimer les femmes.

L'amour romantique est un ersatz de religion fondé sur nos puissants désirs sexuels et émotionnels. La plupart des gens, hommes ou femmes, ne sont pas si aimables que cela.

Les films nous incitent à rechercher l'amour romantique par-dessus tout. Ils nous apprennent à rechercher l'approbation de quelqu'un d'autre avant la nôtre.

Ils nous ont appris que le sexe est une "expérience mystique", le meilleur que la vie puisse offrir. Les rapports sexuels sont un sacrement. L'orgasme est l'union avec l'univers.

Je suis fier d'un rêve que j'ai fait récemment.

Embeth Davidtz

J'étais à nouveau jeune et célibataire. Ma belle amie et moi faisions du shopping. J'ai proposé que nous rentrions à mon appartement. Je me sentais aimant et j'avais envie de passer du temps avec elle et de la câliner. Être heureux ensemble. Le sexe n'était pas un problème.

Je venais de voir le film *L'homme de pain d'épices*. La fille de mon rêve ressemblait à l'actrice

Peu après son arrivée, elle dit qu'elle doit partir.

L'amour contrarié. Encore une fois.

Dans le rêve, je lui demande une explication. Elle n'en a pas.

Elle ne veut pas être avec moi. J'exauce son souhait.

Je lui dis que les jeux ne m'intéressent pas. Nous avons terminé.

La fin. Ne reviens pas.

Je me réveille heureux de ma bravade inconsciente.

Voyez-vous, quand j'étais jeune, j'ai enduré toutes sortes de misères à cause de mes amours, en surmontant patiemment chaque obstacle. J'étais l'exemple même de l'indigence.

Dans un cas, une femme qui ressemblait à Embeth (ci-dessus) m'a dit qu'elle me trouvait "repoussant". S'il y a un moment où il faut dire à une femme d'aller se faire voir, c'est bien celui-là. Les femmes respectent le rejet parce qu'il confirme l'opinion qu'elles ont d'elles-mêmes.

Au lieu de cela, j'ai ignoré le commentaire et j'ai patiemment persévéré. Nous avons fini par vivre ensemble pendant près de cinq ans. Je pourrais remplir un autre livre (en plus d'*Un long chemin à parcourir pour un rendez-vous*) avec ce que j'ai enduré. De toute évidence, j'étais immature et largement responsable de mon sort.

J'ai 75 ans et je ne suis plus un joueur. Je suis heureux en ménage depuis 23 ans. Je regrette seulement de ne pas m'être réveillé de ce rêve plus tôt.

BETRAYAL

Les hommes ont été programmés pour croire que le sexe et l'"amour" sont la clé du bonheur. Nous avons besoin de l'amour d'une femme pour nous développer en tant qu'hommes. Nous devons satisfaire sexuellement une femme pour prouver notre masculinité.

Nous sommes programmés pour rechercher l'approbation de la femme alors que notre propre approbation est tout ce qui compte.

Nous sommes programmés pour idéaliser des femmes imparfaites et souvent stupides au lieu de véritables idéaux : la vérité, la justice, l'amour, la beauté et la bonté.

Ce n'est pas la faute des femmes. Elles ne veulent pas être idéalisées. Elles ne respectent pas les hommes qui le font. Mais les narcissiques succombent souvent.

La société occidentale est un culte sexuel satanique (cabaliste). Les femmes sont devenues des marchandises sexuelles.

Le communisme les a toujours considérées comme des utilités sexuelles. Si le féminisme était vraiment favorable aux femmes, il aurait encouragé le mariage et condamné la promiscuité. La plupart des femmes recherchent la loyauté et l'amour à vie d'un homme bon, leur mari.

Quoi qu'il en soit, je suis passé par là. J'ai satisfait quelques femmes un nombre incalculable de fois et j'ai été satisfait également. J'ai mûri de la manière prescrite. J'ai découvert le mensonge en le vivant.

Mais j'aurais aimé trouver un raccourci et ramener le rôle des femmes et du sexe à son véritable niveau d'importance, par exemple de 75% à 25%.

Je regrette de ne pas les avoir aimés. Avec le recul, aucun n'en valait la peine. J'ai gâché la moitié de ma vie.

Les médias satanistes ont donné aux jeunes femmes un sens délirant de leurs droits. Nos programmateurs mentaux les présentent comme des demi-dieux.

Tout comme les prostituées, de nombreuses jeunes femmes ne sont plus attirées par les hommes. Les hommes sont attirés par la modestie, l'innocence, le style, l'intelligence et la féminité.

De plus, je sens que de moins en moins de femmes sont capables d'aimer un homme. Leurs cœurs ont été empoisonnés par l'ingénierie sociale sataniste. (Bien sûr, les hommes ont leur part de responsabilité en traitant les femmes comme des urinoirs sexuels).

La mystification des belles femmes, comme tout le reste, est le résultat du retrait de Dieu de nos vies. Comme l'a dit Oscar Wilde, "les femmes sont des sphinx sans secret".

Les femmes sont censées être des compagnes, pas des âmes sœurs.

Les femmes sont par nature des facilitatrices. Elles ont besoin qu'un homme leur confie une tâche et les aime pour l'avoir accomplie. Elles veulent qu'un homme leur donne un but. Elles ne veulent pas être son but.

Si vous avez trouvé une "âme sœur", je vous salue. Mais notre seule âme sœur, c'est Dieu.

La famille nucléaire est le fondement de la civilisation. C'est pourquoi les banquiers centraux juifs maçonniques (sataniques) la détruisent.

CONCLUSION

Suis-je amer ? Oui. Je suis amer pour toutes les façons dont ma culture m'a menti. Je blâme ici le lavage de cerveau illuministe qui élève les "relations" sexuelles au rang de négation de tout le reste. Et je m'en veux d'être tombé dans le panneau.

L'homme moyen y consacre 75% de son énergie. C'est une grande source de motivation pour beaucoup d'hommes. Et oui, je sais que c'est hormonal.

Mais nous ne pouvons pas laisser cette programmation biologique et sociale ruiner nos vies. Beaucoup d'hommes sont ruinés par le divorce. Beaucoup de femmes sont des chercheuses d'or.

La véritable leçon à tirer est peut-être la suivante : ne cherchez pas à ce que quelqu'un croie en vous : Ne cherchez pas à ce que quelqu'un croie en vous.

Les gens respectent les personnes qui croient en elles-mêmes.

Si j'avais eu plus d'amour-propre, je me serais peut-être réveillé de ce sommeil beaucoup plus tôt.

Premier commentaire d'Alan :

Votre dernier exposé sur le sujet susmentionné est tout à fait pertinent. Je partage vos idées sur la question, car elles sont tellement, tellement vraies. Le temps, les efforts, l'énergie et l'argent que j'ai personnellement consacrés à la recherche individuelle du bonheur par le biais de relations avec le sexe opposé sont, rétrospectivement, insondables. Inutile de dire, Henry, qu'il s'agit là encore d'un excellent article qui articule ce que je ne veux pas admettre, à savoir des expériences que je ne voulais pas envisager. Tout homme normal, comme vous l'avez dit, a besoin en fin de compte d'être approuvé par lui-même. C'est tout.

JH écrit :

Henry, c'est tout simplement génial, génial de penser et d'écrire. Je me devais d'écrire et de le dire. J'aimerais que tous les hommes, jeunes et vieux, puissent le lire 100 fois.

La "programmation" a été si longue et si sévère ; qui d'entre nous peut dire y avoir échappé ?

Livre six

Perspective

La pensée incontrôlée est une mauvaise habitude Changez vos pensées, changez votre monde

L'esprit est une prison où l'âme est torturée par les pensées. (Nos sentiments correspondent à nos pensées. Si nous ne gérons pas nos pensées, les satanistes le feront).

Si cette planète n'était pas dirigée par des satanistes, nous serions en train de louer et de remercier Dieu, et de discerner son plan, au lieu de courir après l'argent et le sexe. Dieu est Conscience et nous sommes pour la plupart inconscients.

Ces derniers temps, les satanistes ont lancé une offensive contre notre liberté. La société a été dupée. Pour s'en sortir, il faut apprendre à se détacher de ses pensées (désirs et peurs) et à se laisser guider par son âme. Lorsque nous vidons notre esprit de toute pensée, il ne reste plus que le vrai vous - l'âme.

Avertissement - N'est-il pas hypocrite d'écrire ceci tout en fournissant un flux Twitter largement déprimant sur les derniers développements dans le monde ? Tout en retrouvant notre âme, nous devons également mener le bon combat, qui consiste dans ce cas à fournir des informations sur les derniers développements

Lorsque je dis que la pensée incontrôlée est une mauvaise habitude, je ne fais pas référence à l'observation et à l'analyse, ni à l'intuition ou à l'inspiration.

S'ancrer dans le monde réel

Je fais référence au flux compulsif d'inquiétudes, de jugements, de bavardages et de futilités qui remplissent généralement notre esprit. La plupart du stress est d'origine mentale.

Nous ne faisons pas l'expérience du monde. Nous faisons l'expérience de nos pensées.

Henry David Thoreau a dit que si nous pouvons contrôler nos pensées, nous pouvons élever notre vie.

> "Nous devons apprendre à nous réveiller et à nous maintenir éveillés, non pas par des aides mécaniques, mais par une attente infinie de l'aube, qui ne nous abandonne pas même dans notre sommeil le plus profond. Je ne connais pas de fait plus encourageant que la capacité incontestable de l'homme à élever sa vie par un effort conscient. C'est une chose de pouvoir peindre un tableau particulier, ou de sculpter une statue, et de rendre ainsi quelques objets beaux ; mais il est bien plus glorieux de sculpter et de peindre l'atmosphère et le milieu mêmes à travers lesquels nous regardons, ce que moralement nous pouvons faire. Influencer la qualité de la journée, c'est le plus grand des arts".

J'avais l'habitude de dépendre des médias pour mon image de la réalité. En conséquence, j'étais dysfonctionnel.

Comme la maladie, la guerre et la pauvreté, les dysfonctionnements sont systémiques (inhérents à la société).

L'esprit détaché de l'ordre moral (c'est-à-dire l'âme) est en effet malléable ! Par âme, j'entends l'intuition et l'instinct.

Nous faisons l'expérience de notre programmation plutôt que de la réalité. Par exemple, Hollywood présente le romantisme et le sexe comme des panacées et nous en faisons l'expérience... jusqu'à ce que l'illusion se dissipe comme un brouillard matinal. Les cabalistes adorent nous hypnotiser avec leur "magie".

En soi, notre esprit n'est pas ancré dans la vérité. Le monde mental est une maison des miroirs.

S'ANCRER DANS LA RÉALITÉ

L'esprit et la conscience (l'âme) sont deux sources d'identité concurrentes. Nous nous identifions entièrement au monde de la pensée et nous nions l'existence de l'âme.

Nous devons faire l'expérience de nous-mêmes en tant que conscience. La conscience est le témoin de la pensée. Videz l'esprit de la pensée et ce qui reste, c'est le vrai vous.

La religion enseigne que le véritable caractère de l'homme est spirituel. Notre âme est notre ligne directe avec Dieu. Nous devons passer de la pensée à l'esprit. Éteignez la pensée comme un interrupteur. Lorsque nous passons de la pensée à l'esprit, de nombreux "désirs" s'évanouissent. Ils avaient un caractère mental.

Le poète Henry More (1614-1687) a écrit :

> "Lorsque le désir démesuré de connaître les choses s'est apaisé en moi et que je n'ai aspiré qu'à la pureté et à la simplicité d'esprit, il a brillé en moi chaque jour une plus grande assurance que je n'aurais jamais pu espérer, même en ce qui concerne les choses qu'auparavant j'avais le plus grand désir de connaître.

Comme les pingouins échoués sur la banquise, l'humanité est une colonie de singes sur un point de l'univers. Personne ne comprend vraiment ce que nous faisons ici. Les singes prédateurs tentent de monopoliser le pouvoir et les richesses.

Nous sommes ici pour réaliser le dessein du Créateur. Dieu veut se connaître à travers nous (sa création le connaissant). Mais le salut collectif n'est PAS possible sans le salut personnel.

La plupart d'entre nous peuvent atteindre le salut personnel.

Nous pensons que nous sommes impuissants. Mais nous ignorons le pouvoir que nous avons de créer notre propre réalité en consacrant nos pensées au Dieu intérieur.

Voir la mort sous un jour positif

Après le décès prématuré d'un ami, ma femme a insisté pour que je passe un électrocardiogramme (EKG).

Ma femme est hypocondriaque par procuration.

Elle s'imagine que je suis malade.

Son livre de développement personnel s'intitulerait *The Way of the Worrier*.

Elle écoute "Doctor Radio". L'Association canadienne du diabète figure sur son fil Twitter.

Je suis psychosomatique. C'est une mauvaise combinaison.

"I'd like a second opinion."

Après l'électrocardiogramme, j'ai ressenti des douleurs dans la région du cœur pendant une semaine.

Je suis habitué à une vie facile. Toujours en excellente santé, la moindre gêne physique m'inquiète.

Dans une boulangerie, j'ai ressenti des douleurs et j'ai dû m'asseoir. Une jeune femme bienveillante m'a demandé si j'allais bien.

J'avais l'impression d'être un vieux schnock, ce que je suis sans doute, même si l'image que je me fais de moi-même est encore celle d'un jeune homme précoce.

J'ai fait un testament (parce que mon ami avait stupidement omis d'en faire un) et j'ai commencé à envisager la mort.

EPHEMERALITE

Lorsque nous sommes jeunes, la vieillesse et la mort sont des préoccupations lointaines. Nous sommes trop occupés à tracer notre chemin. Nous nous comportons comme si nous allions vivre éternellement.

Lorsque nous passons le cap des 65 ans, nous constatons que les gens de notre âge meurent !

La roue du temps bouge comme les saisons. Les starlettes que j'aimais tant sont devenues vieilles. Je regarde des films classiques et je me dis : "Tous ces gens sont morts !"

Nous sommes entourés de fantômes : ceux qui nous ont précédés.

Je suis nostalgique. Chaque génération pense que le monde se dégrade. C'est en effet le cas. (La civilisation est en plein déclin, pour les raisons que j'évoque sur ce site.) Peu à peu, ma vie prend une tournure rétrospective. Mais ce n'est pas nécessairement mauvais. Au lieu d'agir comme si j'allais vivre éternellement, je commence à voir la vie comme elle est vraiment, éphémère. Précieuse. Courte.

Je vais mourir. Nous allons tous mourir.

J'ai plus de compassion pour mes semblables. Je les imagine dans leurs derniers instants avant la mort. Nous rencontrons notre Créateur seul.

Nous n'avons pas demandé à naître. Nous essayons de donner un sens à cette naissance, d'en tirer le meilleur parti, malgré les obstacles dressés sur notre chemin par les Illuminati.

LE BON CÔTÉ DE LA MORT

Pendant mon "mal de cœur", j'ai essayé d'accepter la mort :

"Nous sommes une étincelle divine logée dans le corps d'un singe. Ce singe a une certaine durée de vie. Lorsqu'elle s'achève, "nous" disparaissons. Mais qui peut dire que c'est une mauvaise chose ?

Nous mesurons tout en termes de dimension matérielle. Mais la dimension matérielle nous retient. L'obsession du singe pour l'argent, le sexe, le pouvoir et le confort des créatures enchaîne l'âme.

La mort est une libération. La véritable fête se déroule dans le monde spirituel. La seule réalité est Dieu que nous rejoignons en passant.

LA TABLE DE LA VIE

Si nous allions dans un restaurant populaire, nous ne rêverions pas de garder notre table pour toujours. Nous profiterions de notre repas et nous partirions. De cette manière, quelqu'un d'autre peut également profiter d'un repas.

Il en va de même pour la vie. Nous prenons de la place. Nous occupons des emplois, des maisons, de la nourriture. Nous prenons aussi de l'espace psychologique. Nous demandons du respect, de l'attention, de l'amour.

Nous devons nous retirer pour que de nouvelles âmes dans de nouveaux corps puissent se manifester. C'est ainsi que la vie se renouvelle. Nous devons nous identifier au processus plutôt qu'à notre existence personnelle. (Ces âmes peuvent être dans nos enfants).

Imaginez que personne ne vieillisse et ne meure ! Nous côtoierions Gengis Khan, Alexandre le Grand, Robespierre, Hitler et Hugh Hefner pour toujours ! Nous serions obligés d'écouter Sonny et Cher, et Madonna pour toujours. Nixon et LBJ continueraient à se présenter aux élections présidentielles.

La vie a besoin de se renouveler ! Après notre tour, nous devons quitter la scène.

Le vieillissement et la mort ne font pas de discrimination. Que nous soyons riches ou pauvres, intelligents ou stupides, célèbres ou obscurs, bons ou mauvais, nous vieillissons tous au même rythme ! Nous mourons tous. Il est vrai que certains vivent plus longtemps, mais au bout du compte, nous mourons tous.

C'est particulièrement gratifiant quand je pense aux Illuminati. Ils ne peuvent pas se sauver eux-mêmes. Ces minables vont mourir, et peu importe à quel point les médias disent qu'ils étaient merveilleux, nous les acclamerons. Leur mort sera une bénédiction. Vous savez à qui je pense.

La mort est le moyen naturel de purifier l'humanité et de prendre un nouveau départ.

LA PEUR DE LA MORT, ETC. NOUS EMPÊCHE DE VIVRE VRAIMENT

La mort fait de nous tous des lâches. Par exemple, de nombreux Allemands intelligents savaient qu'Hitler mènerait l'Allemagne à la ruine et tuerait des millions de personnes, mais aucun d'entre eux n'était prêt à sacrifier sa propre vie pour éliminer le mécréant d'une balle. Ainsi, lorsque la bombe n'a pas fait le travail, des centaines de bons hommes sont morts sur des crochets à viande.

Si nous réalisions que nous allons mourir de toute façon, nous ne nous accrocherions peut-être pas à la vie. Nous ferions peut-être preuve de plus de courage. L'homme qui a vaincu Hitler aurait atteint l'immortalité.

Si nous n'avions pas si peur de la mort, nous n'aurions pas si peur de vivre. Si nous nous concentrions sur le salut de nos âmes, sur notre vie éternelle, nous ne serions pas si lâches.

Enfin, tout le monde a une mission. Je fais ce à quoi je suis destiné : Écrire la vérité.

En fin de compte, la meilleure préparation à la mort est de savoir que nous avons accompli le dessein de Dieu pour nous.

Nous pouvons rencontrer notre créateur la tête haute.

Savoir se maîtriser

Il y a un endroit où nous pouvons tous aller sans passeport : à l'intérieur de nous-même. Nous devons nous mortifier par rapport au monde et faire l'expérience de notre lien avec Dieu.

Ils ne diront pas non plus : Voici, ou voici, car voici, le royaume de Dieu est au-dedans de vous. - Luc 17-21

Les satanistes nous ont convaincus que Dieu n'existe pas, alors qu'il est le principe de notre développement personnel et de notre épanouissement. Nous sommes des êtres spirituels. C'est pourquoi rien d'autre que Dieu ne peut nous satisfaire.

Les gens perdent leur identité au profit des mouvements de masse parce qu'ils cherchent un sens à l'extérieur.

Avertissement - Je n'essaie pas de convertir qui que ce soit à ma façon de penser. Mon travail se borne à un témoignage. J'espère que certains d'entre vous se reconnaîtront.

Depuis que j'ai écrit ce texte, ma façon de penser a quelque peu changé. Je me rends compte que j'ai trop mis l'accent sur l'automortification, la "discipline" du moi inférieur. L'ego est une source de motivation et d'énergie extraordinaire. J'essaie maintenant d'atteindre un équilibre entre l'âme, l'esprit et l'ego. Je m'excuse pour la répétition, mais la répétition est la clé de l'enseignement.

Métaphysique 101 : Croire en Dieu, c'est croire en son moi le plus élevé

1. Les êtres humains ont tous une étincelle divine en eux. C'est ce qu'on appelle l'âme. C'est notre véritable identité. On l'appelle aussi le "moi" ou la conscience. L'âme "entend" les pensées, mais elle n'est PAS la pensée. Elle édite et contrôle les pensées, en décidant quelles sont celles qui doivent être mises en œuvre et quelles sont celles qui doivent être censurées.

2. L'âme est notre lien avec le Créateur ; c'est ce qui nous définit en tant qu'être humain et c'est la raison pour laquelle la vie humaine est sacrée.

3. Cette âme s'incarne dans un animal simiesque qui a des besoins et des instincts physiques et psychologiques variés. La majeure partie de notre activité mentale est consacrée à la satisfaction de ces besoins matériels, sexuels ou psychologiques. Nous devrions considérer ces pensées comme celles d'un colocataire odieux et indiscipliné. C'est notre petit "s".

4. Les satanistes nous ont convaincus que "Dieu" n'existe pas. Ils ont supplanté Dieu et veulent que nous leur obéissions à eux et non à Lui. Nous pouvons être abattus plus facilement si nous n'avons pas d'âme.

5. La méditation a pour but de faire taire l'esprit afin que nous puissions faire l'expérience de nous-mêmes en tant que pure conscience. C'est très difficile car nous nous identifions à nos pensées.

6. Si les besoins matériels doivent être satisfaits pour assurer la paix de l'esprit, notre bonheur dépend de l'expansion de la conscience et de l'union avec Dieu. Dieu est la conscience, une dimension dans laquelle la vérité, la bonté, l'amour, la beauté et la justice sont évidents. Cette dimension peut être atteinte par des pratiques spirituelles comme la méditation et par l'utilisation de drogues "d'expansion de la conscience" comme le cannabis, la psilocybine ou les psychédéliques.

Imaginez qu'au lieu des piqûres mortelles, ces médicaments soient obligatoires, le monde serait bien différent.

7. Dieu se manifeste à travers nous. Nous sommes les agents de Dieu. Son dessein ne sera pas mis en œuvre si nous ne le faisons pas.

NOTRE VÉRITABLE IDENTITÉ EST L'ÂME

Si nous nous identifions au "Moi" en tant qu'ÂME plutôt qu'au petit "s" reptilien (besoin, égoïsme, emprise), les affirmations suivantes prennent un sens tout à fait nouveau. Laissez-les devenir votre mantra. Méditez-les.

De combien de personnes vous souvenez-vous ?

Estime de soi - Honorer le Dieu qui est en nous.

Auto-important - Dieu est le centre de votre vie.

Confiance en soi - parce que nous avons Dieu en nous.

Autosuffisance - parce que Dieu y pourvoit.

Expression de soi - ce site, que je dédie humblement à Dieu. Se réfère à tout ce qui exprime le meilleur de nous-mêmes. L'art. La musique. L'amour. L'abnégation.

La confiance en soi - parce que nous appartenons à Dieu et que nous n'avons besoin de rien d'autre.

Maîtrise de soi - l'amour de Dieu nous empêche de céder à la tentation, par exemple le porno, le boursicotage, le porno de la peur.

Autodiscipline - Le Soi tient en échec le moi charnel inférieur. En ce qui concerne le travail intérieur, la plupart d'entre nous sont au chômage. Voir aussi Développement personnel.

Recherche de soi - Dieu cherche à se trouver en nous comme nous nous trouvons en lui.

Conscience de soi - Se voir comme Dieu nous voit.

Autonome - Comme l'a dit Thoreau, la solitude est le meilleur des compagnons. Si vous détestez être seul, les autres vous trouveront probablement ennuyeux aussi.

Sacrifice de soi - sacrifier notre vie à son service.

Autonome - Vous n'avez besoin de rien d'autre

Respect de soi - Veiller à ce que tout ce que nous pensons et faisons soit digne de notre plus haute contemplation. Dieu voit tout.

Autocentrisme - Dieu est au centre de nos préoccupations. Que veut-il que je fasse ? Que ferait Jésus ?

S'amuser - Faire l'expérience du miracle de la vie.

Se faire plaisir - Suivre les impératifs intérieurs. Nous avons fait plaisir à Dieu.

L'obéissance au Dieu intérieur et le contrôle du moi inférieur sont à la base de toutes les vraies religions. Le satanisme consiste à "libérer" le moi inférieur primitif (luxure, cupidité) et à nier l'existence du moi supérieur.

CONCLUSION - POUR LES ADVERSAIRES DE DIEU

Pour les adversaires de Dieu, je vais donner quelques raisons supplémentaires de célébrer le Créateur.

1. Les satanistes détestent cela. C'est comme si un exorciste agitait un crucifix devant un démon possédé. Un réveil religieux massif pourrait les détruire. Témoigner du Seigneur. Célébrer le Créateur. Se sacrifier pour Lui. Ils détestent cela. C'est quelque chose qu'ils essaient d'éradiquer.

2. Je soupçonne que le fait de s'identifier à la Conscience dans cette vie nous donne une meilleure chance d'avoir une sorte de vie après la mort, et pas sous la forme transhumaniste bizarre, mais de la manière dont Dieu l'entend. Nous pouvons nous préparer à rencontrer notre Créateur en nous purifiant et en nous mortifiant dans ce monde. Mourir à ce monde avant la mort, c'est renaître.

L'augmentation de la conscience est le seul moyen de sortir du bourbier dans lequel nous nous trouvons.

Nous avons tous une étincelle de divinité.

Nous devons l'attiser.

Pourquoi les riches se sentent si pauvres

Lors d'un voyage à Hong Kong, le duo de milliardaires a décidé de déjeuner au McDonald's. À la grande surprise de M. Gates, lorsque M. Buffett a proposé de payer, il a sorti une poignée de coupons.

https ://finance.yahoo.com/news/bill-gates-recalls-time-fellow-174029938.html

Warren Buffett est milliardaire. Il trouve son sens dans le fait de gagner ou d'économiser un centime. La plupart des super-riches souffrent de pauvreté spirituelle.

Que nous soyons pauvres ou riches, l'argent nous retient prisonniers. Les riches se sentent pauvres à cause de la GROSSESSE. Peu importe ce qu'ils possèdent, leur identité ("se sentir bien, important, en sécurité") a été forgée par une société qui se consacre à gagner et à dépenser toujours plus d'argent.

"Un peu plus que ce que l'on a, c'est assez." - Samuel Butler Peu de gens ont une approche rationnelle de l'argent.

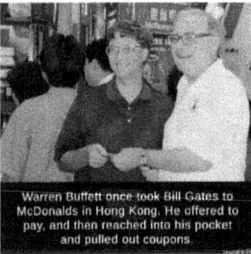

Warren Buffett once took Bill Gates to McDonalds in Hong Kong. He offered to pay, and then reached into his pocket and pulled out coupons.

Cela implique de calculer la quantité d'argent dont ils ont besoin par rapport à la quantité d'argent qu'ils ont et à la quantité d'argent qu'ils gagnent.

Les gens ont plutôt tendance à se concentrer sur leurs derniers 2%. Leur "valeur nette" a-t-elle augmenté ou diminué un jour donné ?

Selon leur tranche d'imposition, il peut s'agir de leurs derniers 100, 1000, 10 000, 10 millions ou 10 milliards de dollars. Ils ignorent leur gros solde bancaire ou leur portefeuille d'actions. Ils se sentent toujours pauvres.

L'argent est censé nous libérer des préoccupations matérielles. Paradoxalement, c'est le contraire qui se produit. Nous en devenons prisonniers.

Nous sommes possédés par les satanistes. Cela signifie que nous nous identifions à l'argent plutôt qu'à notre âme divine. Nous sommes l'argent plutôt que le représentant personnel de Dieu sur terre. Plus nous avons d'argent, plus nous nous sentons grands et meilleurs. Ces valeurs sont inculquées par les médias contrôlés par les satanistes.

Je m'adresse aux quelque 50% de mes lecteurs qui, selon mon sondage Gab, ont suffisamment d'argent ou plus qu'ils n'en ont besoin. Je ne reproche pas aux 50% restants qui n'ont pas assez d'argent ou qui sont fauchés de se sentir opprimés.

PAS DE STATISTIQUES SUR LA PAUVRETÉ INTÉRIEURE

Il semble que les riches souffrent d'un appauvrissement spirituel.

Plus ils s'identifient à leur argent, plus ils sont petits. Plus ils ont d'argent, plus ils sont petits.

Dans le cas des banquiers Illuminati, cette pauvreté intérieure est toxique. Ils sont un cancer qui menace de détruire l'humanité.

Ils veulent "absorber" (c'est leur mot) toutes les richesses du monde sans rien laisser pour soutenir l'humanité. Ils veulent tout !

Nous sommes endoctrinés pour rechercher l'argent. Dans certaines limites, l'argent est un excellent moyen de motivation et de mesure.

Je connais quelqu'un qui n'est pas obligé de travailler. Il travaille parce qu'il n'a rien d'autre à faire et qu'il se sent productif et récompensé.

Un autre ami s'est enrichi de manière indépendante grâce à ses investissements. Il a pris sa retraite il y a quelques années, mais il revient à son ancienne profession par pur ennui.

PERSONNEL

Je suis aussi possédé par le satanisme que n'importe qui d'autre. J'ai lutté toute ma vie contre l'avidité. À 75 ans, je commence tout juste à maîtriser ce démon.

Récemment, j'ai fait le calcul ci-dessus et j'ai réalisé que j'avais plus d'argent que je n'en dépenserai jamais.

Mes habitudes de consommation se sont formées au cours des huit années où j'étais étudiante diplômée et vivais avec environ 10 000 dollars par an. Je n'ai pas besoin de choses matérielles et je ne m'en préoccupe pas.

Paradoxalement, ce manque d'intérêt pour l'argent ne m'a PAS empêché de développer une dépendance au jeu. Lorsque je n'avais pas beaucoup d'argent, je ne m'en préoccupais pas. Lorsque j'ai vendu Scruples à Hasbro en 1986, je suis devenu gestionnaire de fonds et j'ai pensé que mon intelligence du jeu s'étendrait au marché boursier. ERREUR.

Scrupules a été un travail d'amour. Je l'ai fait parce qu'il s'agissait d'un atelier sur la moralité quotidienne.

Après mon gain, je suis devenu sataniquement possédé (c'est-à-dire avide). Si quelqu'un me demandait comment j'allais, je répondais : "Je vais demander à mon courtier."

Nous devons être constamment sur nos gardes car la voix dans notre tête est souvent le diable !

Récemment, je me suis rendu compte que peu importe l'argent que je gagne, je ne changerai pas mon mode de vie frugal. Les jeux d'argent sont donc une perte de temps et d'énergie. Je m'en suis désintoxiqué.

L'argent est le plus petit dénominateur commun. Les gens d'aujourd'hui sont accaparés par l'argent. Ils sont sans charme.

YouTube regorge d'histoires du genre "comment je suis devenu riche".

Alors que le monde sombre dans la tyrannie communiste ou fait face à une catastrophe nucléaire, ils agissent comme si l'argent allait les sauver.

Pour les personnes qui ont suffisamment d'argent, la liberté consiste à renoncer à l'argent. Ne pas s'en préoccuper.

Pouvez-vous faire cela ?

La marijuana à diluer pourrait sauver le monde

L'argent est une addiction. Si je pouvais défoncer Jacob Rothschild, il se rendrait compte que l'or véritable ne se trouve pas dans le sol. Le Royaume des cieux est à l'intérieur. La clé est de recevoir des ordres de l'âme, et non de l'esprit corrompu.

Après trois ans de "pandémie", le tableau de la santé mentale au Canada était celui d'un épuisement et d'un traumatisme croissant.

Une étude réalisée en 2023 par l'institut Angus Reid révèle une population largement fatiguée, frustrée et anxieuse - et un Canadien sur trois (36%) déclare avoir des problèmes de santé mentale.

Lorsqu'on leur demande de résumer leurs sentiments, la moitié d'entre eux (48%) déclarent se sentir "fatigués", deux sur cinq (40%) se disent frustrés et deux sur cinq (37%) se disent anxieux. Une personne sur dix (12%) a choisi "heureux", soit la moitié du nombre de personnes qui ont choisi "déprimé" (23%)...

Nous souffrons de maladies mentales

Sept pour cent des Canadiens disent qu'ils "s'en sortent à peine" en ce qui concerne leur santé mentale face à la pandémie, soit plus du double du nombre mesuré à n'importe quel moment depuis octobre 2020.

Trois personnes sur dix (31%) déclarent qu'elles-mêmes ou un membre de leur foyer ont eu un rendez-vous avec un thérapeute, un psychologue ou un psychiatre au cours de l'année écoulée. Trois personnes sur dix (30%) déclarent avoir reçu une ordonnance pour traiter un problème de santé mentale au cours des 12 derniers mois.

Nous sommes retenus prisonniers par un fou - notre propre esprit.

Les esprits ont été programmés par la société. En conséquence, de nombreuses personnes souffrent d'une forme ou d'une autre de la maladie mentale illustrée ci-dessus.

Quoi que je fasse, j'ai l'impression qu'il y a quelque chose de plus important à faire. Naturellement, cela provoque un état d'anxiété/stress la plupart du temps.

La forme la plus courante d'anxiété est causée par l'insécurité matérielle ou politique. Les médias sont obsédés par les guerres ou les crises économiques. Il y a aussi l'anxiété sociale due au manque d'amour ou de reconnaissance. Mais mon anxiété "toujours pressé" - incapable de se détendre - est mon principal problème.

Les edibles à base de marihuana me soignent. Ils sont devenus légaux au Canada le 17 octobre 2019 et ont été mis en vente à la mi-décembre (ils étaient déjà légaux dans de nombreux États américains). (Je les utilise pour allumer les phares depuis près de 50 ans afin de voir les lignes blanches sur l'autoroute de la vie. Je dors la plupart du temps.

Ou vivre dans un puits de mine sombre. C'est un ascenseur vers la surface où je peux voir le soleil et le ciel. Il fait assez clair et je n'ai pas peur de retourner au puits de mine, mais je me souviens très bien de ce que j'ai vu.

La vie est un miracle. Elle est trop précieuse pour être mise en péril. Nous avons tant de raisons d'être reconnaissants, et pourtant nous nous sentons frustrés.

Le cannabis me libère de ma prison mentale ; j'ai bon espoir qu'il en libère d'autres. À l'âge de 20 ans, j'ai vécu une expérience de dépaysement de deux semaines. Pas de drogues. Je me suis simplement détaché de l'ego.

Depuis, je cherche à vivre cette expérience. J'ai peut-être été reconnecté, mais j'espère que le cannabis aura le même effet sur d'autres personnes.

L'âme s'étend et submerge l'esprit. La perception passe du mental au spirituel, de Maya au monde réel.

DÉTACHEMENT

Je me vois objectivement, de l'extérieur.

Mon fou est égoïste et égocentrique. Il a un problème d'estime de soi - trop et non mérité. Arrogance.

Il est vraiment paresseux... une mule. "Je" (le Soi supérieur) doit négocier avec cette mule pour qu'elle s'exécute.

Nous n'avons pas besoin d'être bons. Il suffit de se forcer à jouer le rôle.

Je pourrais continuer, mais vous avez compris.

J'AI PERDU LA TÊTE

L'une de mes récentes découvertes est que l'humanité n'est qu'une manifestation d'une conscience universelle, que nous appelons Dieu.

Cette conscience est en toutes choses. Elle est définitivement dans nos âmes.

Dieu s'efforce de se manifester dans le monde. Mais il doit d'abord se manifester en nous.

La plupart des gens ont des qualités et des défauts. Le cannabis renforce définitivement les bonnes qualités en nous détachant des mauvaises.

Il est prouvé que le cannabis et les psychédéliques en général ont un effet thérapeutique dans le traitement de la dépression, de l'alcoolisme et de nombreuses formes de dépendance et de maladie mentale.

Par exemple, l'argent est une dépendance. Si je pouvais défoncer Jacob Rothschild, il se rendrait compte que l'or véritable ne se trouve pas dans le sol. Le Royaume des cieux est à l'intérieur, mais il faut en faire l'expérience.

Recevez vos ordres de l'intérieur, et non de l'esprit ou du monde corrompu. N'ayez d'autre maître que vous-même.

Dans les années 1960, nous espérions que le cannabis et les psychédéliques déclencheraient un réveil spirituel massif. Ils constituent un outil d'enseignement et de guérison inestimable. Leurs effets ne sont pas transitoires. Ils changent la vie.

Imaginez que l'humanité reçoive des médicaments d'expansion de la conscience au lieu de "vaccins" empoisonnés ?

Nous devons choisir entre une maison des miroirs cabalistique et la réalité. Choisissez la Réalité et renoncez au spectacle de merde qui se joue dans le théâtre appelé notre esprit.

Guérir notre maladie mentale collective avant qu'il ne soit trop tard.

Premier commentaire de LV :

Votre dernier article sur la santé mentale et le cannabis était vraiment un testament merveilleux, positif et rafraîchissant de votre capacité à grandir, à analyser, à réfléchir et à apprécier l'un des plus grands dons de Dieu à l'humanité : le cannabis. Mon expérience est parallèle à la vôtre.

Bien sûr, je lis toujours les commentaires de vos articles, et il s'ensuit (sans réelle surprise) que ceux qui ont une perspective religieuse-chrétienne considèrent votre expérience comme un "faux pas" sur un chemin menant à l'enfer de l'illusion.

Comme vous et moi le savons (et beaucoup d'autres le savent aussi par expérience directe), rien n'est plus éloigné de la vérité.

Le cannabis nous permet de nous défaire des chaînes de nos ancrages normaux et conscients et nous offre de nouvelles perspectives, de nouveaux niveaux de conscience et de perception, ainsi qu'une capacité accrue de conscience de soi et d'auto-analyse de nos motivations, de notre histoire et de notre chemin de vie.

Il semble que la plupart de ces personnes prudentes/religieuses nourrissent une rigidité de pensée basée sur des préjugés qui tournent autour de la perception erronée du mot "drogue". Ils semblent associer ce mot à un état de perception négatif et réduit, plus proche de la "stupeur". En fait, ces deux mots, "drogue stupeur", sont souvent associés dans la littérature, et je ne doute pas que beaucoup de ceux qui n'ont pas fait l'expérience directe de l'incroyable corne d'abondance de bienfaits que cette plante apporte à l'humanité dénigrent de manière prévisible ses valeurs physiques, mentales et spirituelles qui libèrent nos perceptions et nos capacités perceptives plutôt qu'elles ne les étouffent.

La véritable preuve de ses bienfaits est que les idées que j'ai tirées de son utilisation, même occasionnelle, me sont bénéfiques à long terme ; ce ne sont pas de simples chimères qui disparaissent lorsque je les renvoie à la rigidité normale et formelle de mes efforts quotidiens en matière de perception. Au contraire, ces idées demeurent - des joyaux de perception chatoyants qui éclairent mon chemin vers l'amélioration et la connaissance de soi, tout en ravivant le désir de servir mon prochain de la meilleure façon possible dans mon état actuel, dans cette vie.

Je vous félicite et j'admire le courage dont vous avez fait preuve en rédigeant cet article. Je pense que vous avez aidé beaucoup de gens en énonçant simplement ce que tant de personnes ayant une expérience directe savent déjà, alors que nous continuons à bénéficier des capacités merveilleuses de cette plante, qui nous a été donnée par le Dieu de notre création, pour inspirer notre créativité, éclairer notre voyage et élever nos perceptions spirituelles.

Septième livre

Humour et vie privée

Confessions d'un pilote nerveux

"Je ne m'excuserai pas d'être un pilote nerveux. Il n'est pas naturel pour soixante-quinze tonnes de s'élancer dans les airs à 500 mph. En fait, vous chevauchez une aile reliée à deux moteurs à réaction à SEPT MILLES AU-DESSUS DE LA TERRE".

Cette "confession d'un voyageur nerveux" a été écrite en décembre 2020, alors que je fuyais l'enfermement du COVID au Canada. L'article illustre comment nous sommes tous prisonniers de notre ego et de sa programmation de lézard (peur de mourir, avidité, convoitise, pouvoir, célébrité, etc.) Cette voix dans notre tête nous déprime (abaisse la Conscience.)

Sur le chemin du retour au Canada, je me suis détaché de la voix nerveuse. Je l'ai appelé "M. Poule mouillée". Je le ridiculisais quand il parlait. Contrôlez vos pensées. J'applique cela à toutes les dépendances programmées par mon ego. La joie naturellement de l'âme lorsqu'elle se consacre au but de Dieu pour nous, quelle que soit la façon dont nous le définissons. La vie est sacrée.

Lorsqu'il s'agit de voler, je suis aussi névrosé qu'un autre.

Pas exactement "moi", mais "lui". La voix dans ma tête.

Il craint que les turbulences ne fassent piquer l'avion.

"Les turbulences ne sont que du vent", explique-t-il, "les avions ne s'écrasent jamais à cause d'elles. Imaginez le clapotis des vagues sur un bateau".

Mais il s'agrippe toujours aux accoudoirs.

Il ne pourra jamais être pilote : "Ici votre capitaine. Nous allons atterrir dans le désert et attendre que ces turbulences se calment."

Il tente de conclure un marché avec Dieu. Il promet d'abandonner certaines mauvaises habitudes si seulement il atterrit sain et sauf !

Et il pousse un soupir de soulagement lorsqu'il atterrit sans encombre, les promesses oubliées.

SIÈGE ARRIÈRE CONDUCTEUR

Il aime les avions et est reconnaissant du miracle des voyages aériens. Mais c'est un conducteur de siège arrière.

En montant dans l'avion, il inspecte les moteurs. Sont-ils assez gros ?

Il évalue ensuite l'âge de l'avion et se demande si la compagnie aérienne l'entretient correctement.

Celui-ci est-il passé entre les mailles du filet ?

Quelle est la profondeur de la bande de roulement des pneus ?

J'espère qu'ils ont rempli le réservoir de carburant.

L'avion est plein à craquer. Lourd. Mais il est conçu pour le supporter.

Outre le fait qu'il est à l'écoute de tous les bruits des moteurs, il remet également en question le pilote.

Doit-il grimper si raide ? Les moteurs peuvent-ils le supporter ? (S'approchant de notre destination) Est-ce que c'est le chemin de l'aéroport ?

Une fois, à la sortie d'un avion, il a dit aux pilotes qu'il était incroyable que deux petits moteurs puissent propulser quelque chose d'aussi grand. À leurs expressions, il sait qu'il les a déconcertés !

LA VOIX DANS MA TÊTE

La voix dans ma tête. Si seulement je pouvais l'éteindre, j'aurais la paix. Je suis prisonnier d'un kaléidoscope de pensées : Une galerie des glaces carnavalesque reflétant notre monde de bandes dessinées.

Qui est ce colocataire acariâtre et indiscipliné, mes pensées ? Ce sont les pensées de l'animal qui héberge notre âme.

Garder cet animal dans le droit chemin est un défi permanent.

Quoi qu'il en soit, comme dans un mauvais mariage, je dois vivre avec lui, contrôler ses angoisses et apprécier ses qualités (il en a). (Il en a quelques-unes.)

Le courage, ce n'est pas être sans peur. C'est maîtriser la peur.

Premier commentaire de G :

Je pense que vous venez de décrire ce qui est probablement une expérience universelle pour un bon pourcentage des pilotes du monde. Voler : nous le supportons, nous l'endurons, parce qu'au bout du compte, il y a peut-être quelque chose qui améliore notre vie ou qui répond à une quête. Vous l'avez formulé de manière très précise, et j'espère que vous savez que vous n'êtes pas seul. Pour ma part, je l'ai réduit à ceci : comme beaucoup d'autres choses, comme nager dans l'océan ou faire de la randonnée dans la nature, il y a des risques, et beaucoup d'entre nous les prennent parce qu'il y a généralement un bon retour sur investissement. Je sais que tu continueras à voler, Henry, à plus d'un titre. Quelque chose me dit que tu es protégé et que tu ne disparaîtras pas dans les flammes

◆

Les meilleures phrases d'Henry Makow

Une bonne réplique, c'est de l'or pur. Je vous ouvre mon coffre-fort.

"La conspiration, c'est comme la météo. Tout le monde en parle mais personne ne fait rien".

Pour que le mal triomphe, il suffit de donner de bons emplois à de bons hommes.

Ma pierre tombale. Certaines lignes sont destinées à choquer et à faire rire.

Le préjugé est un autre mot pour désigner l'expérience.

Ce n'est pas la droite ou la gauche qui compte, c'est le bien ou le mal.

Le dressage homéopathique des chiens. (Lorsque j'étais à l'université, on nous demandait de remettre en question l'autorité. Aujourd'hui, on dit aux étudiants de remettre en question leur sexe.

Le féminisme a exploité le pouvoir politique des femmes qui n'avaient pas de rendez-vous le samedi soir (et s'est assuré que leurs rangs grossissent).

Nous sommes victimes de nos vices.

Notre véritable richesse se mesure à l'aune des choses que nous aimons.

Je n'ai pas à éviter la tentation, c'est la tentation qui m'évite.

En tant que juif ethnique, je me suis assimilé à la culture chrétienne dominante.

Je suis devenu un Apache dans l'Amérique du XIXe siècle.

La religion d'un homme, c'est sa journée. (Ce n'est pas ce que vous croyez, c'est ce que vous faites.) Il faut être bon pour se sentir bien. Hauteur. Largeur. Profondeur. La moralité est la quatrième dimension.

La loi des personnalités. Les grandes personnalités doivent épouser les petites.

J'ai cherché en vain quelqu'un qui croirait en moi alors que je ne croyais pas en moi. Personne ne croit en ceux qui ne croient pas en eux-mêmes. Nous recherchons auprès des autres l'amour que nous ne nous donnons pas à nous-mêmes. Nous ne devenons pas dignes de notre propre amour.

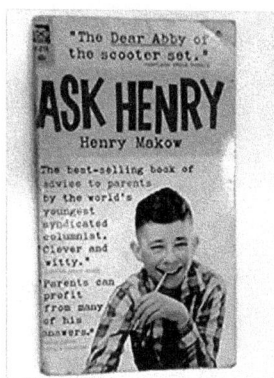

Je voulais tellement sauver le monde que j'ai négligé de me sauver moi-même.

La libération sexuelle, c'est NE PAS VOULOIR le sexe, et c'est bon !

En référence à mes débuts sous le nom de *Ask Henry* (1961-1964) - Advice to Parents from a Kid, dans 40 journaux : (YouTube de moi à l'émission What's My Line en 1962. Commence à 11 min)

https ://www.youtube.com/watch ?v=Sw9VT5TOcY8&t=10s

J'ai un grand avenir derrière moi.

Comme l'Égypte et la Grèce, j'ai atteint mon apogée trop tôt.

Avec le temps, la beauté physique s'estompe, mais l'amour grandit.

Nous sommes des grains de sable dans le désert du temps.

Je suis le "père de la socio-dynamique". (Je voulais être le "Père de l'hygiène", mais mon fils n'a pas voulu changer de nom).

Trois lois de la socio-dynamique.

1. Nous sommes attirés par les personnes qui ont quelque chose que nous voulons.

2. Nous sommes repoussés par les personnes qui veulent obtenir quelque chose de nous.

3. Nous sommes indifférents aux personnes qui n'entrent pas dans les catégories ci-dessus. Quatrième loi spéciale - Nous sommes attirés par les personnes qui peuvent avoir quelque chose que nous pourrions vouloir dans le futur.

Suivre une formation universitaire "à distance", c'est comme commander un plat à emporter chez Hooters.

Nous commençons notre vie avec des attentes exaltantes, suivies d'une désillusion progressive jusqu'à ce que nous rencontrions enfin la mort avec une parfaite sérénité.

Je ne veux pas figurer sur votre liste de choses à faire.

Après avoir fait naufrage, je suis rejeté sur les rives de la vieillesse.

La façon d'impressionner les femmes - N'essayez pas.

Rien ne démystifie plus les femmes que le mariage.

Les gens ne vieillissent pas tant qu'ils ne mûrissent et ne s'abîment pas, comme les bananes.

Moi : On n'apprend pas de nouveaux tours à un vieux chien.

Épouse : Oui, mais tu n'es pas un chien.

Enseigner, c'était apporter des réponses à des gens qui n'avaient pas de questions. (Il s'agissait de mauvaises réponses - j'étais socialiste, mais l'observation reste valable). Une évaluation de professeur demandait : "Quelle est la meilleure chose à propos du cours du Dr Makow ?"

Une fille a répondu : "Pas trop tôt le matin et pas trop tard l'après-midi".

Ma réaction par défaut face à la vie : Le déni et l'incrédulité.

Tout le mal provient du narcissisme (ego enflammé).

Je ne juge pas une religion par son dogme. Je regarde plutôt le comportement et l'épanouissement de ses adeptes.

- Comme le dit Lao Tzeu

L'esprit est une prison où les pensées torturent l'âme.

La recherche du bonheur est la cause principale du malheur.

Nous sommes confrontés à un choix cornélien : La conversion (au service de Dieu) ou la diversion ingrate et sans fin.

Nous sommes esclaves du monde à l'inverse de notre dévotion à Dieu.

Videz votre esprit de toute pensée. Ce qui reste, c'est le vrai vous. Pourquoi pensons-nous que nous devons penser tout le temps ?

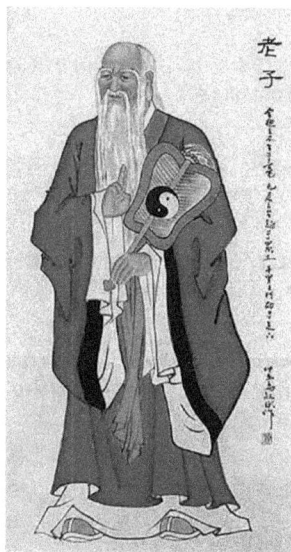

À l'occasion de la fête des pères, je pleure

Après que mon père a refusé que ma mère me nourrisse, les dés étaient jetés.

Nous ne pourrions jamais être amis car mes pleurs avaient fait de moi son adversaire à vie.

Ce n'est qu'après sa mort que j'ai réalisé que je l'aimais encore, mais il était trop tard.

(AVERTISSEMENT - Il ne s'agit pas tant d'un éloge funèbre de mon père que d'une épitaphe de notre relation. Il s'agit plus de moi que de lui).

Je ne suis pas le meilleur père du monde et je ne m'attendais pas non plus à ce que mon père soit parfait.

Juif polonais, il a surmonté de nombreux obstacles. Ses parents, le Dr David Makow, 1923-2021, ont été assassinés par les nazis lorsqu'il avait 19 ans. Il a survécu à la guerre en se faisant passer pour un Gentil, a fait quatre années d'études secondaires en une seule, est entré au MIT d'Europe, est devenu physicien et s'est construit une nouvelle vie au Canada.

PÈRE OU AMI ?

Il a toujours été un père. Nous n'avons jamais pu être amis.

"C'est le travail des parents de veiller à ce que les barrières (sociétales) tiennent", écrit W. Cleon Skousen dans *So You Want to Raise a Boy ?* (1958, p. 232). Comme Skousen, mon père considérait que son rôle était de me maintenir "sur la bonne voie". Comme sa réussite reposait sur l'enseignement supérieur, "sur la bonne voie" signifiait rester à l'école.

Je n'avais pas le droit de quitter le tapis roulant. Bien que j'aie écrit une chronique dans un journal syndiqué à l'âge de 11 ans, pour laquelle il m'a aidé, il n'a jamais cru en moi ou en mes bonnes intentions. Il m'a toujours traité comme un électron libre.

Il n'a pas voulu faire les choses à moitié. Je me souviens encore de l'esclandre que j'ai provoqué à l'âge de 8 ans lorsqu'il m'a empêché de regarder *I Love Lucy* parce que j'avais dépassé l'heure du coucher.

Après le baccalauréat, je voulais travailler dans une mine. Ensuite, j'ai envisagé d'aller dans une université hors de la ville, connue pour ses professeurs de gauche radicale (j'étais gauchiste à l'époque). (J'étais un gauchiste à l'époque.)

Mon père a exercé de fortes pressions, notamment en m'offrant la vieille voiture familiale, pour que je m'inscrive immédiatement à l'université locale. J'ai sombré dans la dépression. Je n'ai terminé que trois cours sur cinq, avec des notes médiocres.

Il ne m'a pas permis de suivre mon cœur et d'apprendre par l'expérience. L'esprit brisé, j'ai fini par rester à l'université, comme une sorte d'hospice, et j'ai finalement obtenu un doctorat.

À une autre occasion, j'ai voulu utiliser le chalet familial comme lieu de retraite spirituelle, à l'instar de l'*étang Walden* de Thoreau. Là encore, pas d'accord. Terminez votre thèse.

Ironiquement, la seule fois où mon père m'a laissé faire a mal tourné. Il m'a laissé m'abonner à *PLAYBOY*. En conséquence, je suis devenu accro au sexe et je n'ai pas pu établir de relations avec les femmes en tant qu'êtres humains. Je ne lui en veux pas. La révolution sexuelle faisait fureur dans les années 1960.

NOURRIR LA FRÉNÉSIE

Notre relation était vouée à l'échec lorsque mon père a refusé que ma mère me nourrisse lorsque j'étais bébé.

Un livre de médecin recommandait de "dresser" les bébés à manger à l'heure des repas. J'ai pleuré à chaudes larmes et j'étais trop épuisée pour manger. Ce n'était pas le livre du Dr Spock. Je pense que c'était celui du Dr Mengele.

Après le stress continu de la guerre et des études, papa n'était pas prêt à assumer les charges de la famille. Il n'a pas eu l'occasion de décompresser et de semer ses propres graines. Il avait perdu tout le monde et ne voulait pas perdre ma mère.

Il a essayé de me former dès que je suis sorti du ventre de ma mère.

Le propriétaire s'est plaint. Mes pleurs ont amené mon père à me considérer comme un adversaire ou un "électron libre".

En conséquence, j'ai eu le sentiment d'être mal aimée jusqu'à l'âge de 50 ans, sans savoir pourquoi.

Mon père a payé cher son erreur.

Jusqu'à l'âge de onze ans, j'étais une sainte terreur. Je créais consciemment des problèmes pour "obtenir l'amour". J'avais un gang qui s'appelait le "Bubble Gang" parce que ça rimait avec ennuis. J'ai eu deux fois des ennuis avec la police pour avoir fait des bêtises.

Une fois, papa m'a poursuivi dans le quartier en brandissant un bâton. Il m'a traîné à la maison pour que je sois battu. Mais au lieu de cela, il s'est effondré en larmes.

UN NOUVEAU DÉPART

Au retour d'une année en Suisse (où mon père a passé son doctorat), j'ai eu le sentiment que les gens avaient oublié mes mensonges (comme le fait que je parlais polonais) et que je pouvais prendre un nouveau départ.

Pour être aimé, j'ai changé de stratégie et je suis devenu un surdoué. J'ai commencé une rubrique de conseils aux parents, *Ask Henry*, pour 40 journaux et je suis apparu dans *le Jack Paar Show* et dans *Life* Magazine.

Je sais que "se sentir mal aimé" n'est pas grand-chose à l'heure de la pédophilie et du trafic d'enfants.

Non, on ne m'a pas dit d'expérimenter l'homosexualité et je n'ai pas été élevée comme une fille. C'était dans les années 1950. Néanmoins, cette question apparemment anodine a façonné ma vie.

Quel genre de parent laisse son bébé pleurer de faim parce que ce n'est pas l'heure du repas ?

Je ne l'imagine pas. Dans son autobiographie auto-publiée, il écrit qu'il a laissé ma mère nourrir mon jeune frère. En conséquence, la personnalité de mon frère était "plus équilibrée" et il était "plus facile à aimer". (C'est lui qui le dit.)

Et pas un mot d'excuse ou de regret. Il a supposé que je n'étais pas marquée. C'est incroyable comme l'expérience d'un nourrisson peut marquer une personne pour la vie.

Ma femme me dit : "Ne t'en fais pas. Votre père s'est-il plaint : "J'étais dans un camp de travail nazi et ils ne m'ont pas assez nourri" ?

Je ne me plains pas, je ne cherche pas la sympathie, je dis simplement ma vérité. J'ai cessé de me sentir mal aimée il y a 20 ans. Je ne suis pas rancunière. Nous faisons tous des erreurs. J'en fais beaucoup.

En général, il était un bon père et faisait de son mieux. Je l'admirais, mais j'ai tendance à aimer les gens qui croient en moi (me donnent le bénéfice du doute, me rencontrent à mi-chemin) plutôt que de me maintenir "sur la bonne voie", ce qui a commencé pratiquement à la naissance.

J'AURAIS AIMÉ QU'IL SOIT UN AMI

Pendant ses dernières années en maison de retraite, je l'appelais chaque semaine sur FaceTime pour lui dire à quel point je l'aimais, même si je n'en étais pas sûre. Il ne disait rien et je scrutais son visage pour voir s'il comprenait.

Deux semaines avant sa mort, son âme a semblé me tendre la main.

Il a eu peur.

Pour la première fois, j'ai ressenti une véritable connexion spirituelle.

J'ai rappelé le lendemain dans l'espoir de renouer le contact, mais l'expression de son visage s'était transformée en colère. Le vaccin lui avait été administré un mois plus tôt. Je pense qu'il savait que cela le tuait.

Il n'était pas prêt à mourir. Il se sentait bien dans la maison de retraite. Son aide-soignante privée, une Philippine, lui était dévouée.

Si seulement j'avais été assez mûr pour surmonter notre querelle de toujours lorsque nous étions plus jeunes. J'aurais pu avoir cette connexion spirituelle. Maintenant, il est trop tard, pour toujours.

Ne laissez pas les différences vous empêcher d'aimer vos proches. L'occasion se termine.

Enfant, nous faisions de longues promenades. Je tenais son pouce et lui posais des questions sur la vie. Ce souvenir me fait encore monter les larmes aux yeux. Il était mon père.

Antagonistes depuis toujours, je ne pensais pas l'aimer.

Je ne pensais pas pleurer. Mais j'ai pleuré.

Ma mère incarnait l'amour désintéressé

https ://henrymakow.com/2024/05/my-mother-exemplified-selfless.html

Par son exemple, ma mère, Helen Iskowicz Makow (1919-1983), m'a appris que l'amour est un dévouement désintéressé à la famille.

À ma grande honte, son abnégation a été considérée comme allant de soi. Mon plus grand regret est de n'avoir jamais montré à ma mère combien je l'aimais avant qu'elle ne meure en 1983 d'un cancer du sein.

Je pense qu'elle savait que je l'aimais, mais à 33 ans, j'étais encore trop égocentrique pour lui rendre la pareille. Avec honte, je me souviens d'être restée assise dans sa chambre d'hôpital à corriger des travaux de fin d'année alors qu'elle était mourante.

Ma mère nourrit mon frère en 1958

Lorsque les gens meurent, nous ne pouvons pas facilement leur dire au revoir. C'est gênant. Nous voulons maintenir l'illusion de la guérison.

Elle m'a appris qu'une femme apporte l'amour au monde par son dévouement désintéressé à la famille. Lorsque quelqu'un se sacrifie totalement pour vous, lorsque quelqu'un est inconditionnellement pour vous, il est difficile de ne pas l'aimer en retour de tout son cœur.

Les mères sont les héroïnes méconnues de la société. Elles accomplissent le travail difficile et ingrat de nourrir et d'éduquer des enfants sans défense, dans la maladie comme dans la santé.

Les mères donnent le coup d'envoi au cycle de l'amour.

Le credo de ma mère était de servir son mari en premier, ses enfants en second, le Canada en troisième et Israël en quatrième. Elle n'était pas sur sa propre liste.

La famille nucléaire est la pierre angulaire d'une société saine. Papa a pris cette photo de nous.

Elle n'a jamais rien exigé en retour et, par conséquent, nous l'avons considérée comme acquise. Nous l'avons exploitée.

Elle était si désintéressée que j'ai remarqué qu'une fois, au cours d'un dîner, elle a pris un morceau de poulet de choix pour elle seule.

J'ai grandi à une époque où les médias nous enseignaient que les femmes au foyer n'étaient pas cool. Les femmes qui, comme ma mère, s'occupaient de leur famille et l'aimaient étaient dénigrées. Cette attitude a déteint sur moi. J'ai subi un lavage de cerveau.

De toute évidence, cela faisait partie de la guerre cabaliste (communiste) d'anéantissement contre la famille et la société dans son ensemble.

FEMME D'AFFAIRES

Ma mère avait une entreprise florissante qui importait des bracelets de montres de Suisse. Lorsque mon père s'est établi, il lui a demandé de se concentrer sur les enfants. C'était vers 1954.

Elle était fière d'être Mme David Makow, épouse d'un physicien et mère de trois enfants. Les femmes ont été privées de ce rôle social ancestral. Nombreuses sont celles qui sont perdues à cause de cela.

Une fois, alors que je faisais une apparition télévisée à New York pour *Ask Henry*, un producteur nous a fait visiter les lieux dans sa voiture de sport.

Nous avons eu un accident. La portière de la voiture s'est ouverte et ma mère est tombée sur le trottoir.

J'ai crié, paniquée, "Maman !".

Heureusement, elle n'a pas été blessée.

Mais après, elle a remarqué avec satisfaction : "Tu m'aime bien".

Pourquoi a-t-il fallu un accident pour qu'elle s'en aperçoive ?

Ma mère avait survécu à la guerre en se faisant passer pour une Gentille. Elle n'a pas terminé le lycée et ne lisait pas de livres. Mais elle possédait une collection de timbres sophistiquée et fabriquait des batiks.

À l'âge de huit ans, j'ai raconté un incident survenu à l'école. Elle m'a dit d'être forte et de défendre ce qui est juste.

C'est ce qu'on appelle le "courage moral", a-t-elle déclaré.

On n'apprend pas cela à l'école. On l'apprend dans la vie.

La Ligue canadienne de football me donne de l'espoir

Mes Bombers ont perdu leurs quatre premiers départs. Le quarterback Zach Collaros, numéro 8, un Américain, et leurs deux meilleurs receveurs sont sur la liste des blessés.

À l'exception du secteur des affaires , la CFL est le seul endroit au Canada où les performances comptent, et non les politiques d'identité ou de genre.

Avec la prise de contrôle du Canada par les communistes, toutes les institutions sociales sont sous assistance respiratoire.

Dirigé par Justin Castreau, le gouvernement est aux ordres du WEF. La Commission de la radiodiffusion canadienne, autrefois un pilier national, est aujourd'hui l'agence de propagande de l'État.

Personne ne regarde ni n'écoute. Le reste des "anciens médias" est également une plaisanterie. Les universités sont toutes contrôlées par les communistes. La profession médicale est totalement discréditée.

Là où il n'y a pas de liberté d'expression, il n'y a pas d'art ou de culture.

Il ne reste qu'une institution nationale qui fait encore la fierté du Canada, la Ligue canadienne de football, et, ironiquement, la plupart des meilleurs joueurs sont des Américains, en particulier des Noirs. Mais c'est là où je veux en venir.

En dehors du monde des affaires, la LCF est le seul endroit où la performance est la seule chose qui compte. Peu importe que vous soyez blanc, noir, gay ou vert. Il n'y a pas de discrimination positive. Vous êtes performant ou vous êtes éliminé. Et cela se voit au niveau élevé de l'athlétisme et de l'intensité de la compétition. Il s'agit de véritables concours, où l'on ne fait pas de prisonniers !

Lorsque je me décourage, ces joueurs m'inspirent. Lorsqu'ils sont en retard, ils n'abandonnent pas. Ils continuent à se battre. C'est ce que font les hommes. Nous devons promouvoir des valeurs masculines comme celles-ci. La LCF est l'un des derniers endroits où il y a des conséquences. Il n'y a pas de filets de sécurité sociale, de subventions ou de renflouements gouvernementaux. C'est ici aujourd'hui et ça disparaît demain. Il y a toujours de nouveaux joueurs avides d'opportunités. Vous ne pouvez pas "téléphoner".

Heureusement, la LCF a cessé d'être politique. Dans le passé, les entraîneurs et les joueurs devaient porter des T-shirts "La diversité est notre force". Les joueurs devaient porter des rubans roses en juin pour lutter contre le cancer du sein. Cette année, Dieu merci, toute cette propagande communiste digne d'intérêt a disparu. Aucune mention des droits des sodomites non plus.

C'est le dernier refuge de la masculinité au Canada. Ce sont des hommes - de beaux hommes blancs et de beaux hommes noirs - qui accomplissent des actes athlétiques étonnants - lancer et attraper, courir et plaquer. Ce sont des choses que les femmes ne peuvent pas faire. Et oui ! Il y a des pom-pom girls. Toutes de vraies femmes.

Enfin, la LCF est l'un des derniers endroits au Canada qui n'est pas figé. Beaucoup de mes lecteurs pensent que tout est réglé. Je ne suis pas d'accord. Je regarde tous les matchs et ils ne sont pas truqués. Les reprises vidéo permettent à tout le monde de voir ce qui s'est réellement passé. Les décisions des arbitres sont annulées. Où peut-on dire cela ?

Il y a un autre domaine qui me donne de l'espoir : Les entreprises. Le gouvernement imprime peut-être de l'argent à partir de rien, mais tout le monde, en dehors du gouvernement, produit un produit ou un service que quelqu'un d'autre veut et pour lequel il paiera. Ici aussi, les performances sont importantes. La concurrence permet aux gens de rester honnêtes. Il faut battre la concurrence pour s'imposer.

La libre entreprise est comme le corps d'un géant sans tête. Elle est résistante. Les gens ont toujours besoin de gagner de l'argent. Nous comptons toujours, ne serait-ce qu'en tant que consommateurs.

CONCLUSION

La LCF est le dernier refuge de la réalité et du bon sens dans un pays où les bébés sont empoisonnés par des vaccins, où les enfants reçoivent des hormones de changement de sexe à l'insu de leurs parents, où les malades mentaux sont euthanasiés comme dans l'Allemagne nazie et où, jusqu'au 30 septembre 2022, les adultes ne pourront ni entrer ni sortir du pays sans avoir reçu un "vaccin" potentiellement mortel.

J'aime ce pays et j'aime Winnipeg. Je vis au Canada depuis 74 ans et à Winnipeg depuis 43 ans. C'est là que j'appartiens. Au Mexique, je suis un poisson hors de l'eau. Sur le plan politique, les Canadiens peuvent être des dupes, mais en général, ils sont bien intentionnés, pacifiques et honnêtes. Contrairement au Mexique, il y a quatre saisons. Le temps est différent chaque jour. Je suis un homme d'intérieur, le froid ne me dérange donc pas.

Les mondialistes vivent dans un pays de cocagne. Ils ne vont pas réussir. Ils sont à découvert. Ils sont nus. Leur crime odieux est visible par tous. Les Canadiens finiront par comprendre ce qui se passe. Les communistes seront jetés dans les poubelles de l'histoire.

À quoi ressemblerait une bonne réinitialisation

Nous avons confié nos cartes de crédit nationales à une secte satanique.

Comme d'habitude, les juifs cabalistes sont allés trop loin.

Ils se sont discrédités avec le canular de la pandémie et les "vaccins" obligatoires.

Nous avons maintenant une occasion unique de réfléchir, de réimaginer et de réinitialiser notre monde afin qu'il cherche à accomplir le plan du Créateur.

C'est une chance rare de se débarrasser du joug néfaste du cartel bancaire central sataniste (juif maçonnique) qui est responsable de souffrances incalculables sous l'égide du communisme, de la guerre, du génocide, de la dépression, de la plandémie, de la dysphorie de genre, du terrorisme, du satanisme, de la corruption et de la dépravation sexuelle.

Je ressens un changement sismique. Les banquiers ont surjoué leur jeu et se sont exposés, ainsi que leurs vassaux francs-maçons (nos "dirigeants" élus), comme des traîtres, des gangsters, des psychopathes, des criminels, des pervers et des meurtriers de masse. La Suède, la Floride, le Texas et le Dakota du Sud ont brisé les rangs et ont prouvé que le Covid 19 était un mensonge.

C'est ce qu'impliquerait une réinitialisation bienveillante.

1. Tout d'abord, les nations doivent prendre le contrôle de leur crédit et de la création de leur monnaie. Elles renonceraient à toute

"dette" créée de toutes pièces et créeraient le moyen d'échange en le dépensant, sans dette ni intérêt.

2. les vaccins à ARNm seraient interdits. Tous les politiciens, journalistes et responsables médicaux qui ont collaboré au canular Covid seraient licenciés. Jacob Rothschild, George Soros, Klaus Schwab, Bill Gates et Tony Fauci seraient jugés pour crimes contre l'humanité et verraient leurs richesses confisquées et ajoutées aux coffres publics. Joe Biden serait emprisonné pour avoir truqué une élection. Le traître Donald Trump sera jugé pour fausse opposition dans le cadre d'une émission de télé-réalité et pour manquement à ses devoirs.

3. Les monopoles des médias et des technologies seraient nationalisés, démantelés et revendus à des personnes qui garantiront la liberté d'expression et la libre circulation de l'information. La CIA et le FBI seront fermés et réorganisés. Les polices locales et nationales seront débarrassées des francs-maçons. L'ONU sera fermée et son bâtiment détruit.

4. La franc-maçonnerie serait interdite. Ses membres dirigeants seraient jugés et incarcérés. Les francs-maçons seraient interdits d'exercer une fonction publique ou d'occuper un emploi.

5. Les communistes seront éliminés du système éducatif, en particulier des universités.

Les universités protégeraient la liberté d'expression et de recherche. La méthode scientifique serait rétablie. Les statues confédérées seront restaurées. L'histoire ne sera pas retouchée.

6. La diversité, la culture de l'annulation et la TRC seraient interdites et sanctionnées. L'embauche se fera sans distinction de sexe ni de couleur. Les immigrés clandestins qui n'ont pas trouvé d'emploi seront expulsés.

7. Les élections seraient financées par des fonds publics. Aucune contribution privée ne serait autorisée. **Les hommes politiques ne seraient pas autorisés à tirer profit de leur mandat.**

8. La promotion du satanisme, de la dysphorie de genre, de l'immigration illégale, du changement climatique et de tous les shibboleths mondialistes serait passible d'amendes et de peines de prison.

Ce que les gens font en privé ne regarde qu'eux, mais la subversion délibérée de la société ne peut être tolérée.

9. Les valeurs familiales - mariage, fidélité, parentalité responsable - deviendraient la politique du gouvernement. La vie humaine serait considérée comme sacrée. L'avortement serait réduit ou interdit. Une saine fierté nationale et raciale serait encouragée. Tout le monde se verrait offrir des opportunités sur la base du mérite individuel et de l'industrie, et non sur la base de la race ou du sexe.

10. Il y aura un effort collectif pour discerner et mettre en œuvre le dessein du Créateur. Le public sera encouragé à célébrer le miracle de la vie et à louer Dieu !

Si ces mesures sont adoptées, l'humanité sortira de l'abîme et retrouvera le chemin qui lui permettra de s'épanouir comme prévu.

Il n'est pas trop tard pour que la juiverie organisée s'épargne, ainsi qu'à l'humanité, de nombreux traumatismes en changeant de cap. Il n'est pas trop tard pour que les Rothschild deviennent les bienfaiteurs de l'humanité et jouissent de l'amour, et non de la haine, de milliards de personnes.

Modeste proposition : Un "accord de dépopulation humaine"

L'humanité accepte de s'éteindre pacifiquement.

Modeste proposition - L'humanité reconnaît qu'elle est comateuse et accepte de se débrancher. Elle accepte d'être stérilisée en échange d'une trêve des juifs communistes et de leurs larbins francs-maçons. (c'est-à-dire les satanistes, les sionistes, les libéraux, les antifa, les transsexuels, les féministes).

D'ici un petit siècle, la planète sera débarrassée des mangeurs inutiles (nous) et deviendra un terrain de jeu pour les satanistes/communistes malades et le nombre de pervers qu'ils préfèrent.

"La stérilisation ne devrait pas être un problème. Il est évident que les gens ne se soucient plus de leurs enfants ou du monde dont ils hériteront".

J'ai une solution aux problèmes de l'humanité qui devrait satisfaire tout le monde.

L'humanité se porte volontaire pour être stérilisée en échange de la fin de la guerre des banquiers juifs satanistes et des francs-maçons (communistes et sionistes) contre Dieu et les hommes.

Qu'est-ce que l'humanité en retire ?

1. Les satanistes/communistes renoncent à leurs canulars sur les vaccins et le changement climatique, aux guerres gratuites, aux chemtrails, à la géo-ingénierie, aux CBDC, aux villes de 15 minutes, aux CRT, à la folie de l'enfermement et aux passeports pour les vaccins.

Ils réduiront le nombre de leurs hommes de main Antifa/BLM devant lesquels nous nous recroquevillons comme des fillettes. Nous éviterons la dystopie violente de l'"hiver noir" et jouirons d'une paix et d'une liberté relatives.

2. Nous ne serons pas vaccinés de force, nous ne nous tordrons pas de douleur et nous ne mourrons pas prématurément.

3. La guerre psychologique toxique contre le sexe, la race, la religion et la nation sera suspendue. Nous conserverons un vestige de dignité humaine au crépuscule de notre vie sur la planète.

4. Un nombre raisonnable de personnes peuvent être épargnées par la stérilisation afin de constituer un réservoir de serviteurs, de sacrifices humains, de donneurs d'organes et d'esclaves sexuels pour les Élus.

5. L'humanité est épargnée par une guerre nucléaire gratuite et catastrophique destinée à réduire la population.

Qu'est-ce que les satanistes/communistes en retirent ?

1. Ils n'auront pas à écouter des mangeurs inutiles se plaindre et se lamenter sur Internet alors que notre destin misérable se dessine lentement.

2. Ils n'auront pas à faire face à un soulèvement semblable à celui du ghetto de Varsovie, l'humanité réalisant enfin qu'elle n'a rien à perdre d'une résistance violente.

3. Les satanistes héritent de la planète, de ses ressources et des biens de chacun. Ils peuvent commencer à planifier leur paradis et ne pas se préoccuper d'imposer leur farfelue "Grande Réinitialisation" à des masses récalcitrantes.

Objections possibles de l'humanité

1. Le quota pour la caste des esclaves sexuels pourrait être insuffisant.

Une réforme démocratique est encore possible. Ce n'est pas parce qu'ils se plient aux exigences d'Israël que les leaders patriotes constituent une opposition contrôlée. Les cocos ne truqueraient pas les futures élections, n'est-ce pas ?

Je ne vois pas d'autres objections. La stérilisation ne devrait pas être un problème. Il est évident que les gens ne se soucient plus des enfants ni du monde dont ils hériteront. Avez-vous d'autres objections ? (hmakow@gmail.com) Je n'en ai reçu aucune à ce jour.

Objections possibles des satanistes/communistes

1. Cent ans, c'est trop long pour attendre que tous les nouveau-nés meurent naturellement.

2. En tant que satanistes, nous ne nous contentons pas d'éradiquer la race humaine. Nous servons Satan et nous nous réjouissons de faire souffrir les gens.

3. Nous avons déjà stérilisé ("vacciné") la plupart d'entre vous, mangeurs inutiles. Nous n'avons pas besoin de cet accord.

4. Vous ne tiendrez pas votre engagement et profiterez de la trêve pour reprendre des forces et planifier votre résistance.

5. Les actions des fabricants de vaccins vont s'effondrer.

6. Nous croyons à l'ordre dans le chaos. Où est le chaos ? Satan lui fera un pied de nez.

Reset de l'Humanité

Il s'agit d'un compromis. Dans une négociation réussie, personne n'est entièrement satisfait.

Vous ne pourrez pas nous vacciner tous ni échapper à notre colère collective.

Une commission mixte pourrait mettre en œuvre l'"accord de dépopulation humaine".

La stérilisation n'est pas différente de la vaccination. Il s'agit d'une vente facile, d'une autre façon pour les gens de donner un signal de vertu. C'est pour le bien commun.

CONCLUSION

Les gens d'aujourd'hui sont manifestement trop égoïstes, vénaux, lâches et faibles d'esprit pour s'unir et se défendre.

Ils sont trop stupides pour comprendre qu'une "pandémie" avec un taux de mortalité de 00,25% n'est pas une pandémie, et qu'une maladie sans symptômes n'est pas une maladie.

Leur consentement à l'endettement de l'État prouve qu'ils sont heureux de jeter les générations futures sous le bus. La stérilisation est faite pour eux.

Je ne veux pas de prix Nobel.

Je veux simplement vivre les dernières années de ma vie dans la liberté, la paix et la dignité.

Il s'agit d'une satire, mais c'est effrayant de voir à quel point c'est logique.

Autres titres

OMNIA VERITAS

EUSTACE MULLINS

LA MALÉDICTION DE CANAAN
Une démonologie de l'histoire

Le grand mouvement de l'histoire moderne a été de dissimuler la présence du mal sur la terre

OMNIA VERITAS. Omnia Veritas Ltd présente :

EUSTACE MULLINS

MEURTRE PAR INJECTION

LE RÉSEAU SECRET DU CARTEL MÉDICAL DÉVOILÉ

OMNIA VERITAS

Omnia Veritas Ltd présente :

NOUVELLE HISTOIRE DES JUIFS
par
EUSTACE MULLINS

À travers toute l'histoire de la civilisation, un problème spécifique est demeuré constant pour l'humanité.

Un seul peuple irrita les nations qui l'avaient accueilli dans toutes les parties du monde civilisé

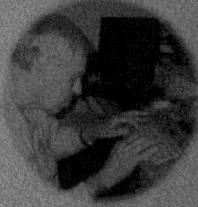

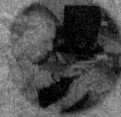

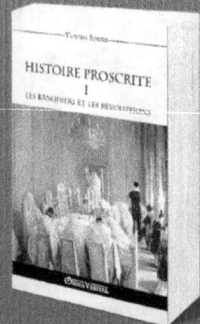

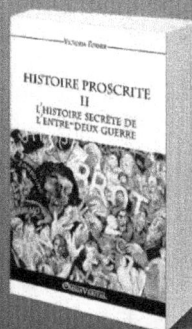

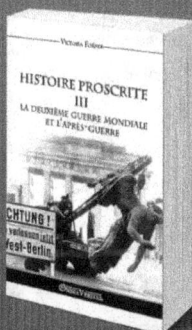